Elke Hartmann

Frauen in der Antike

Weibliche Lebenswelten
von Sappho bis Theodora

Verlag C. H. Beck

Für Sven Torsten, Tim Niklas
und Lars Henrik

Mit 14 Abbildungen

Originalausgabe

Verlag C. H. Beck oHG, München 2007
Satz: Fotosatz Reinhard Amann, Aichstetten
Druck und Bindung: Druckerei C. H. Beck, Nördlingen
Umschlaggestaltung : + Malsy, Willich
Umschlagmotiv: Sitzende Frau, Parfüm in einen Flakon gießend;
1. Jahrhundert n. Chr., Villa Farnesina; Museo Nazionale Romano,
Terme di Diocleziano
Photo: The Art Archive/Dagli Orti
Printed in Germany
ISBN 978 3 406 54755 3

www.beck.de

Inhalt

Einleitung

Die Spuren, welche die Frauen der Antike hinterlassen haben, erscheinen oft unscheinbar: tönerne Webgewichte, die sich im Innern eines ausgegrabenen Wohnhauses fanden, ein Stück Papyrus mit dem Auszug eines Briefes, eine Inschrift, welche die Stifterin einer längst verlorenen Weihgabe zu Ehren einer Gottheit verzeichnet … Zudem stammen die meisten archäologischen, vor allem aber die literarischen Zeugnisse, die Aufschluss *über* Frauen geben, bekanntlich zum überwiegenden Teil nicht *von* Frauen: Geschichtsschreiber, Dichter, Gerichtsredner, Philosophen waren in verschiedener Hinsicht privilegierte Männer – sie zählten zu den Freien und waren Angehörige der Bildungselite. Diese antiken Autoren haben ihre Schriften in der Absicht verfasst, ihre Leserschaft zu belehren, zu erbauen oder zu unterhalten – kaum aber, um der Nachwelt zu erklären, wie Frauen in ihrer Zeit gelebt, gefühlt oder gedacht haben. Dennoch liefern sie wichtige Informationen sowohl über Erwartungen, die an Frauen herangetragen wurden, und über die Wertvorstellungen jener längst vergangenen Kulturen, als auch über soziale Strukturen und gesellschaftliche Praktiken.

Dieses Buch verfolgt zwei Ziele: zum einen exemplarisch Muster des antiken Denkens über Frauen aufzuzeigen, also zu erklären, ‹was›, ‹in welchem Kontext› und ‹auf welche Weise› in der Antike über Frauen geschrieben wurde. Zum zweiten sollen schlaglichtartig ‹weibliche Lebenswelten› beleuchtet werden, indem gefragt wird, welche Bedeutung Frauen, ihren Tätigkeiten und Beziehungen in unterschiedlichen sozialen und politischen Gefügen, im antiken Schrifttum beigemessen wurde.

Der Fokus dieses Buches richtet sich auf mehr oder weniger bekannte weibliche Gestalten der Antike (seien dies literarische Figuren oder historische Personen) und auf deren Behandlung in antiken literarischen Texten. Dabei sollen weder die Verfasser der Texte noch die Frauengestalten als ‹Persönlichkeiten› rekonstruiert oder gar beurteilt werden. Die Frauengestalten werden nicht als

Prototypen weiblichen Handelns, sondern als literarische Figuren angesehen, deren Funktion innerhalb der antiken Kulturen, die vornehmlich in den Texten greifbar wird, es zu erklären gilt. Zuweilen zeichnet diese Gestalten aus, dass über sie in der Antike Geschichten kursierten, die gerade außergewöhnliches, spektakuläres oder gar skandalöses Verhalten herausstellen oder diese Frauen als besonders tugendhaft oder vorbildlich charakterisieren. Solche Schilderungen entwickeln ein Eigenleben: Sie sind einprägsam, weil sie oft pittoresk, plastisch oder gar drastisch daherkommen. Sie sind verführerisch, weil sie für sich selbst zu sprechen scheinen, als bedürften sie keiner weiteren Erklärung. Doch genügt es nicht, die antiken Autoren, die sich über die Frauengestalten entsprechend geäußert haben, in den Anmerkungen zu zitieren; nur wenn wir den Autoren, ihren Texten und den Zusammenhängen, in denen sie entstanden, Aufmerksamkeit widmen, lässt sich herausfinden, vor welchem Hintergrund diese Geschichten entstanden und ihre Wirkmächtigkeit entfalteten.

Von solchen Geschichten ausgehend, sind die Autoren vorzustellen, welche diese geschrieben haben, weniger, um sie als individuelle Personen in den Blick zu nehmen, sondern vielmehr als Stimmen im Chor der antiken Textüberlieferung. Die Beispiele stellen zentrale literarische Gattungen vor, sie werden im Hinblick auf die ihnen jeweils innewohnende Tendenz untersucht. An Textpassagen wird für die jeweilige Gattung Typisches aufgezeigt und der Frage nachgegangen, in welchem historischen und literarischen Zusammenhang welche Äußerungen über Frauen getroffen werden und welche Rückschlüsse dies auf die Wahrnehmung von Frauen zulässt.

Die gewählten Themenschwerpunkte ermöglichen es, einige grundlegende Strukturen der antiken Gesellschaften zu erläutern – etwa zu erklären, was eine ‹Familie› in Athen oder Rom auszeichnete, oder inwiefern die Bindung von Macht an quasi-dynastische Prinzipien z. B. im römischen Kaiserhaus dazu führen konnte, dass in diesem Zusammenhang traditionelle Geschlechterhierarchien durchbrochen werden konnten.

Die anonyme Masse der Frauen in den jeweiligen antiken Gesellschaften bleibt dabei weitgehend unberücksichtigt, denn die literarische Überlieferung bildet nur unzureichend das Faktum ab, dass die antiken Gesellschaften Agrargesellschaften waren, in denen mehr als drei Viertel aller Menschen (darunter zahllose Sklaven und Sklavinnen) in der Land- und Viehwirtschaft arbeiteten, viele auch als Handwerker. Die literarischen Zeugnisse konzentrieren sich meistens auf das Handeln von Angehörigen der Eliten. Wenn diese ‹elitären Texte› trotz der Tatsache, dass sie nur ein winziges Segment der Gesellschaft berücksichtigen, ins Zentrum gestellt werden, dann geschieht dies auch aus dem Grund, dass sich auf diese Weise Gestalten in den Blick nehmen lassen, denen gerade im Hinblick auf ihr Nachwirken bis in die heutige Zeit gewissermaßen der Status von Leitfossilien zukommt, da sie noch heute unser Bild von der Antike prägen. Die kontextualisierende Betrachtung der literarischen Zeugnisse erlaubt es, zu rekonstruieren, welchen Frauen oder welchen Aspekten weiblichen Lebens im jeweiligen Zusammenhang besondere Beachtung beigemessen wurde.

Die Darstellung ist chronologisch angelegt und folgt dabei der konventionellen Einteilung der Epochen von der archaischen Zeit bis in die Spätantike. Die behandelten Themen und Beispiele spiegeln freilich eine (persönliche) Auswahl wider, die weder Anspruch auf Vollständigkeit noch darauf erhebt, alle ‹bedeutenden› Frauengestalten oder Autoren erfasst zu haben oder in jedem Fall ‹Typisches› aufzuzeigen. Archäologische Zeugnisse und Bilder werden nur vereinzelt und vorwiegend illustrativ herangezogen. Jedes Kapitel beginnt mit einem Quellenzitat, um die Leserinnen und Leser unmittelbar mit der antiken Überlieferung bekannt zu machen.

Das Buch versucht weder, die umfangreiche Forschungsliteratur zu den hier behandelten Themen vollständig zu erfassen, noch eine Synthese zu bieten. Bei der Aufnahme in die Bibliographie wurden vorwiegend Publikationen berücksichtigt, die einer vertiefenden Lektüre dienen. Die Namen und Werke mehrfach zitierter antiker Autoren werden abgekürzt (s. Abkürzungsverzeichnis). Das letzte Kapitel «Forschungsgeschichte und aktuelle Fragestellungen» richtet sich an Leserinnen und Leser, die an einer wissenschaftsgeschichtlichen Einordnung der im vorliegenden Buch behandelten Themen und verfolgten Methoden interessiert sind.

Was sind Frauen? Während jede wissenschaftliche Untersuchung gehalten ist, den Gegenstand, dessen sie sich annehmen will, zu definieren, erscheint es auf den ersten Blick unnötig, dies im Hinblick auf ‹Frauen› zu tun: Was Frauen sind, weiß doch jede(r)! Doch hat gerade die historische Frauenforschung der letzten zwanzig Jahre gezeigt, dass der gesellschaftliche Konsens darüber, was Männer und was Frauen sind, durchaus dem historischen Wandel unterliegt. Daher werden einige allgemein in der Antike vorherrschende Grundannahmen im Hinblick auf das ‹Wesen› der Frauen vorausgeschickt.

In der Antike wurden Menschen als ‹Frau› oder ‹Mann› grundlegend positioniert: Jungen wurden anders erzogen und sozialisiert als Mädchen; für Männer und Frauen galten jeweils andere Normen, sie hatten unterschiedliche Handlungsspielräume. Über die Verschiedenartigkeit der Geschlechter wurde in der Antike in unterschiedlichen Zusammenhängen reflektiert. Die expliziten Äußerungen dazu oszillieren zwischen der Vorstellung, dass jeder Mensch eine Mischung von weiblichen und männlichen Anteilen aufweise, und der Annahme radikaler Differenz. Im medizinisch-naturwissenschaftlichen Diskurs ist – was uns wenig verwundern mag – die Gebärfähigkeit das zentrale Merkmal des weiblichen Geschlechts. Befremdlicher wirkt, dass die physiologische Ursache des Unterschieds zwischen Mann und Frau in einer angeblich geschlechtsspezifischen Temperatur gesehen wurde. Sowohl in der medizinischen Literatur wie auch in zahlreichen anderen Texten finden sich darüber hinaus Belege für die Auffassung, dass Frauen naturgemäß schwächer, triebhafter und leichtsinniger seien als Männer, weswegen es ratsam schien, sie in besonderer Weise unter männliche Aufsicht zu stellen. So begründet Xenophon von Athen mit der natürlichen Schwäche der Frau, dass diese sich bevorzugt im Haus aufhalten solle, und der römische Jurist Gaius (1, 144 f.) führt die alte Institution der Vormundschaft (*tutela*) auf die Annahme eines genuinen Leichtsinns der Frauen (*levitas animi*) zurück. Für die gesamte Antike lassen sich Belege für die Ansicht finden, dass Männer, die sich als schwach, triebhaft und leichtsinnig erwiesen, als verweichlicht und verweiblicht angesehen werden. Umgekehrt gelten Frauen, die wortgewaltig, sichtbar und wirkmächtig agieren, als ‹vermännlicht›. Die Adaption von Eigenschaften des ‹anderen Geschlechts› gab in der Regel Anlass zur Verspottung, Diffamierung oder Ausgrenzung.

Mit der Unterschiedlichkeit der Charaktere der Geschlechter wurde auch die zur Norm erhobene Superiorität des Mannes begründet. Mitunter wird der Anspruch, dass im Rahmen einer guten gesellschaftlich-politischen Ordnung die Frauen von Männern «zu beherrschen» seien, explizit formuliert (z. B. Aristot. pol. 1254 b 13–14); in den meisten Texten scheint dies implizite Vorannahme zu sein. Dennoch hat etwa die stoische Philosophie auch Ansätze einer grundsätzlichen Gleichwertigkeit der Geschlechter formuliert. Mit der weiten Verbreitung der Annahme männlicher Überlegenheit korrespondiert auch die Beurteilung des in verschiedenen Kontexten erwähnten Phänomens von ‹Frauenherrschaft›: Wo auch immer diese von antiken Autoren beobachtet wird, wird sie als Symptom der Unordnung oder zumindest der Verkehrung bekannter Werte aufgefasst. Aus zahlreichen Zusammenhängen, in denen Frauen als sichtbar und wirkmächtig agierend dargestellt werden, wird deutlich, dass dies als normabweichend angesehen wurde.

Weiterhin tritt als Besonderheit der antiken literarischen Äußerungen über Frauen hervor, dass diese vorrangig als (potentielle) Ehefrauen Beachtung finden, während weiblichen Personen, denen eine Eheschließung verwehrt ist (z. B. Sklavinnen oder Prostituierte) im antiken Schrifttum eine marginale Rolle zukommt. Die Geburt eines legitimen Kindes war alternativlose Voraussetzung dafür, überhaupt den Status einer Frau zu erlangen; dementsprechend galt es als höchstes Ziel und Erfüllung weiblicher Existenz, Kinder zu gebären. Da vor allem die Geburt und die Zeit des Wochenbettes für Mutter und Kind oft lebensbedrohlich waren, wird eine geglückte Geburt als ein sehr markanter Punkt im Leben der Frauen dargestellt.

Im Hinblick auf die Beurteilungen des Verhaltens und der Moral von Ehefrauen weist das Bild, das die antiken literarischen Quellen bieten, wenig Graustufen auf: Es dominiert der scharfe Kontrast von Lobpreis einerseits und Schmähung andererseits. So werden Frauen entweder als mustergültige Gattinnen oder als Ehebrecherinnen oder gar gleich als Prostituierte dargestellt, letzteres häufig, um die mit ihnen verbundenen Männer zu schmähen, denen dann vorgeworfen wird, nicht hinreichend über die Frau gewacht zu haben.

Ehefrauen und Prostituierte firmieren im antiken Schrifttum als konträre Idealtypen, welchen ihrer Funktion entsprechend bestimmte äußere Merkmale sowie habituelle und moralische Qualitäten zugeschrieben werden. Dass Prostituierte aus der Sicht der meisten männlichen Autoren primär Lustobjekte waren, während Ehefrauen mehrere Funktionen erfüllen sollten, insbesondere als Nachwuchsproduzentinnen und Haushaltsmanagerinnen zu dienen hatten, liegt recht klar auf der Hand. Idealisierte Merkmale der Ehefrau waren natürliche Schönheit, dezenter Schmuck, schlichte Kleidung, verhaltene Bewegungsweisen, Häuslichkeit, Fleiß und eheliche Treue; das in der heidnisch-römischen Antike zentrale Ideal der Schamhaftigkeit (*pudicitia*) fasst diese Aspekte zusammen, ähnlich das griechische Ideal der Besonnenheit (*sophrosyne*). Gewissermaßen im Umkehrschema wird die Prostituierte charakterisiert durch künstliche Schönheit, übertriebenen Schmuck, ausladende Gebärden, unberechenbares, verschlagenes Wesen und zügellose Promiskuität. Literarische Texte, welche in unterschiedlichen Zusammenhängen Frauengestalten moralisch beurteilen, schlagen sie in auffälliger Stereotypie dem einen oder dem anderen Modell zu, was vermutlich in der außerordentlichen Wertschätzung der ehelichen Keuschheit begründet ist, die ihrerseits aus der Notwendigkeit resultiert, eine legitime Nachkommenschaft zu sichern.

Vielfach werden den Geschlechtern darüber hinaus im antiken Schrifttum jeweils unterschiedliche Grundhaltungen unterstellt: In verschiedenen literarischen Kontexten nehmen Frauen eine andere oder gar gegensätzliche Rolle gegenüber Männern ein, wobei Männer in solchen Meinungskonflikten eher zum Sprachrohr eines an der politischen Gemeinschaft orientierten Handeln stilisiert werden, Frauen hingegen als Vertreterinnen häuslich-familiärer Belange erscheinen. Bei solchen Inszenierungen von Geschlechterdialogen mag es in erster Linie darum gegangen sein, ein gedankliches Modell zur Reflexion unterschiedlicher Standpunkte bereitzustellen, doch spiegelt dieser Sachverhalt wohl auch die hohe Bedeutung sozialer Einbindung: Die meisten Frauen, die im antiken Schrifttum Erwähnung finden, werden als Angehörige eines Haushaltes, einer Familie, wahrgenommen. Man gewinnt den Eindruck, dass nach dem antiken Verständnis menschliches Dasein überhaupt nur im Rahmen familiärer Integration vorstellbar ist. Dies gilt zwar für Männer ebenso wie für Frauen, doch scheinen mir Frauen ungleich stärker auf die Einbindung in einen Haushalt angewiesen gewesen zu sein.

Diese hier kurz vorgestellten Eigenheiten antiker Wahrnehmung von Frauen werden im Folgenden immer wieder zur Sprache kommen.

Frauen bei Homer –
Weibliche Tugenden und Geschlechterkommunikation im archaischen Heldenepos

«Glücklich bist du, Odysseus, du findiger Sohn des Laërtes!
Wahrlich du hast dir ein Weib mit vortrefflichen Gaben erworben!
Gute Gesinnung hatte die kluge Penelopeia,
Herzlich dachte Ikarios' Tochter ihres Odysseus,
Ihres Gemahls. So wird denn der Ruhm ihres trefflichen Wesens
Niemals vergehen. Unsterbliche werden die Menschen auf Erden
Liebliche Lieder zu Ehren der klugen Penelopeia
Lehren [...]»
(Agamemnon in Homers Odyssee 24, 192–202)

Auf seiner berühmten Irrfahrt gelangt der griechische Held Odysseus sogar in die Unterwelt. Dort trifft er auf den großen Heerführer Agamemnon, der sich im Schattenreich der Toten aufhält, seit er nach der siegreichen Rückkehr aus dem Trojanischen Krieg von seiner Gattin Klytaimnestra ermordet wurde. Dieser beklagt sein Schicksal, das ihm ein «grausames», «hündisches» Weib beschert habe, eine «Meisterin grausiger Untat», die Schande über das gesamte weibliche Geschlecht gebracht habe (Hom. Od. 11, 427 ff.). Den Odysseus aber preist er glücklich – aufgrund der Qualitäten seiner Frau. Ihr würden die Götter ein Lied widmen, das ihren ewigen Ruhm begründen werde. Mag sein, dass «die Unsterblichen», die Götter, ein Lied für Penelope geschaffen haben, die Menschen aber schufen ein Lied über ihren Mann, «den vielgereisten, der die heilige Feste Trojas zerstörte» (Hom. Od. 1, 1 f.). In der homerischen Dichtung steht der Held im Vordergrund.[1] Und doch wird gerade das Schicksal des Odysseus maßgeblich von seiner Frau, die über die Antike hinaus als Beispiel ehelicher Treue Berühmtheit erlangte, in einer Weise bestimmt, dass einige Homerforscher dem

Epos sogar den Titel «*Penelopeia*» gegeben haben.[2] Fest steht, dass Frauen vom Dichter sorgsam und ausführlich beschrieben werden, wenn sie auch nicht im Zentrum der Geschichte stehen.

Im Folgenden sollen nicht einzelne Frauengestalten der homerischen Dichtung charakterisiert werden.[3] Es ist zu klären, welches grundlegende Verständnis von Frauen der Dichter an den Tag legt, ferner ist der Platz der Frauen in ihrem sozialen Gefüge zu erörtern. Dazu muss zunächst auf die Epen selbst, ihre Überlieferung, Inhalte und Intentionen eingegangen werden.

Der Quellenwert der Epen. Die beiden Groß-Epen *Ilias* und *Odyssee*, mit denen die griechische Literatur beginnt, wurden schon bald nach ihrer Niederschrift gegen Ende des 8. Jh.s v. Chr. einem Dichter namens Homer zugeschrieben, über den bereits in der Antike zahlreiche Geschichten und Lebensbeschreibungen kursierten. Die Texte wurden vor ihrer schriftlichen Fixierung lange Zeit mündlich tradiert.[4] Es waren zunächst sogenannte Sänger (*aoidoi*), welche diese Art der Heldendichtung in immer wieder aktualisierten Fassungen in mündlicher Improvisationstechnik in den Häusern der Aristokraten vortrugen. Ob auch Frauen solchen Darbietungen beiwohnten, ist in der Forschung umstritten. In den Epen selbst werden jedenfalls ranghohe Frauen als Zuhörerinnen erwähnt.[5]

Nachdem in Griechenland um 800 v. Chr. die Alphabetschrift erfunden worden war, wurden Teile dieser Gesänge schriftlich fixiert; der Vortrag erfolgte seitdem durch auswendig rezitierende Rhapsoden.

Für Historiker/innen stellt sich die Frage, welche geschichtliche Periode sich in den Werken Homers widerspiegelt: jene Vergangenheit der mündlichen Tradierung oder die der Lebenszeit Homers? Man darf wohl davon ausgehen, dass sich in den Epen zwar vereinzelt Reflexe auf längst zurückliegende Zeiten aufzeigen lassen,[6] während gerade die Schilderungen des menschlichen Miteinanders wohl eher auf die Zeit der schriftlichen Fixierung, somit auf das ausgehende 8. oder frühe 7. Jh. v. Chr. Bezug nehmen, damit sich die Zuhörer in der Erzählung ‹wiedererkennen› konnten.

Die Gegenstände der Epen. Die ‹Geschichte von Ilios (Troja)› – das bedeutet der Titel der *Ilias* – war den Griechen zur Zeit der Verschriftlichung des Werks seit Jahrhunderten bekannt: Alle wussten von dem mächtigen König[7] Priamos, der mit seiner weit verzweigten Familie die Region der kleinasiatischen Troas kontrollierte. Einer seiner Söhne, Paris – ein Liebling der Göttin Aphrodite –, hatte im griechischen Sparta die Frau des dortigen Königs Menelaos, die schöne Helena, geraubt, als seine Gattin nach Troja verschleppt und damit den Trojanischen Krieg ausgelöst. Die Griechen brachen unter dem Oberbefehl des Bruders von Menelaos, des mächtigen Königs von Argos/Mykene, Agamemnon, mit einem gewaltigen Schiffskontingent zu einem gemeinschaftlichen Rachefeldzug nach Troja auf. Doch die Burg erwies sich als äußerst wehrhaft, und man versuchte, die Stadt auszuhungern – neun Jahre lang ohne Erfolg. Im zehnten Belagerungsjahr erfand der Held Odysseus eine Wunderwaffe (jenes ‹Trojanische Pferd›), mit der die Burg erobert werden konnte. Die Griechen kehrten siegreich mit Helena heim, doch der Oberbefehlshaber wurde bei seiner Ankunft von seiner Gattin ermordet. So weit die Geschichte vom Trojanischen Krieg, die aus vielen Teilerzählungen innerhalb der griechischen und römischen Literatur rekonstruiert werden kann.

Das *Ilias* genannte Epos Homers setzt voraus, dass sein Publikum diese Ereignisse kannte, greift selbst aber nur einen winzigen Ausschnitt aus diesem Komplex heraus: die Geschichte vom «Zorn» des griechischen Helden Achill, der zum Kampfboykott Achills und seines Teilverbandes führt und sich für die Griechen verheerend auswirkt. Schließlich wird gezeigt, wie Achill seinen Zorn überwindet, den Kampf wieder aufnimmt und den trojanischen Oberbefehlshaber Hektor tötet. Im Zentrum der Handlung steht somit ein Konflikt um Führungsansprüche und Solidarität. Vermutlich führten ganz konkrete gesellschaftliche Probleme dazu, dass der Fokus der Erzählung so ausgerichtet wurde. Indem es sowohl vorbildliche wie auch problematische Verhaltensweisen der Helden vorführt, trägt das Epos zur Bewältigung aktueller politischer Probleme der Aristokratie bei; gleichzeitig werden grundlegende Rollenbilder geformt, die in der Antike lange Zeit ihre Gültigkeit behielten.

Letzteres gilt auch für die *Odyssee*, die jedoch eine ganz andere, zu jener Zeit zweifellos ebenso aktuelle Thematik behandelt: Die Lösung der komplexen Problemsituation eines Kriegsheimkehrers. Nach zehn Jahren Kriegsteilnahme und weiteren zehn Jahren Irrfahrten kommt Odysseus, König von Ithaka, endlich zurück in die Heimat. Wie kann er nach 20 Jahren Abwesenheit wieder seine früheren Rollen als Vater, Ehemann und König einnehmen? Die ersten beiden Gesängen zeigen, wie es während der langen Abwesenheit des Helden um die Heimat bestellt ist: seine Frau Penelope ist ihm treu, wird jedoch von zahlreichen «Freiern» ‹belagert›, die durch eine Ehe mit ihr Haus und Herrschaft des Odysseus übernehmen wollen. Nur mit Hilfe einer List gelingt es ihr, die werbenden Freier auf Abstand zu halten, doch wird sie immer stärker bedrängt. Der Sohn Telemach tut sich schwer, an die Stelle seines Vaters zu treten; auch das Volk hat den Vermissten eigentlich schon abgeschrieben.

Die Erzählung zeigt, wie von allen Beteiligten das Problemknäuel sorgsam entwirrt wird: Der Sohn wird sich seiner Position sicher, indem er sich von den alter Kampfgefährten in anderen Städten über den Vater berichten lässt. Odysseus vergewissert sich seines Wertes, indem er im Ausland von seinen eigenen großen Leistungen erzählt. Sohn und Vater gelangen auf getrennten Wegen in die Heimat zurück, erkennen einander wieder und verbünden sich. Penelope fordert die Freier auf, ihr Geschenke zu bringen, die den durch die ‹Belagerung› der Freier entstandenen Schaden ausgleichen sollen. Am Ende gelingt der Durchbruch: Odysseus ermordet die Freier, die ihm die Existenzgrundlage nehmen wollten, mit Hilfe von Telemach und wenigen Getreuen. Penelope erkennt ihren Gatten Odysseus gerade daran, dass er diese Tat vollbringt.

Frauen und Männer. Während das Wort *anthropos* (Mensch) in der Sprache Homers den Unterschied der Menschen beiderlei Geschlechts zu den Göttern betont, der in der Sterblichkeit des Menschen besteht, bezeichnet das Wort *aner* im Epos den männlichen Menschen im Gegensatz zum weiblichen (*gyne*), beide Bezeichnungen beziehen sich jeweils auf Erwachsene, worunter im Fall des Mannes ein zeugungsfähiger, im Falle der Frau ein gebär- und stillfähiger Mensch verstanden wird.[8]

Interessant ist es nun, zu verfolgen, welche typischen Eigenschaften Männern und Frauen jeweils attestiert werden, sagen diese doch einiges über die angenommenen Voraussetzungen weiblicher und männlicher Existenz aus. Das Wort *aner* bezeichnet in der Regel den «mannhaften», männlichen Menschen, der sich durch körperliche Stärke, Mut und Kampfkraft auszeichnet. Dies wird besonders in Szenen der *Ilias* deutlich, in denen die Krieger vor dem Kampf etwa mit folgenden Worten ermuntert werden: «Seid Männer, Freunde, und gedenkt der ungestümen Kampfkraft!» (Hom. Il. 6, 112).[9] Fehlen Mut und Kampfeskraft, werden die Männer nicht länger als Männer wahrgenommen, sondern als Frauen beschimpft: «O ihr Weichlinge, übles Schandvolk, Achaierinnen, nicht mehr Achaier ...» (Hom. Il. 2, 235).[10] Dass Frauen demzufolge für Schwäche und Feigheit stehen, wäre ein zu weitgehender Schluss; doch macht dies deutlich, wie sich die Zugehörigkeit zu dem einen oder dem anderen Geschlecht durch bestimmte Verhaltensweisen ergibt.

Auch die verwendeten Adjektive (Epitheta), die Substantiven angefügt werden, um das hexametrische Versmaß zu gewährleisten, sind dafür aufschlussreich. In der *Ilias*, die ja den Krieg behandelt, stehen bei den Männern die kriegerischen Eigenschaften im Vordergrund; das Repertoire an Epitheta ist geradezu unerschöpflich, wenn es darum geht, einzelne Figuren als «kühnen Krieger», «männermordend», «tapfer», «erfahren im Kampf» oder auch als gut ausgerüstet, «erzgepanzert», «speerberühmt» etc. auszuweisen. Auch werden ethische Qualitäten benannt, wie «großherzig» und «untadelig», oder solche, die eine relative Überlegenheit demonstrieren, wie «überragend», «hervorragend». Das Aussehen der Männer spielt in beiden homerischen Epen eine Rolle, indem auf Haarpracht («am Haupte langgehaart») und körperliche Vorzüge («groß», «von stattlicher Gestalt») verwiesen wird. Weiterhin wird auf Redegewandtheit sowie klaren Verstand abgehoben – beides Qualitäten, die vorwiegend im Kreis der Gemeinschaft ihren Nutzen entfalten.

Für die positiven Eigenschaften der Frauengestalten gibt es weniger Adjektive, wobei Schönheit einen besonders hohen Stellenwert hat und vor allem an der Haarpracht, der Hautfarbe («weißarmig»), den Augen («flinkäugig», «helläugig»), dem Körper (genauer: den Fesseln) und der Kleidung («schöngegürtet», «schöngekleidet») festgemacht wird. Die Betonung von schöner Bekleidung deutet auf ein weiteres Feld, in dem weibliche Tugend erworben werden kann – den Bereich der Textilien. Da die Herstellung und Pflege der Textilien zu den zentralen Aufgaben der Frauen zählten, verwies die Untadeligkeit der Kleidung auch auf die gelungene Bewältigung der häuslichen Pflichten.[11] Sorgsamkeit und Umsicht, Verständigkeit und Klugheit werden als weibliche Tugenden gerade in diesem Zusammenhang häufig erwähnt und machen deutlich, dass die Textilarbeiten als voraussetzungsreiche und geschätzte Tätigkeit angesehen wurden.

Weibliche Schönheit und Charis. Bereits in den homerischen Epen ist demnach ein Konzept weiblicher Schönheit fassbar, welches charakteristisch für die Wahrnehmung von Frauen im archaischen Griechenland ist. Aufschlussreich dafür ist eine Szene in der *Odyssee*. Kurz bevor sie den zurückgekehrten Gatten wiedererkennt, hat die treue Penelope vor den Freiern jenen bemerkenswerten ‹Auftritt›, bei dem sie die Freier zur Rede stellt. Die Wirkung dieser Rede wird vom Dichter gleich zweimal herausgestellt: einmal aus der Perspektive des beobachtenden Erzählers, der beschreibt, wie der Anblick der Penelope bei den Freiern weiche Knie und Liebesverlangen auslöst (Hom. Od. 18, 212 f.); und einmal in der wörtlichen Rede eines Freiers, der sichtlich beeindruckt betont, dass eigentlich noch mehr Männer kommen müssten, um Penelope zur Frau haben zu wollen, wenn diese wüssten, welch überwältigende Person sie sei: «denn du bist die Erste unter den Frauen, bist es an Größe, Erscheinung und richtig erwägendem Sinnen» (Hom. Od. 18, 245 ff.).[12]

Es wird deutlich, dass Schönheit mehr ist als ein ‹äußerliches Merkmal›; sie verweist gleichzeitig auch auf die inneren Werte und ist zentraler Bestandteil weiblicher Tugend (*arete*). Der überwältigende Eindruck, den Penelope bei den Freiern hinterlässt, ist allerdings nicht ohne göttliches Zutun entstanden; die Göttin Athena hatte Penelope vorher in Schlaf versetzt und sie entsprechend ausgestattet.[13] Durch göttliches Wirken wird also Penelope der Liebesgöttin Aphrodite ähnlich; und so verwundert es nicht, dass sie nach dieser göttlichen Kosmetik bei den Freiern Liebesverlangen auslöst.

Dieses Verständnis von Schönheit erweist sich als ‹typisch griechisch›: Um Schönheit wahrnehmen zu können, bedurfte es zum einen der Inszenierung des schönen Objektes und zum anderen des Betrachters; es gibt keine Schönheit ohne ihren Bewunderer. Was die Verbindung zwischen Objekt und Betrachter herstellt und dazu führt, dass es – wie man umgangssprachlich, aber treffend sagen könnte – ‹zwischen beiden funkt›, ist *charis*.[14] Dieses Wort ist sehr vielschichtig und wird daher mit Recht in der Forschung auf verschiedene Weise charakterisiert, indem einerseits die Wirkung der *charis* anschaulich beschrieben, andererseits deren soziale Bedeutung herausgestellt wird. Das Wort umschreibt ein Phänomen, das man heute als Ausstrahlung oder Charme bezeichnet. In der bilderreichen Sprache Homers ist *charis* ein strahlender Glanz, der von dem als schön wahrgenommenen Objekt ausgeht und ins Auge des Betrachters fällt. Vor allem schöne Kleider und (bei Frauen) Schmuck rufen *charis* hervor, die beim Betrachter Verlangen auslöst und ein Band der Freundschaft herstellt. Die Schönheit der Frauengestalten Homers ist also mehr als ein äußerliches Wesensmerkmal, die von ihnen ausgehende *charis* mehr als ein optisch wahrnehmbarer Glanz. Sie bestimmt dem Ideal nach auch eine Form des sozialen Umgangs. Die Schönheit ist ein Pfund im Rahmen des sozialen Austausches, mit dem Frauen (aber auch Männer) wuchern und empfindlichen Druck auf ihre Gegenüber ausüben.[15] In der archaischen Dichtung werden auch schöne Dinge wie Schmuck, Toilettenartikel und kostbare Kleidung niemals zur bloßen Illustration aufgezählt, sondern dabei wird gleichzeitig auf die ihnen innewohnenden Kräfte der Verschönerung abgehoben. Die Schönheit der Menschen wurde somit auch als ein Beitrag für das Wohlergehen der Gesellschaft aufgefasst.[16]

Der Platz der Frauen im sozialen Gefüge des aristokratischen Hauses. Die Epen konzentrieren sich auf die Darstellung der aristokratischen Lebenswelt.[17] In dieser Welt ist die Existenz der Frauen ganz durch das Haus, dem sie angehören, bestimmt.[18] Überhaupt werden Frauen – sieht man von den nur am Rande erwähnten Sklavinnen oder Mägden ab – durchweg als Ehefrauen, oder (noch unverheiratete) Töchter gezeigt; im Kontext von Kriegsbeute freilich auch als geraubte «Bettgenossinnen». Die grundlegende Form des Zusammenlebens der Geschlechter ist die monogame Ehe.[19] Dies bedeutet freilich nicht, dass den Männern monogame Sexualität auferlegt worden wäre. Von den erotischen Abenteuern des Odysseus mit märchenhaften Wesen wie Kirke und Kalypso während seiner Irrfahrten abgesehen, wird vereinzelt erwähnt, dass die aristokratischen Helden ‹Zweitfrauen› in ihrem eigenen Haushalt haben, die oft Bestandteil der Kriegsbeute waren und als «Bettgenossinnen» (*alochoi*) bezeichnet werden. Hat ein verheirateter Mann im Epos sexuellen Umgang mit einer zweiten Frau, die lediglich ‹gekauft› oder ‹gewonnen› wurde, so gilt dies als beleidigend für die erste Frau.[20] Deren gehobener Rang ergibt sich vornehmlich aus der rituellen Hochzeit, durch die sie im Haus als Gattin aufgenommen wurde.

Die Konflikte innerhalb des Hauses, die sich ergeben konnten, wenn ein Mann eine zweite, jüngere Frau in seinem Haus unterbrachte, werden auch thematisiert. In der *Ilias* erzählt Phoinix dem Achill eine Begebenheit aus seiner Jugendzeit, die ihn dem elterlichen Haus entfremdete:

> *«So wie ich Hellas verließ, das Land der rosigen Jungfrauen,*
> *Wegen des Zwists mit dem Vater, dem Ormeniden Amyntor,*
> *Der um der schöngelockten Lagergenossin mir zürnte;*
> *Diese liebt' er allein, die eigene Gattin entehrend,*
> *Meine Mutter; sie flehte mich oft, die Knie' mir umschlingend,*
> *Doch das Weib zu beschlafen, damit es den Alten verachte.*
> *Ihr gehorcht' ich und tat's; doch gleich bemerkt' es der Vater,*
> *Fluchte mir heftig und rief die Erinyen an, die verhassten.»*
> *(Hom. Il. 9, 446 ff.)*

In dieser Passage wird der durch eine zweite Frau im Haus heraufbeschworene Konflikt deutlich: Die entehrte Ehefrau instrumentalisiert ihren Sohn, um sich zu behaupten; dieser hält zwar zur Mutter, ist dadurch allerdings gezwungen, den Vater zu kränken, indem er ihm die neue Partnerin ‹ausspannt›. Alle herkömmlichen Normen der Achtung und Ehrfurcht unter den Familienmitgliedern sind hier außer Kraft gesetzt, die Hausgemeinschaft (der *oikos*) ist mit der Verstoßung des Sohnes zerfallen.

In einem intakten Haushalt ging die Ehefrau ihren Aufgaben idealiter im Innern des Hauses nach. Der Webarbeit wurde besondere Bedeutung beigemessen wird, da Stoffe zu den kostbarsten Gütern der Gesellschaft zählten. Charakteristisch in diesem Sinne ist der Appell Hektors an seine Frau Andromache, bevor er sich in den Kampf begibt:

> «Aber nun geh ins Haus, besorge du deine Geschäfte,
> Spindel und Webestuhl, und mahne die dienenden Mägde,
> Fleißig am Werke zu sein. Der Krieg sei Sorge der Männer [...]»
> (Hom. Il. 6, 490 ff.)

Der hohe Stellenwert der weiblichen Arbeiten im Haus ist lange Zeit verkannt worden, etwa von Moses I. Finley, der davon ausgeht, dass Penelopes Arbeit am Webstuhl «nicht eigentlich notwendig war».[21] Neuere Untersuchungen haben diese Auffassung gründlich widerlegt. Insbesondere Beate Wagner-Hasel zeigt, dass in der hoch technisierten Welt der Moderne die Wertschätzung der Textilarbeit gleichsam aus dem kulturellen Gedächtnis ‹gelöscht› wurde; dieser Prozess lässt sich seit der Erfindung der Spinnmaschine im 18. Jh. nachweisen.[22]

Innerhalb des Haushaltes (*oikos*) nahmen die Ehefrauen eine bedeutende Stellung ein. Zwar standen sie unter dem Gebot der Männer, doch wurden sie als ‹Haushälterinnen› im besten Sinne verstanden, zumal in Abwesenheit des Mannes.[23] Idealerweise wird – dies wünscht zumindest Odysseus der jungen Königstochter im Phäakenland für ihre Zukunft – der *oikos* vom Paar gemeinschaftlich geführt:

> «Dir doch verleihen die Götter, was alles im Sinn du dir ausdenkst:
> Mann und Heim und bei allem edles, versöhnliches Denken!
> Darin liegt ja die Kraft: In versöhnlichem Denken den Haushalt
> Klug überlegend zu führen für Mann und Weib [...]»
> (Hom. Od. 6, 180 ff.)

Renate Zoepffel nimmt an, dass die Ehefrauen im Haus die «Befehlszentrale» innehatten.[24] Die konkreten Aufgaben bestanden neben der erwähnten Textilarbeit in den größeren Häusern vor allem in der Anweisung der Mägde und Knechte,[25] aber auch das Bewirten von Gästen zählte zu den wichtigen und gesellschaftlich äußerst relevanten Pflichten.[26]

Neben der Festlegung der sozialen Rollen und der Arbeitsverteilung finden sich in den Epen auch differenzierte Studien über die Kommunikation zwischen Männern und Frauen sowie über alltägliche Konflikte um die unterschiedlichen Kompetenzbereiche.

Kommunikation und Konflikte zwischen den Geschlechtern.
Breiten Raum nimmt in den Epen die Kommunikation gerade zwischen Ehepartnern ein. Besonders die Streitigkeiten und Versöhnungstechniken der Götter werden vorgeführt.[27] So durchzieht der Streit zwischen Hera und Zeus die gesamte Handlung der *Ilias*: Zeus selbst stellt sich und seine Gattin als notorisch streitendes Ehepaar dar und droht Hera sogar mit Gewalt.[28] Diese greift auf «schmähende Worte» ebenso wie auf raffinierte Verführungskünste zurück, um ihre Pläne durchzusetzen.[29] Ein Relief, welches einen Tempel in Selinunt/Sizilien im 5. Jh. v. Chr. zierte, könnte sich darauf beziehen (Abb. 1).

Doch auch die menschlichen Paare streiten, etwa wenn sich Frauen in Dinge einmischen, die eigentlich zu den ‹Männerangelegenheiten› zählen. So gibt zum Beispiel Andromache ihrem Mann Hektor in der *Ilias* strategische Ratschläge zur Aufstellung des Heeres innerhalb der Stadtbefestigung; Hektor leugnet auch den Sinn dieser Maßnahme nicht, doch ist ihm peinlich, dass ein Rückzug in die Befestigung als Feigheit ausgelegt werden könnte und er nimmt aus Rücksicht auf die öffentliche Meinung der Troerinnen und Troer davon Abstand, dem Rat seiner Frau zu folgen.[30]

Im Dialog der Eheleute wird der als unüberbrückbar dargestellte Gegensatz der Interessen vorgeführt, der sich aus den unterschiedlichen Geschlechterrollen ergibt: Die Frau sorgt sich vor allem um das Leben ihrer Familienangehörigen, der Mann folgt – wenn auch zögernd – den Forderungen der ‹Obrigkeit› oder der Gesellschaft, denen er sich verpflichtet fühlt. Ähnlich wie in der späteren attischen

Abb. 1   Metope des Tempels E in Selinunt/Sizilien (um 470 v. Chr.); Palermo, Museo Nazionale Archeologico

Die Metope war an prominenter Stelle rechts über dem Eingang zur Cella angebracht. Sie zeigt links Hera, aufrecht stehend, und rechts Zeus, auf einem Felsen sitzend, der wahrscheinlich auf den von Homer besungenen Berg Ida Bezug nimmt; die lässige Haltung des Zeus sowie sein verrutschtes Gewand zeigen ihn vom Verlangen ergriffen. Die ‹Inbesitznahme› der Hera durch den Olympier wird konkret durch das Fassen ihres Armes veranschaulicht, ein Gestus der von zahlreichen Hochzeitsbildern auf Vasen bekannt ist. Auch der Gestus, der Hera, die einen Schleier lüftet, kommt häufig auf Bildern der Heirat vor. Hera erscheint somit auf der Metope als jungfräuliche Braut.

Tragödie (z. B. in Sophokles' *Antigone*) werden Frau und Mann zu Vertretern konträrer Positionen und schlagen sich einerseits auf die Seite der Familie, andererseits auf die des ‹Gemeinwesens›. Diese Konstruktion stellte ein gedankliches Modell bereit, das es ermöglichte, unterschiedliche Standpunkte zu reflektieren, persönliche Ambivalenzen und innere Zerrissenheit bei anstehenden Entscheidungen abzuwägen, um schließlich (wieder) handlungsfähig zu werden.[31]

Alles in allem legen die Frauengestalten Homers durchaus ein gewisses Selbstbewusstsein an den Tag, das sich im Wesentlichen auf ihre Abstammung und auch auf den Status ihres Ehegatten, aber auch auf ihre Tugend gründet.[32] Dass sich im Epos jedoch eine unterschwellige Erinnerung an ein altes Matriarchat widerspiegelt, wie in Anlehnung an das große Werk des Basler Altertumsforschers Johann Jakob Bachofen *Das Mutterrecht* von 1861 immer wieder angenommen wurde, erscheint unbegründet.[33] Unstrittig ist, dass den Frauen der homerischen Helden eine enorme Bedeutung zugemessen wird.

Sappho von Lesbos und ihr Kreis –
Mädchenerziehung und pädagogischer Eros

«Ich heiße Sappho. Ich ragte im Singen so hoch über die Frauen wie Homer über die Männer.»
(Fiktive Grabinschrift der Sappho. Antipatros von Sidon; Anthologia Graeca 7, 15. Übers.: Verf.)

«[…] jetzt will ich dies den Freundinnen, die mit mir sind, dies Freudige auf schöne Weise singen […]»
(Sappho fr. 160 Voigt. Übers.: Latacz)

Eine singende Frau tritt uns in diesen Zitaten entgegen, sie sagt «ich» und nennt gar ihren Namen – Sappho. Liegen hier erstmalig Selbstzeugnisse einer antiken Autorin vor, die Einblicke in ein Frauenleben aus ihrer eigenen, persönlichen Sicht gewähren? Wohl kaum: Das lyrische Werk der frühgriechischen Dichterin Sappho ist nur äußerst fragmentarisch erhalten; die Lieder, die ihr zugeschrieben werden, waren für bestimmte rituelle Zwecke komponiert; und auch wenn die Dichterin vielfach ein «Ich» sprechen lässt, wäre es verfehlt, anzunehmen, dass damit die Darlegung eines höchst persönlichen Standpunktes intendiert gewesen sei. Die Interpretation ihrer Werke und die Rekonstruktion des historischen Umfeldes, in dem sie wirkte, stellen somit eine schwierige, doch zugleich spannende Aufgabe dar.

Sapphos Leben. Informationen über das Leben der Dichterin Sappho lassen sich aus vereinzelten Angaben in ihren Liedern sowie aus der biographischen Tradition gewinnen, die aber erst lange Zeit nach ihrem Tod – nämlich im 4. Jh. v. Chr. – einsetzt. Die verstreuten Bemerkungen zu Sapphos Biographie im antiken Schrifttum basieren ihrerseits größtenteils auf Sapphos Selbstaussagen in ihrem Werk, von dem den antiken Autoren allerdings weitaus größere

Teile zur Verfügung standen als uns heute. Doch haben diese Autoren immer wieder Mutmaßungen und eigene Wertvorstellungen in ihre Darstellung einfließen lassen, so dass es schwer fällt, verlässliche Informationen von spekulativen Behauptungen zu scheiden.

Die Lebenszeit Sapphos kann nur grob erschlossen werden, wahrscheinlich lebte Sappho etwa in der Zeit zwischen 630 bis 560 v. Chr.[1] Geboren wurde Sappho in Eressos, einem Ort auf der Insel Lesbos, der ungefähr 100 km von dem damaligen und heutigen Hauptort Mytilene entfernt liegt. Die Eltern sind namentlich bekannt, ebenso drei Brüder. Der Vater verstarb vielleicht, als Sappho noch ein Kind war.[2] Sapphos Liedern lassen sich keine Aussagen über ihre Kindheit und Jugend entnehmen; in der späteren biographischen Tradition wird erwähnt, dass Sappho mit einem äußerst reichen Mann von der Insel Andros verheiratet war; sie selbst erwähnt diesen in ihren Gedichten nicht, wohl aber ihre Tochter Kleis (fr. 132 Voigt). Irgendwann siedelte die Familie in den Hauptort der Insel, Mytilene, um. Wahrscheinlich erlebte Lesbos im 7./6. Jh. v. Chr. eine kulturelle Blüte. Die ansässigen aristokratischen Familien rivalisierten – wie auch in anderen griechischen Gemeinwesen der Zeit – um Macht und Einfluss, und zeitweilig gelang es einzelnen Adligen, eine Art Alleinherrschaft, eine sogenannte Tyrannis, auszubilden. Auf Lesbos wurde diese unter dem Einfluss eines zwischen den zerstrittenen Adelscliquen vermittelnden ‹Schlichters› beendet. Mit einiger Gewissheit kann man davon ausgehen, dass auch Sapphos Familie zur aristokratischen Elite gehörte[3] und an den politischen Auseinandersetzungen beteiligt war, denn sie wurde um 600 v. Chr., wohl unter der Tyrannis des Myrsilos, für einige Jahre aus der Heimat Lesbos nach Sizilien[4] verbannt, worauf Sappho in einem Lied anspielt (fr. 98 b Voigt). Nach Jahren, als sich die politischen Wirren beruhigt hatten, kehrte Sappho vielleicht als Witwe mit ihrer Tochter in ihre Heimat zurück. Spätestens seitdem unterhielt Sappho ihren ‹Mädchenkreis›, auf den unten näher eingegangen wird. Ihr Grab war in der Antike bekannt, ist jedoch nicht erhalten. Die bei einigen Autoren (zuerst in einer attischen Komödie Menanders aus dem 4. Jh. v. Chr.) zu findende Bemerkung, Sappho habe sich aufgrund unerfüllter Liebe zu einem Mann namens Phaon durch einen Sprung von einem Felsen ins Meer selbst getötet, missversteht wohl eine Erwähnung Sapphos, die sich im metaphorischen Sinne oder in Anspielung auf bestimmte Kulthandlungen auf einen solchen Felsensprung bezogen haben könnte. Die Komödie hat dies wörtlich genommen und als ein konkretes Ereignis gedeutet, welches in der Nachwelt die Vorstellung vom tragischen Ende der Dichterin prägte.[5]

Sapphos Werk. Obwohl Sapphos Dichtung über ihre Lebenszeit hinaus in der griechischen Kultur weit bekannt war und hohes Ansehen genoss, liegen uns nur noch kümmerliche Reste davon vor. Ursache dafür ist der Zufall der Überlieferung, aber es gibt auch Hinweise darauf, dass die Dichtung Sapphos im ausgehenden Mittelalter wegen ihres unernsten und erotischen Inhaltes gezielt vernichtet wurde.[6] Spätestens in dieser Zeit ging die im 3. Jh. v. Chr. in der berühmten Bibliothek von Alexandria zusammengestellte, neun Bücher umfassende Gesamtausgabe der Lieder Sapphos verloren. Heute kennen wir schätzungsweise noch etwa 7 % des Gesamtwerkes, davon vieles nur fragmentarisch.[7] Wenige Lieder werden von antiken Autoren ausführlich, wenn auch nicht vollständig zitiert, so z. B. die berühmte Aphrodite-Ode (fr. 1 Voigt). Aus dem 6. Jh. n. Chr. haben sich Reste eines Pergamentkodex erhalten, dessen Inhalt entziffert und dem Werk Sapphos zugewiesen werden konnte. Weitere Ausschnitte von Abschriften der alexandrinischen Gesamtausgabe sind seit dem ausgehenden 19. Jh. auf Papyrosfetzen entdeckt worden; größtenteils stammen sie von der Mülldeponie der griechischen Verwaltungsstadt Oxyrhynchos in Unterägypten. Vor wenigen Jahren wurde der Neufund eines sapphischen Fragmentes verzeichnet: auf einem Papyrus, der in der Kartonage eines Mumiensarkophags verarbeitet war.[8]

Hochzeitslieder. Die Lieder der Dichterin waren teils für den Einzelgesang, teils für Chöre komponiert. Die Chöre waren gleichzeitig Tanzensemble, die sich zur Musik von Saiteninstrumenten, Flöten und z. B. Kastagnetten bewegten. Beim Einzelgesang begleitete sich der oder die Vortragende selbst mit einem Saiteninstrument, der Leier.[9] Die Lieder mögen teils für den Chorgesang im Rahmen bestimmter Festlichkeiten, teils für den Vortrag innerhalb des sapphischen Zirkels bestimmt gewesen sein. Einen besonderen Platz unter Sapphos Liedern nehmen die Hochzeitslieder ein, sogenannte Epithalamien. Die griechische Bezeichnung verweist darauf, dass diese Lieder «vor dem Brautgemach» (*thalamos*) gesungen wurden, in dem die Jungvermählten ihre erste gemeinsame Nacht verbrachten. Die rituelle Bedeutung dieses ersten ehelichen Beischlafs tritt deutlich hervor, wenn in der poetischen Sprache Homers und später auch in attischen Tragödien das Brautbett (*lechos*) für die Ehe an sich steht.[10] Vorgetragen wurden diese Hochzeitslieder in Lesbos wohl von einem Mädchenchor unter Anleitung einer Chorführerin. Auch wenn über die spezifischen Hochzeitsbräuche zur Zeit Sapphos keine genauen Informationen vorliegen, kann man sich gerade die Überführung der Braut in das Brautgemach[11] ähnlich vorstellen, wie sie im Rahmen der homerischen Beschreibung des Achill-Schildes (Hom. Il. 18, 491 ff.) wiedergegeben wird – als ein Geleitzug bei Fackelschein, der unter der neugierigen Anteilnahme der Umwohnenden die Braut in das mit Decken und Girlanden geschmückte Brautgemach führt. Zwar ist kein einziges von Sapphos Brautliedern vollständig überliefert, die erhaltenen Fragmente verweisen jedoch auf zentrale Aspekte eines Rituals, das göttlichen Schutz für das jung vermählte Paar herbeiflehen und dessen Fruchtbarkeit sichern sollte: Da wird die Schönheit von Braut und Bräutigam gepriesen, es werden Aphrodite, die Chariten und Musen herbeigesungen, deren Segen für die Zusammenkunft von Braut und Bräutigam als unabdingbar angesehen wurde. Und so kann man sich einen Reigen von Mädchen vorstellen, der vor dem Brautgemach die Götter besingt, bis sich – wie es in einem Lied heißt – «golden-beschuht» die Morgenröte zeigt und die Hochzeitsnacht ihr Ende nimmt.

Sapphos Kreis. Das Wesen des ‹Mädchenkreises› genau zu beschreiben, ist wegen der bruchstückhaften Überlieferung schwierig, aber auch, weil die Gruppe für die Antike recht außergewöhnlich war, denn solche Zusammenschlüsse sind außer für die Insel Lesbos zur Zeit Sapphos nur für das archaische Sparta bezeugt.[12] Darüber hinaus mutet der Charakter dieses Kreises aus moderner Sicht recht fremdartig an. Eine Eigenbezeichnung dieser Gruppe findet sich in der Überlieferung nicht,[13] weswegen es sinnvoll erscheint, einfach nur von einem ‹Kreis› zu sprechen; allein in einem Fragment Sapphos ist von einem «den Musen geweihten Haus» (*moisopolon oikia*) die Rede, was implizit auf den Dienst an den Musen verweist, also auf das Einstudieren von Chorliedern und den dazugehörigen Tänzen für die oben erwähnten Hochzeitszeremonien und andere Feierlichkeiten. In dem byzantinischen Lexikon *Suda* wird Sappho explizit als Chorleiterin (*choregos*) bezeichnet, die junge Mädchen in ihrem Lobgesang für Aphrodite anleitete, darüber hinaus auch als Lehrer (*didaskalos*); in einem anderen Zeugnis wird sie Erzieherin (*paideuousa*) genannt.

Die Mitglieder dieses Kreises werden in den Quellen einhellig als junge Mädchen ausgewiesen: Jungfrauen (*parthenoi*), Mädchen (*korai*) oder Kinder (*paides*) werden sie genannt, und damit wird auf ihren unverheirateten Status abgehoben. Die Teilnahme stand sicher nur den Kindern der Elite offen: Alle Mädchen stammten – wie ein antiker Kommentator bemerkt – aus «guten Familien».[14] Sie kamen nicht ausschließlich aus Lesbos, sondern mitunter auch vom ionischen Festland, insbesondere aus Lydien.

Analog zur Bezeichnung Sapphos als Lehrerin werden die Mädchen in der *Suda* als Schülerinnen (*mathetriai*) angesprochen,[15] doch der spezifische Charakter des Verhältnisses, das die Mädchen zu ihrer Lehrerin unterhielten, lässt sich vorwiegend in der Dichtung Sapphos erfassen, die von ihnen als «Gefährtinnen» (*hetairai*) oder Freundinnen (*philai*) spricht. Beide Ausdrücke implizieren weniger emotionale Nähe oder Sympathie, wie es die heutige Auffassung von Freundschaft nahelegen würde, sondern vielmehr ein von den Beteiligten anerkanntes Gefühl der Zugehörigkeit, das wechselseitige Dienst- oder Hilfeleistungen und den Austausch von Geschenken voraussetzte; dies ist zumindest in Analogie zur besser erforschten Freundschaftsethik unter Männern der archaischen Zeit anzunehmen.[16] Somit scheint das Verhältnis zwischen der Dichterin und den Mädchen in einer Mischung aus Erziehungsauftrag und sozialer Bindung begründet gewesen zu sein.

Ein sehr zentraler Gegenstand der Beschäftigung war die musikalische Unterweisung. Doch wurden hier weder Musik noch Tanz zum Selbstzweck oder ‹nur zur Unterhaltung› praktiziert. Die

Lieder begleiteten in vielen Fällen ganz konkrete Kulthandlungen, wurden somit im Dienste der Götter ausgeführt. Darüber hinaus müssen die archaischen Chorlieder – in Verbindung mit den Tänzen – als eine performative Kunstform verstanden werden, welche von den Praktizierenden ein hohes Maß an musikalischen Fähigkeiten, an körperlicher Geschicklichkeit und Disziplin verlangte. Mit den Liedern internalisierten die Schülerinnen auch die Inhalte – Mythen, ethische Standards und Verhaltensregeln. Auch der Dichter Alkman von Sparta, der in der zweiten Hälfte des 7. Jh.s v. Chr. lebte, hat Chorlieder für Knaben- und Mädchenchöre geschrieben, die zur Aufführung bei Festveranstaltungen konzipiert waren. Berühmt sind seine sogenannten Parthenien, Lieder, die von «Jungmädchen» (*parthenoi*) anlässlich der Aufnahme in die Gemeinschaft der Frauen gesungen wurden. Ein bekanntes Fragment thematisiert ein Ritual, mit dem sich eine Gruppe von etwa zehn Mädchen bei Sonnenaufgang im Heiligtum der spartanischen Göttin Artemis Orthia die Aufnahme in die Erwachsenengemeinschaft ‹ersang›: Dabei wiesen die Mädchen sowohl Kenntnisse der lokalen Geschichte nach, indem sie den Mythos nacherzählten, und sangen dann in einer höchst elaborierten Form von schönen Menschen, Dingen und Gefühlen, um ihre musische Bildung und Anmut unter Beweis zu stellen. Damit erkannten sie die Erwartungen der Gemeinschaft an die Frauen an und dokumentierten ihre Reife.[17]

Weibliche Anmut.   Viele Lieder legen einen starken Akzent auf weibliche Anmut und Schönheit. In der vollendeten Schönheit, welche nicht vorrangig auf bestimmte körperliche Vorzüge abhebt, sondern vor allem als Resultat gepflegter Haut und Haare, feiner Kleidung, kostbaren Schmuckes und eleganter Bewegungen aufgefasst wird, kommt der Mensch in der antiken Vorstellung den Göttern nah, indem er ihnen ähnlich wird. Im idealisierten Streben nach Schönheit bemüht sich der Mensch, den Göttern zu gefallen und somit ihre Wohltaten zu erwirken. In einem Lied Sapphos werden ganz explizit jene Elemente genannt, die zur Schönheitserfahrung im Kreis beitrugen: schöne Dinge (Blumen, Kränze, Cremes und Salben) und schöne Tätigkeiten (Liebe, Festgemeinschaft, Gesang und Tanz).[18] Kostbarer Schmuck, kunstvolle Frisuren und prächtige

Kleidung, wie sie auch die archaischen Statuen junger Frauen (sogenannte Koren) tragen, verweisen nicht nur auf den gehobenen Status und den Reichtum der Trägerin, sondern unterstreichen auch
deren Tugend (*arete*) (Abb. 2).[19]

Auch aus anderen Zeugnissen geht hervor, dass insbesondere auf
der Insel Lesbos die Inszenierung weiblicher Schönheit eine Form
des Dienstes an den Göttern darstellte. So seien in Lesbos Schön-
heitswettkämpfe von Frauen im heiligen Bezirk der Hera ausgetragen worden, die sogenannten Kallisteia. Der selbst aus Lesbos stam-
mende Dichter Alkaios, ein Zeitgenosse Sapphos, erwähnt ein jährlich stattfindendes Fest der Frauen, deren Schönheit besonders hervorgehoben wird: «Auserlesen von Wuchs, lesbische Mädchen
drehn langgewandet im Tanz hier sich, es schallt ringsum jubelnd
jauchzender Schrei der Fraun und am jährlichen Fest himmelan tönt
ihr Ruf.»[20]

Sapphos Homoerotik.   Die homoerotischen Gefühle, die Sappho
in ihren Liedern zur Sprache bringt, sind von der Antike an ausgiebig diskutiert und – vor unterschiedlichen moralischen Hintergründen – auch kritisiert oder gar geleugnet worden.[21] Und obwohl
moderne Interpreten häufig versucht haben, Sapphos Eros «in die
Zwangsjacke geistiger Freundschaft» zu stecken,[22] lässt sich kaum
bestreiten, dass einige Fragmente auf weibliche Homoerotik Bezug
nehmen.[23] Die Unterweisung der Mädchen, die sie zur Ehe führt,
ging einher mit den homoerotischen Beziehungen zwischen der
‹Lehrerin› und den jungen Frauen, wahrscheinlich auch innerhalb
der Mädchenschaft. Die Verbindungen der sapphischen Gefährtinnen werden im Zeichen der Aphrodite geschlossen.[24] Im Unterschied zu homoerotischen Komponenten, welche aus anderen Kontexten der griechischen Kulturgeschichte für die Erziehung von
Jungen bekannt sind, wo jeweils ein älterer Mann und ein heranwachsender Junge über einen gewissen Zeitraum gewissermaßen ein
Paar bilden, lässt sich die Existenz regelrechter Paarbeziehungen in
den Gedichten Sapphos nicht ausmachen. Die Lieder sollten nicht
wie Protokolle einzelner Liebesgeschichten gelesen werden, sondern als Fallbeispiele, die Beziehungsmuster vorführen, ideale Er-
lebnis- und Gefühlswelten schildern und damit im Sinne der Erzie-

Abb. 2   Kore von der Akropolis (um 520 v. Chr.); Athen, Akropolis-
museum, 680

*Die ursprünglich bunt bemalte, unterlebensgroße weibliche Marmorfigur,
die wahrscheinlich als Weihgabe auf der Akropolis von Athen aufgestellt
war, trägt über einem feinen Untergewand einen Schrägmantel; die Frisur
ist aufwendig gestaltet. Der gebogene Haarreif war ursprünglich mit
metallenen (goldenen?) Belegen verziert. In der rechten Hand hält
die Figur einen Apfel, ein erotisches Symbol, mit der linken rafft sie das
Gewand in graziöser Gebärde, wie sie auch in der Dichtung Sapphos
beschrieben wird.*

hung normieren. Wenn Sappho auch in der berühmten Ode an Aphrodite die Göttin bittet, ihr die Zuneigung eines einzigen Mädchens zu schenken, so ist dieses Lied doch zweifellos für die Gruppe konzipiert. Obwohl Sappho in den Gedichten also häufig in der ersten Person spricht, steht dieses «Ich» nicht für ihr persönliches, individuelles Bewusstsein, sondern für gemeinschaftliche Verhaltensideale.[25]

Neben die Anleitung zum rechten Gottesdienst trat die Einführung der Mädchen in die Welt der heiratsfähigen, erwachsenen Frauen, weswegen der Gruppe auch eine initiatorische Funktion zuzuschreiben ist. Sapphos Kreis mutet also wie eine Art ‹Schule der Weiblichkeit› an, in der junge Mädchen zu Frauen ‹ausgebildet› wurden. Über eine Schülerin der Sappho namens Atthis bemerkt das byzantinische Lexikon *Suda*, dass sie vor der Aufnahme in den Kreis der Dichterin ein sehr kleines/junges Kind gewesen sei, welches noch «keine *charis*» aufwies (fr. 49 Voigt). Wir sind es gewohnt, *charis* mit «Anmut» zu übersetzen, doch hat der Terminus hier eine ganz spezifische Bedeutung: Zwei antike Autoren, welche diese Passage zitieren, weisen darauf hin, dass in diesem Fall ein Kind, das noch nicht heiratsfähig war, bezeichnet werde.[26] Daher ist die Charakterisierung der jungen Atthis so zu verstehen, dass sie noch «keine Liebesgunst zu erweisen fähig» war. Anmut, verstanden als die Fähigkeit, sinnlich zu lieben, gilt demnach als Zeichen für den Beginn der Heiratsfähigkeit. Im Umgang mit Sappho sollten die Mädchen die Anmut erwerben, die ihnen den Weg zur Hochzeit ebnen sollte. Sappho initiierte die Mädchen, mit der Hilfe der Aphrodite, in ihre Geschlechterrollen als Ehefrauen in aristokratischen Familien.[27] Mit der Hochzeit endete dann der Aufenthalt der Mädchen im Kreis der Dichterin.

Trennung und Abschied als wichtige Themen der Lieder Sapphos. Einige Fragmente thematisieren Erinnerungen an Mädchen, die den Kreis der Sappho verlassen haben.[28] Sicherlich wird den Mädchen der Abschied aus Sapphos aphrodisischem Garten nicht immer leicht gefallen sein, und die Trennung von einer scheidenden Gefährtin mag manchen Kummer ausgelöst haben. Davon handelt zum Beispiel das stark fragmentierte Arignota-Lied (fr. 96 Voigt).

Arignota ist (wahrscheinlich als verheiratete Frau) in ihre Heimat nach Sardes/Lydien zurückgekehrt, «oft hierher den Sinn richtend, wie wir einst lebten» (2 f.), geht sie auf und ab, denkt vor allem «an die sanfte Atthis» (15 f.), an deren Singen sie vormals die meiste Freude hatte (4 f.). Ja sie ruft laut, «dass wir dorthin kommen» (18); doch der Ruf ist in Lesbos nicht zu hören, da das Donnern des Meeres zwischen Lesbos und Sardes alles übertönt (19 f.). Dabei tritt hinter der Beschreibung des Kummers der Geschiedenen deutlich das Motiv hervor, der Hinterbliebenen Trost zu spenden: Zwar ist die Freundin fern, aber sie vergisst dich und uns nicht; sie wünscht uns herbei, wie du sie zurückwünschst; es geht ihr gut, sie hat Status und Ansehen. Doch verschließt die Dichterin nicht ihre (und ihrer Eleven) Augen vor der Realität: Es führt kein Weg die Frauen wieder zusammen.

Geht man davon aus, dass die archaische Lyrik nicht zum Zweck der individuellen Bewältigung von Liebeskummer verfasst wurde, scheint es unangebracht, die vermeintlich persönliche Betroffenheit der Dichterin in den Vordergrund zu stellen, und angemessener, ihre Dichtung als geradezu therapeutische Maßnahme zu deuten, welche den Mädchen des Kreises den Übergang in die Welt der Erwachsenen erleichtern sollte.

Die Macht des Eros. Aus heutiger Sicht erscheint der hohe Stellenwert der Erotik im Rahmen der sapphischen Erziehung befremdlich. Eros wurde jedoch als göttliche Macht angesehen, die gerade das jugendliche Dasein bestimmte. Eros ist schon in der älteren archaischen Dichtung wie in Hesiods *Theogonie* (einem Gedicht, das die Entstehung der göttlichen Ordnung behandelt) keine fest umrissene Gestalt; er wird als göttliche Urpotenz aufgefasst (Hes. Theog. 117 f.), tritt aber ebenso auch in Göttergestalt auf (Hes. Theog. 210 f.). Spätere antike Autoren, die eine klareres Bild von den Göttern entwickeln, bemerken, dass auch Sappho «viel Widersprüchliches über den Eros ausgesagt» habe (Paus. 9, 27, 3). Einmal ließ sie ihn von Aphrodite und Uranos, an anderer Stelle von Himmel und Erde abstammen. Einmal schüttelt Eros ihr die Sinne «wie ein Sturm die Eichen des Bergwalds fällt» (fr. 47 Voigt), einmal erkennt sie ihn «vom Himmel kommend, mit purpurnem Rock angetan» (fr. 56 D). Die Wirkung des Eros auf den Menschen beschreibt Sappho sehr sinnlich. Berühmt geworden ist ihre Charakterisierung des Eros in dem Oxymoron «bittersüß» (*glykypikron*); auch nennt sie ihn «gliederlösend» (*lysimeles*), wie Homer den Schlaf genannt hat (Hom. Od. 20, 56 f.; 23, 343). Dabei wird das eigene Ausgeliefertsein gegenüber dieser göttlichen Macht betont. Die körperlichen Symptome, welche insbesondere die unerfüllte Liebesleidenschaft hervorrufen kann, werden auch in einem anderen Gedicht pointiert geschildert: die menschlichen Sinne versagen ihren Dienst, wenn die göttliche Sinnlichkeit den Menschen erfüllt: «[…] ganz gebrochen ist die Zunge, fein ist augenblicks unter die Haut ein Feuer mir gelaufen, und mit den Augen seh' ich nichts, es dröhnen die Ohren, herab rinnt kalter Schweiß an mir, ein Zittern hält ganz gepackt mich […]» (fr. 31 Voigt, Übers.: Latacz). Sapphos eloquente Charakterisierung der Leidenschaft als paradoxe Verbindung von Schmerz und Freude, Bitterkeit und Süße hat ihren Ruhm als Dichterin begründet.

Lesbische Liebe in der Antike.   Jenseits der Lyrik Sapphos und Alkmans von Sparta sind aus der Antike keine Zusammenhänge bekannt, in denen weibliche Homoerotik offensiv dargestellt oder gar gepriesen wurde.[29] Der früheste Beleg, dass der Ausdruck ‹es lesbisch machen› – wahrscheinlich in Anlehnung an gemeinhin angenommene Praktiken erotischer Stimulation der Frauen Sapphos – zur Bezeichnung der von Frauen ausgeübten oralen Befriedigung verwendet wurde, findet sich in einer attischen Komödie des Aristophanes.[30] Die Bezeichnung ‹Lesbische Liebe› zur Umschreibung weiblicher homosexueller Praktiken erfolgt zuerst in der römischen Kaiserzeit in Lukians *Hetärenbriefen*.[31] Aus der Perspektive der meisten Autoren, die sich dazu geäußert haben, werden homoerotische Ambitionen von Frauen als widernatürlich und als Zeichen übertriebener Ausschweifung beurteilt.[32] Das Wesen der sapphischen Mädchenerziehung wurde im Laufe der Zeit zunehmend verkannt bzw. als pervers und verkommen kommentiert. Besonders deutlich wird dies in einer Bemerkung des christlichen Lehrers Tatian (um 150 n. Chr.), der Sappho «dieses verhurte, liebestolle Weibsbild» nannte, «das seine eigene Schamlosigkeit in Liedern besingt»

(Tatian 33, 20).[33] Auch das im 10. Jh. n. Chr. entstandene *Suda*-Lexikon, welches einige Informationen über Sappho sammelt, zeigt sich irritiert über die weibliche Homoerotik: «böse Zungen behaupten, sie [Sappho] habe mit ihnen [ihren Gefährtinnen] schandbare Freundschaftsverhältnisse (*aischras philias*) unterhalten» (*Suda* s. v. Sappho).[34]

Mütter von Männern –
Das Bild der Frauen Spartas

*«Als die Spartanerin Gorgo von einer Frau aus Attika gefragt wurde,
warum die spartanischen Frauen als einzige über ihre Männer
herrschten, gab sie zur Antwort, dass sie die einzigen seien, die Mütter
von Männern seien.»*
(Plutarch, moralia 240 E. Übers.: Verf.)

Dieses in der Sammlung der *Sprüche der Spartanerinnen* des
Schriftstellers Plutarch im 2. Jh. n. Chr. überlieferte fiktive Gespräch
zweier Frauen stellt mit der Behauptung von ‹Frauenherrschaft›
(über die Männer) und der Einzigartigkeit ihrer Mutterschaft zwei
Merkmale heraus, die seit der Antike den Mythos über die Frauen
Spartas prägen. Sie gelten – gerade im Vergleich mit den Frauen
Athens – als ungewöhnlich einflussreich, ja dominant, als kämpfe-
risch, selbstbewusst und forsch. Im Hinblick auf ihr Mutterdasein
werden sie teils als kaltherzig geschmäht, teils als heroisch gepriesen, da sie das Leben ihrer Söhne ganz und gar in den Dienst des
Gemeinwesens stellten. Lassen sich aus den zahlreichen Anekdoten,
bewundernden oder kritischen Bemerkungen der antiken Autoren
über die Frauen von Sparta sichere Informationen darüber gewinnen, wie sie ihren Alltag bewältigten, in welchen Beziehungen sie
lebten, welche Ideale sie verfolgten?

Die Schwierigkeiten, mit denen wir konfrontiert sind, wenn wir
versuchen, den Status von Frauen in der Antike einzuschätzen, sind
im Falle Spartas[1] besonders groß. Es liegen nur wenige Zeugnisse
über die Geschichte Spartas vor,[2] die Beurteilung Spartas fiel außerdem schon in der Antike ambivalent aus und sagt oft mehr über die
moralischen, politischen und weltanschaulichen Haltungen des Betrachters aus als über das historische Sparta. Sparta gilt gemeinhin
als eine rigide, an militärischen Erfordernissen ausgerichtete Gesell-

schaft, deren innere Ordnung schon in der Antike als Besonderheit wahrgenommen wurde. Während die einen die sprichwörtliche spartanische Genügsamkeit, die bedingungslose Unterordnung des Einzelnen unter die Belange der Gemeinschaft und die militärische Disziplin rühmen, kritisieren andere das totalitäre Erziehungssystem, die militaristischen Männerbünde und die Auflösung der Familie. Die Forschung ist daher mit dem Problem konfrontiert, dass seit zweieinhalbtausend Jahren eine Tradition der Idealisierung und Ideologisierung den Blick auf die historische Realität in einem Maße verstellt, wie es bei kaum einer anderen griechischen Polis der Fall ist.

Die spartanische Gesellschaftsordnung. Bevor wir uns den Frauen Spartas zuwenden, ist kurz auf die Gesellschaft Spartas einzugehen.[3] Die Polis Sparta liegt in der Landschaft Lakonien im Süden der Peloponnes und war durch die geographische Lage schwierig zu erreichen. In Sparta lebten freie und unfreie Menschen. Bereits im 10./9. Jh. v. Chr. wurden Teile der Bevölkerung Lakoniens von den Spartanern unterworfen und zu ‹Heloten› gemacht, die sich in einer kollektiven Versklavung befanden. Ähnliches geschah im Laufe des 8. Jh.s v. Chr. mit den Messeniern, die im Westen des Taygetos-Gebirges lebten. Das eroberte Terrain wurde parzelliert und in gleich große Landlose (*klaroi*) eingeteilt, welche an die spartanischen Bürger verteilt wurden; die Heloten aber mussten diese Landlose bebauen. Diese Arbeitssklaven wurden als Besitz des Gemeinwesens angesehen. Bis zum endgültigen Verlust Messeniens im 4. Jh. v. Chr. verfügten die Spartaner über das mit Abstand größte Territorium der griechischen Welt. Ihr Machtbereich wurde durch den Aufbau eines Bündnissystems unter spartanischer Hegemonie noch vergrößert.

Für Sparta sind bereits um die Mitte des 7. Jh.s v. Chr. Elemente einer ‹Polisverfassung› nachweisbar. Es gab einen Rat der Alten (*gerusia*) mit einer festgelegten Zahl von 30 Mitgliedern, zu denen auch die beiden Anführer («Könige») zählten. Diese Ordnung ist den Spartanern angeblich auf Weisung des delphischen Orakels gegeben worden. Zwar wird der vom Orakel gegebene Spruch (die sogenannte große Rhetra) erst von dem Biographen Plutarch im 2. Jh.

n. Chr. ausführlich zitiert; ein Orakelspruch, der das Zusammen-
wirken der Institutionen regelte, wird aber schon in einer Elegie des
spartanischen Dichters Tyrtaios aus dem 7. Jh. v. Chr. erwähnt und
gilt daher grundsätzlich als authentisch. Umstritten sind die Historizität und die Bedeutung des Gesetzgebers Lykurg.[4] Ging die ältere
Forschung noch davon aus, dass die Verfassung Spartas durch einen
einmaligen Akt in archaischer Zeit geschaffen wurde, wird heute
eher eine prozesshafte Entwicklung der inneren Ordnung angenommen, geprägt von inneren Konflikten wie auch außenpoli-
tischen Veränderungen und militärischen Auseinandersetzungen.
In der klassischen Zeit gründete sich die politische Ordnung auf die
Könige (*basileis*), den Rat (*gerusia*) und die Volksversammlung
(*apella*) als die wichtigsten Entscheidungsgremien. Ein möglicherweise erst später eingeführtes Kollegium von Aufsehern (*Ephoren*)
schränkte die königliche Gewalt ein. Die Betonung politischer
Gleichheit der Vollbürger Spartas, die auch in der Selbstbezeich-
nung als Gleiche (*homoioi*) zum Ausdruck kommt, darf nicht darüber hinwegtäuschen, dass die Verfassung autoritär strukturiert war.
Dies zeigt sich darin, dass die Volksversammlung lediglich das Recht
hatte, die von dem Rat vorgelegten Beschlüsse zu akzeptieren oder
abzulehnen. Auch war der Bürgerstatus ein Vorrecht der Männer
und an das Durchlaufen des spartanischen Erziehungssystems
(*agoge*) bis zum 30. Lebensjahr sowie an die Teilnahme an den gemeinsamen Mahlzeiten (*syssitia*) in den Männergemeinschaften gebunden. Nur wer den Pflichtbeitrag dafür aufbringen konnte und
jederzeit für den Militärdienst bereitstand, blieb im Besitz der politischen Rechte. Große Teile der Bevölkerung waren von der politischen Beteiligung ausgeschlossen – neben den Heloten auch die Periöken (die freie Bevölkerung Lakoniens), die in ca. 100 Städten
weitgehend eigenständig lebten, zur Heeresfolge verpflichtet waren
und größtenteils Handel und Handwerk betrieben.

Quellenlage.　Nur drei antike Autoren, von denen keiner selbst
Spartaner war, äußern sich in ihren Schriften ausführlicher über die
Frauen Spartas.[5] Der Athener Xenophon untersuchte in der ersten
Hälfte des 4. Jh.s v. Chr. in seiner Abhandlung *Die Verfassung der
Spartaner*,[6] warum Sparta die mächtigste Polis in Griechenland ge-

wesen sei. Den Grund dafür erkennt er vor allem in der Qualität jener Gesetze, die der sagenumwobene Gesetzgeber Lykurg den Spartanern gegeben habe. Doch ist Xenophon kein unkritischer Spartaverehrer; er weist auch auf Missstände hin, die er vor allem darin erkennt, dass sich die Spartaner zu seiner Zeit nicht mehr an die traditionelle Ordnung hielten, hebt damit also auf die Diskrepanz zwischen der ehemaligen Glanzzeit Spartas und der problembehafteten Gegenwart ab. Für unseren Zusammenhang sind gerade seine Ausführungen über das Zusammenleben der Geschlechter in Sparta und über die Kindererziehung aufschlussreich; Xenophon selbst hatte seine Söhne in Sparta erziehen lassen, so dass er gewiss mit dem spartanischen Erziehungssystem seiner Zeit recht gut vertraut war. In seiner Darstellung entwirft er ein Bild von einem Leben im Dienste des Gemeinwesens von Kindheit an und schildert anerkennend das Ausmaß des dadurch erreichten inneren Zusammenhaltes der Gesellschaft, welcher nicht zuletzt die militärische Stärke Spartas bewirkt habe.

Im Unterschied zu Xenophon kannte Aristoteles die spartanische Gesellschaft nur von ‹außen›; im zweiten Buch seiner *Politik* (entstanden nach 335 v. Chr.) beschäftigt er sich mit der Frage nach dem idealen Gemeinwesen anhand von Sparta, Kreta und Karthago. Dabei ergibt sich, dass das spartanische Gemeinwesen prinzipiell ein Vorbild sein könnte, in der Praxis jedoch einige grundlegende Fehler aufweist (pol. 1269 a 29–1271 b). Unter anderem wird der Vorwurf erhoben, der Gesetzgeber Lykurg habe in Sparta versäumt, die Frauen in ihre Schranken zu verweisen. Aufgrund der ständigen Abwesenheit ihrer Männer im Krieg (pol. 1269 b 17 ff.) seien die Frauen hemmungslos und ausschweifend geworden und würden sogar die Männer beherrschen. In ihrer polemischen Tendenz sind Aristoteles' Aussagen über die Frauen Spartas vor allem insofern aufschlussreich, als sie gewisse Topoi, welche in seiner Zeit im Umlauf waren, reproduzieren.

Plutarch, der sowohl in seinen Parallelbiographien wie auch in seiner Sammlung der *Sprüche der Spartanerinnen* Informationen über die Frauen Spartas liefert, lebte fast 1000 Jahre nach der Entstehung der ‹Verfassung Lykurgs›, dem er eine Vita widmet.[7] Plutarchs Angaben basieren auf älteren, heute zum Teil weitgehend verlorenen Quellen. Plutarch folgt Xenophon in der Einschätzung, dass ein Sittenverfall der Frauen Spartas zu beobachten sei, die in der ‹guten alten Zeit› Lykurgs noch in vorbildlicher Weise erzogen und gelenkt, aber später leichtfertig und zügellos geworden seien (Lyk. 15, 16. Ag. 31).

Die darüber hinaus verfügbaren kürzeren Bemerkungen diverser Autoren über die Frauen Spartas enthalten teilweise widersprüchliche Angaben zu bestimmten Aspekten weiblichen Lebens in Sparta, etwa im Hinblick auf die spartanischen Eheschließungen oder die vermögensrechtliche Stellung der Frauen; sie müssen jeweils genau auf ihren Aussagewert hin überprüft werden, denn sie beziehen sich teils auf Sparta in der archaischen, teils in der klassischen und hellenistischen Zeit, und es ist bei der Auswertung zu berücksichtigen, dass die spartanische Gesellschaftsordnung einem historischen Wandel unterworfen war. Im Folgenden sollen die in der antiken Überlieferung erfolgten Zuschreibungen und impliziten Werthaltungen herausgearbeitet werden, ferner sollen die Informationen aus ihrem polemischen, idealisierenden oder in welcher Weise auch immer geprägten Kontext herausgelöst und zu einem größeren Bild zusammengefügt werden, das freilich immer Spekulation bleiben muss.

Spartanische Mädchenerziehung. Einige verstreute Bemerkungen antiker Autoren heben darauf ab, dass Sparta besonders gelehrte Frauen hervorgebracht habe, was sich in ihrer Fähigkeit, Konversation zu betreiben und zu philosophieren, gezeigt habe.[8] In der Komödie des Aristophanes wird sogar eine spartanische Dichterin namens Kleitagora erwähnt, deren Werk allerdings nicht erhalten ist.[9] Von diesen Anhaltspunkten auf einen allgemein hohen Bildungsgrad der Frauen zu schließen, wie es in der Forschung verschiedentlich getan wurde, ist etwas gewagt.[10]

Zeugnisse über die Mädchenerziehung der aristokratischen Elite liegen nur aus dem 7. Jh. v. Chr. vor – einer Zeit, in der Sparta ähnlich wie Lesbos eine kulturelle Blüte erlebte. Der Dichter Alkman verfasste in dieser Zeit Lieder für Mädchenchöre, welche im Rahmen bestimmter Kulthandlungen auftraten.[11] Ähnlich wie in den Liedern Sapphos steht auch hier der Lobpreis weiblicher Schönheit im Vor-

Abb. 3   Bronzestatuette eines laufenden Mädchens aus Sparta (um
520 v. Chr.); London, British Museum
Das Mädchen, das im Lauf zurückblickt, trägt ein knielanges Gewand, das
die rechte Brust freilässt, und lüpft mit der Linken den Saum des Gewandes
bis zum Oberschenkel. Das lange Haar wird über der Stirn durch einen
Reifen gehalten und fällt am Rücken über die Schultern.

dergrund, und es ist von herausragenden Chorführerinnen die Rede, ebenso von weiblicher Homoerotik.[12] Wahrscheinlich gab es in Sparta ähnliche elitäre Zirkel zur Erziehung junger Mädchen wie in Lesbos; unklar ist jedoch, wie lange diese existierten.[13] Noch Plutarch ist allerdings bekannt, dass in Sparta unter den «edlen Frauen» erotische Verhältnisse zwischen älteren und jüngeren gängig gewesen seien, und er vergleicht diese mit den gleichfalls bezeugten homoerotischen Männerfreundschaften (Plut. Lyk. 18, 9).

Vor allem die sportliche Ausbildung und Betätigung der Mädchen und Frauen Spartas gilt als Besonderheit, die von vielen Autoren erwähnt, wenn auch unterschiedlich bewertet wird. In der bereits genannten Komödie *Lysistrate* des Aristophanes, in der sich die Frauen während des Peloponnesischen Krieges frontenübergreifend solidarisieren, um gemeinsam einen ‹Sexstreik› zu praktizieren, der ihre Männer von der Fortführung des Krieges abhalten soll, erkennen die athenischen Verschwörerinnen die eingetroffene Spartanerin an ihrer sportlich durchtrainierten Figur (Aristoph. Lys. 78 ff.).

In Xenophons Abhandlung über die *Verfassung der Spartaner* wird deutlich herausgestellt, dass der Gesetzgeber Lykurg das Training der Jugend angeordnet habe, bei der es vorrangig darum gegangen sei, den Körper zu kräftigen, um kräftige Nachkommen zu erzeugen:

> «*deshalb verordnete er zunächst, dass das weibliche Geschlecht seinen Körper nicht weniger übe als das männliche. Sodann führte er ein, dass die Mädchen – ebenso wie die Knaben – im Wettkampf gegeneinander ihre Schnelligkeit und Körperkraft messen sollten, da er der Überzeugung war, dass – wenn beide Elternteile kräftig seien – auch ihre Nachkommenschaft kräftiger sei.*»
> (*Xen. Lak. Pol. 1, 4*)

Plutarch bemerkt, dass Lykurg mit dem Training das Ziel verfolgt habe, «Weichlichkeit, Verzärtelung und alles weibische Wesen» zu verdammen, auch damit die Frauen später die Geburten besser bestehen und leicht gegen die Wehen ankämpfen könnten (Lyk. 14, 1). Verschiedene Sportarten, an denen sich die Spartanerinnen beteiligt haben sollen (Diskus- und Speerwerfen, Ringkampf etc.), werden in den unterschiedlichen Quellen benannt und häufig in den Kontext ritueller Handlungen gestellt.[14]

Viele Autoren erwähnen, dass die Mädchen dabei nackt oder nur leicht bekleidet aufgetreten seien: Als «Schenkelzeigerinnen» werden die spartanischen Mädchen schon in einem Fragment des Dichters Ibykos (fr. 58 PMG; 6. Jh. v. Chr.) bezeichnet und auch der Tragödiendichter Euripides spielt auf die offenen Kleider und nackten Beine der spartanischen Mädchen in der Lauf- und Ringbahn an (Euripides, *Andromache* 595 ff.). Der Anblick so leicht bekleideter Frauen erregte bei den griechischen Betrachtern eher Heiterkeit, Befremden oder gar Anstoß.[15] Xenophon zufolge hatte das körperliche Training der Mädchen deren Angleichung an die Jungen zum Ziel.

Ungewiss ist, ob die jungen Mädchen in ein ähnliches «Erziehungssystem» (*agoge*) integriert waren, wie es für den männlichen Nachwuchs bezeugt ist.[16] Dieses sah die Integration der Jungen bis zum Alter von dreißig Jahren in verschiedene Altersklassen vor: Knaben (*paides*) im Alter von sieben bis zwölf Jahren wurden vor allem im Singen und Tanzen unterwiesen, lernten aber wohl auch Lesen und Schreiben. Die älteren Jungen (*paidiskoi*) von dreizehn bis neunzehn Jahren erlernten unter anderem Überlebenstechniken, und die über Zwanzigjährigen (*hebontes*) durchliefen eine harte militärische Ausbildung. Diesem Zweck dienten wohl auch die Wettkämpfe, die während der Kultfeste zwischen gleichaltrigen Jugendlichen ausgetragen wurden, und insbesondere die für Sparta so typischen Scheingefechte.

Das Erziehungssystem zielte darauf ab, die kriegerische Leistungsfähigkeit der Gemeinschaft zu garantieren; es war durch klare Hierarchien und soziale Kontrolle geprägt: Jeder Bürger Spartas war dazu berechtigt, einen Jüngeren zu maßregeln oder zu strafen. Ein Heranwachsender unterstand in jeder Phase seiner Erziehung der Aufsicht eines Älteren; homosexuelle Verhältnisse (die sogenannte Knabenliebe/Päderastie) zwischen Jungen ab ihrer Pubertät und Erwachsenen mit erzieherischer Funktion waren ein bekanntes Merkmal des spartanischen Gemeinschaftslebens. Auch die erwachsenen Bürger lebten nicht in Familien, sondern zumindest bis zum

Alter von 30 Jahren in Männergruppen, welche gemeinsam wohnten und aßen (Plut. Lyk. 24, 6; 25, 1). An den Speisegemeinschaften der Erwachsenen nahmen auch die Knaben (*paides*) teil, die dort die gewünschten Verhaltens- und Redeweisen erlernten, die sich für einen freien, erwachsenen Mann schickten.

Das sich so ergebende Bild einer weitgehenden Geschlechtertrennung im Alltag bleibt unscharf, zumal über die konkreten Lebensbedingungen der Frauen kaum Informationen vorliegen. Wenn es stimmt, dass zumindest die jungen spartanischen Männer in den Männergemeinschaften lebten, gleichwohl aber auch in der Folgezeit, um ihren Beitrag zu den Syssitien leisten zu können, auf Einkünfte aus den Landgütern angewiesen waren, die maßgeblich von Frauen geleitet, aber von unfreien Arbeitskräften bewirtschaftet wurden,[17] stellt sich die Frage, wie und von wem die zahlenmäßig überlegenen, jedoch ihrem Status nach klar unterdrückten Heloten auf den Ländereien ‹in Schach gehalten› wurden, zumal es immer wieder zu Aufständen kam.[18] Doch fehlen Zeugnisse, um diese Frage zu beantworten.

Dass die Spartanerinnen keine Wollarbeiten verrichtet hätten, sondern diese Arbeit den Helotinnen überließen, wird von zwei antiken Autoren als spartanische Eigenart dargestellt,[19] doch ist fraglich, ob dies so pauschal angenommen werden darf. Die Textilproduktion umfasste in der Antike viele verschiedene Tätigkeiten, denen jeweils unterschiedlicher Stellenwert beigemessen wurde. So wurde gerade das besonders zeitaufwendige Spinnen oft von Sklavinnen übernommen, während das Weben als prestigeträchtige Tätigkeit freier Frauen galt. Auch für Sparta sind – ähnlich wie für andere Poleis – Webarbeiten von Frauen zu Ehren der Götter bezeugt: Dem Apollon von Amyklai wurde im Rahmen von Kulthandlungen jährlich ein Gewand gewebt; diese ehrenhafte Betätigung durften nur Spartiatinnen ausüben, die im Vorfeld des Festes gemeinschaftlich in einem eigens dafür vorgesehenen Gebäude an dem Kunstwerk arbeiteten. Eine in der Nähe von Amyklai gefundene Inschrift aus archaischer Zeit enthält die Anweisung, dass das in das Göttergewand eingewebte Bild den Vorgaben einer Amtsperson zu entsprechen habe.[20] Diese Inschrift bestätigt den hohen Stellenwert zumindest von kultischen Webarbeiten von Frauen. Sie bezeugt zudem, dass sich Frauen und Männer auf die darzustellenden Motive einigten; die Weberinnen hatten somit einen gewissen Gestaltungsraum, wenn auch die Weisungsbefugnis der zweifellos männlichen Amtsperson betont wird. Auch fanden sich im Heiligtum der Artemis Orthia zahlreiche Weihgaben, welche mit Webereimotiven verziert waren. Es ist daher durchaus anzunehmen, dass die freien Spartanerinnen mit der Weberei vertraut waren.[21]

Spartanische Hochzeitssitten? Wie in allen anderen antiken Gemeinwesen war auch in Sparta die Zeugung von Nachkommen ein wichtiges Anliegen. Doch unterschieden sich die spartanischen ‹Heiratspraktiken› sehr deutlich von denen anderer griechischer Poleis, und es ist wohl davon auszugehen, dass eine rechtmäßige Ehe – zumindest für die Menge der Spartiaten und in einem bestimmten Zeitraum, nämlich seit dem 2. Messenischen Krieg bis zum Beginn des 5. Jh.s – nicht vorgesehen war.[22] Die in antiken Schriften erwähnten «Strafen für Ledige» bezogen sich nicht auf «Unverheiratete», sondern auf Männer, die sich weigerten, Kinder zu zeugen:[23] Plutarch berichtet, dass man Männer, die keinen Verkehr mit Frauen hatten, öffentlich anprangerte:

> «*Sie wurden bei den Gymnopaidien [bestimmten Sportfesten] vom Zuschauen ausgeschlossen, und im Winter befahlen ihnen die Oberen, nackt um den Markt herumzulaufen, und im Herumlaufen mussten sie ein auf sie gedichtetes Lied absingen, es geschehe ihnen nach Verdienst, weil sie ungehorsam seien gegen die Gesetze.*»
> *(Plut. Lyk. 15, 2)*

Autoren wie Plutarch fanden die Gepflogenheiten der Spartaner, was das Zusammenleben von Männern und Frauen betraf, befremdlich. Dies zeigt sich auch in seiner Beschreibung einer spartanischen Sitte, die von modernen Historikern oft als Hochzeitsbrauch gedeutet wird, wohl aber als ‹Vereinigungsritual› zu verstehen ist, da es keine Ehe im eigentlichen Sinne begründete. Plutarch berichtet davon, dass die Spartaner «voll erwachsene und reife Mädchen […] raubten».[24] Das geraubte Mädchen wurde kahl geschoren, in Män nergewänder gekleidet und alleine im Dunkeln auf ein Strohlager gelegt, wo sich der Mann mit ihm vereinigte. Danach verließ der Mann die Frau wieder.[25] Diese grausam anmutende Sitte zu erklären bereitet der Forschung einige Schwierigkeiten. Es wurde in Betracht gezogen, dass die Rasur den Übergang vom Mädchen zur Frau markiere, die dabei aber gleichzeitig ihre Weiblichkeit symbolisch aufgab, so dass der Akt insgesamt als Ritual eines übelabwehrenden Rollentausches zu deuten sei, bei dem die Geschlechterdifferenz überwunden werde.[26] Andere Forscher gehen davon aus, dass es sich um einen ‹Hochzeitsbrauch› handele, welcher Männern den Übergang von den vorehelich gepflegten homosexuellen Beziehungen zur ehelichen Heterosexualität erleichtere, indem die Frauen durch die Rasur äußerlich jenen Knaben angeglichen wurden, mit denen die Männer vor der Heirat verkehrten.[27]

Auffällig ist vor allem, dass sich das von Plutarch ausführlich geschilderte Ritual wie eine Umkehrung jener Hochzeitsrituale ausnimmt, wie sie für Athen bezeugt sind: Dort wurde die Schmückung der Braut durch Brauthelferinnen als zentraler Bestandteil des Hochzeitsrituals häufig auf Gefäßen abgebildet, die bei der Hochzeitszeremonie Verwendung fanden. Die Braut erscheint aufwendig geschmückt und frisiert.[28] Die für Sparta postulierte Rasur der Braut steht in auffälligem Kontrast dazu. Während für Athen bezeugt ist, dass die Brautleute im Fackelschein ein reich mit Decken ausgestattetes Brautgemach bezogen, sollen sich die Spartaner bei Dunkelheit in einem Bett aus Streu vereinigt haben. Diese deutlichen Gegensätze erregen den Verdacht, dass es sich bei Plutarchs Schilderung der spartanischen Liebesnacht um eine Stilisierung handelt, die den Charakter der Kriegergemeinschaft betont, welche den sozialen Zusammenhalt der Familien zwar nicht gänzlich auflöst, aber doch überformt. Dabei ist es nicht unwahrscheinlich, dass der Bericht Plutarchs tatsächlich Normen widerspiegelt, welche sich die Spartaner im Umgang mit Frauen und Sexualität auferlegten. Ob das beschriebene Ritual so praktiziert wurde, ist ungewiss. Zumindest für die archaische Zeit sind quasi-eheliche Paarbildungen zwischen Mann und Frau in Sparta anzunehmen, die sich mit den sogenannten Besuchsehen vergleichen lassen, die Ethnologen in rezenten Gesellschaften beobachtet haben.[29]

‹Erzeugerleihe› und Polyandrie. Wenn es stimmt, dass die Partnerschaften in Sparta weder exklusiv noch im gemeinsamen Wohnort begründet waren, erklärt sich auch das für Sparta bezeugte Phänomen der sogenannten Erzeugerleihe. Xenophon berichtet, dass es einem alten Mann in Sparta gestattet sei, «einen Jüngeren, dessen Erscheinung und Charakter ihm gefalle», hinzuzuziehen, «um sich von ihm Kinder zeugen zu lassen» (1, 7). Und auch dem Mann, der gar nicht mit einer Frau zusammenleben wollte, wurde die Möglichkeit eingeräumt, Kinder zu zeugen: Er suchte sich eine Frau aus, «von der er sah, dass sie viele Kinder haben werde und aus gutem Haus stammte», um mit Zustimmung dessen, «der sie hatte», Kinder zu zeugen (1, 8). Nimmt man an, dass diese Erzeugerleihen tatsächlich gängige Praxis waren, erklärt sich auch, warum in den Quellen verschiedentlich betont wird, die Spartanerinnen hätten mit mehreren Männern, also in «Polyandrie» gelebt.[30] Das muss freilich nicht bedeuten, dass die Spartanerinnen ständig die Geschlechtspartner gewechselt, sexuelle Freizügigkeit oder gar Selbstbestimmung genossen hätten,[31] denn grundsätzlich wird auch oder gerade im Rahmen dieser Praktiken vonseiten der Männer über die Sexualität der Frauen verfügt.

Erzeuger statt Väter. Was bedeutet dies aber für den gesellschaftlichen Stellenwert der Familie, für die Mutterschaft und die Weitergabe des Vermögens? Wenn eine Spartanerin von verschiedenen Männern Kinder empfing, konnte der leibliche Vater eines Kindes nicht sicher festgestellt werden. Wahrscheinlich war dies in Sparta auch gar nicht erwünscht, was auch der Bericht Plutarchs über die Musterung der Neugeborenen suggeriert: Denn die Entscheidung, ob ein Kind aufgezogen oder getötet wurde, trafen in Sparta nicht die Eltern, sondern das Neugeborene wurde zur Gemeindehalle gebracht, wo die «ältesten der Gemeindegenossen» das Kind untersuchten und, wenn es kräftig schien, die Aufzucht anordneten, wenn es schwächlich oder missgestaltet wirkte, im Taygetos-Gebirge aussetzen ließen (Plut. Lyk. 16, 1–2). Dass nicht die Eltern, sondern eine Institution der Gemeinschaft über das Leben der Nachkommen entschied, kann dahingehend gedeutet werden, dass in Sparta die Kinder von Anfang an nicht als Nachkommen einer Familie, son dern als Glieder des Gemeinwesens angesehen wurden. Dies spiegelt sich auch in der Bemerkung, die Männer sollten sich nicht als Väter *ihrer* Kinder, sondern als die *aller* Kinder begreifen.[32]

Aus athenischer Perspektive – und auch aus Sicht vieler anderer Griechen – müssen diese Sitten äußerst befremdlich gewirkt haben. Dieses Befremden artikuliert sich auch in einer Anekdote Plutarchs, die von einem Gespräch zwischen dem alten Spartaner Geradas und einem Fremden handelt.[33] Der Fremde fragte, wie man in Sparta mit Ehebrechern verfahre, woraufhin Geradas erwiderte: «Bei uns gibt es keine Ehebrecher.» Als der andere beharrte, es müsse auch in Sparta Ehebrecher und entsprechende Strafen geben, ersann Geradas eine völlig abstruse Bußgabe – einen gigantischen Ochsen. Als der Fremde daraufhin erstaunt fragte: «Wie kann es denn einen so großen Ochsen geben?» lachte Geradas und sagte: «Wie kann es in Sparta einen Ehebrecher geben?» Plutarch erklärt den Ausgang des Gesprächs damit, dass die Spartanerinnen in jener Zeit eben besonders sittsam gewesen seien; doch hat er damit wohl kaum den Kern der Geschichte getroffen: Sie stellt vielmehr heraus, wie fremdartig die Spartaner mit ihrer lässigen Handhabung der Vaterschaft den übrigen Griechen erschienen.

In Athen zum Beispiel gab es seit archaischer Zeit die Regel, dass ein Mann, der in das Haus eines anderen eingedrungen war und dort im Beischlaf mit einem weiblichen Familienmitglied ertappt wurde, sofort getötet werden konnte. Auch sind Schandstrafen bezeugt, welche man an überführten Ehebrechern vollzog, etwa die anale Penetration mit einem Rettich.[34] Dagegen nimmt sich die phantastische Bußgabe des übergroßen Ochsen, welche der Spartaner in der kurzen Geschichte ersinnt, umso seltsamer aus. Wenn es stimmt, dass in Sparta weder monogame Ehen geführt wurden, noch der väterlichen Abkunft besondere Bedeutung beigemessen wurde, erklärt sich, warum der alte Spartaner behaupten konnte, dass es in Sparta keine Ehebrecher gäbe.

Mutterschaft. Dass der Mutterschaft dann eine besondere Bedeutung zukam, wenn die Männer ausschließlich wegen ihrer Zeugungsleistung, nicht aber aufgrund der Ausübung der sozialen Rolle des Vaters gesellschaftlich gewürdigt wurden, liegt auf der Hand. In

Sparta wurden Frauen, die im Kindbett gestorben waren, besonders geehrt, was daran zu erkennen ist, dass nur sie Grabsteine mit einer individuellen Inschrift bekamen.[35] Auch in der bereits zitierten, von Plutarch überlieferten, wohl im 3. Jh. v. Chr. im Kreis athenischer Philosophen entstandenen Sammlung von *Sprüchen spartanischer Frauen* (Plut. mor. 240 C–242 D) wird «die spartanische Mutter» auf besondere Weise stilisiert: Sie wird als ganz im Dienste der Gemeinschaft stehend charakterisiert, als Mutter, die jegliche Bevorzugung des eigenen Kindes ablehnt. Diese Sprüche sind fiktiv, doch werden darin Zuschreibungen erkennbar, die bei den Griechen als ‹typisch spartanisch› galten.

Berühmt ist der Ausspruch einer Mutter gegenüber ihrem Sohn, der in den Krieg zieht, er solle entweder mit dem Schild (also siegreich) oder auf dem Schild (also tot) zurückkehren (Plut. mor. 241 F). Intendiert – aber aufgrund der noch heute sprichwörtlichen ‹lakonischen Kürze› nicht ausgeführt – ist damit die Mahnung, bloß nicht *ohne* Schild, also als ein Feigling, der auf der Flucht vor dem Feind die Waffen abgeworfen hat, zurückzukehren.[36] Hier wird sehr deutlich, in welcher Weise die Mutter der Kriegergemeinschaft verpflichtet ist. Gleiches stellt auch die ebenfalls fiktive Grabinschrift eines Kriegers heraus, die in der Spruchsammlung zitiert wird. Nachdem er sich als Feigling im Krieg erwiesen hatte, wurde Damatrios von seiner Mutter getötet, die sein Grab mit folgendem Spruch versah: «Damatrios, der das Gesetz brach, wurde von seiner Mutter getötet. Sie war eine spartanische Frau. Er ein spartanischer Junge.»[37] Auch hier wird die Pflichterfüllung gegenüber der Mutterstadt über die Liebe der Mutter zum Kind gestellt.

Landbesitz und Autorität. Geht man davon aus, dass die Rolle des Vaters in Sparta sich im Grunde im Akt der Zeugung erschöpfte und eine exakte Bestimmung des Erzeugers weder immer möglich noch notwendig war, konnten Besitzrechte etwa in Bezug auf Ländereien im Grunde nur über die Mutter übertragen werden, in matrilinearer Erbfolge. Es spricht viel dafür, dass dies in Sparta zumindest zeitweilig so gehandhabt wurde.[38] Fest steht, dass die Frauen Spartas (anders als die Athenerinnen) erbberechtigt waren,[39] und dass das Erb- und Eigentumsrecht eine Vermögenskonzentration förderte, die letztlich das gesamte System unterminierte. Aristoteles (pol. 1270 a 15 ff.) stellt – durchaus pikiert – heraus, dass den Frauen Spartas zu seiner Zeit zwei Fünftel des Landes gehörten, und betont dabei die Rolle der reichen Erbtöchter, die in Sparta (auch dies anders als in Athen) Eigentümerinnen des Erbes waren. Dass die Vermögenskonzentration in den Händen weniger Begüterter mit den Eigentumsrechten spartanischer Frauen zusammenhing und schließlich zur Verarmung eines Großteils der Spartiaten geführt hat, die somit von der politischen Teilhabe ausgeschlossen wurden, gilt als Faktum.[40] Ein Teilnahme- oder Rederecht in der Volksversammlung war den Frauen Spartas zwar definitiv verwehrt, doch sicher brachte Reichtum auch (informelle) Mitspracherechte oder Möglichkeiten der Einflussnahme innerhalb und außerhalb des Hauses mit sich.[41]

Wenn Aristoteles die spartanische Geschlechterordnung im 4. Jh. v. Chr. als «Weiberherrschaft» begreift und abwertet, dienten ihm wohl die athenischen Verhältnisse als Folie. Dies hat dazu geführt, dass die Lebenswelt der Spartanerinnen bis heute überwiegend vergleichend beschrieben wird: Oft wird herausgearbeitet, dass den Spartanerinnen im Unterschied zu den Athenerinnen *mehr* politischer Einfluss, Redefreiheit und Autorität zugestanden worden sei.[42] Demgegenüber wurde hier versucht, den Fokus der Betrachtung weniger auf ‹die Frauen› als auf die Wahrnehmung ihrer sozialen Einbindung und die ihnen zugeschriebenen Eigenschaften in den Quellen zu legen. Dass in Sparta gerade das Zusammenleben von Männern und Frauen möglicherweise *anders* gestaltet wurde als in den übrigen Poleis, mag zur Erschaffung des Mythos von ‹der Spartanerin› beigetragen haben.

Im Dienste der Stadt – Kultische Aufgaben der Bürgerinnen Athens

«Ihr aber, alle Bürger der Stadt, hört zu, wir wollen euch für die Stadt nützliche Worte sagen! Das ist nur billig, hat sie mich doch in Prunk und Pracht aufgezogen. Sieben Jahre alt geworden, war ich Arrhephore; dann mahlte ich mit zehn Jahren das Korn für unsre Herrin (Athena); und dann war ich im Safrankleid Bärin bei den Brauronien. Schließlich, als schönes Mädchen, war ich Kanephore, in der Hand die Feigenschnur…»
(Aristophanes, Lysistrate 638–647. Übers.: nach Bruit Zaidman – Schmitt Pantel [1994] 69)

Sehr mysteriös klingen diese Worte des Chores der Frauen in der Komödie *Lysistrate* des Aristophanes, die im Jahr 411 v.Chr. in Athen aufgeführt wurde. Die Zuschauer und Zuschauerinnen[1] im Theater von Athen konnten diese Andeutungen sicher verstehen. Eine Frau – so scheint es – spricht hier für alle Frauen des Chores und listet eine Reihe von Kulthandlungen auf, die sie im Laufe ihres Lebens ausgeführt hat – zum Wohle der Stadt. Was verbirgt sich hinter den hier angesprochenen Ritualen?[2] Welchen Zweck hatten sie und inwiefern sind sie aufschlussreich für die Stellung der Frauen innerhalb des religiösen Systems der griechischen Polis? Zunächst muss der Zusammenhang erklärt werden, in dem dieses Zitat steht. Mitten im Krieg, den Athen und Sparta bereits seit zwanzig Jahren gegeneinander führten, brachte Aristophanes eine Komödie auf die Bühne, in der ernsthafte politische Reflexion und absurde Komik nebeneinander stehen und das Stück noch heute aufführenswert machen. Im Stück rotten sich die kriegsmüden Frauen der verfeindeten Städte zusammen und beschließen unter der Führung der Athenerin mit dem sprechenden Namen Lysistrate («Heerauflöserin»), sich den Männern so lange zu verweigern, bis diese zu einem

Friedensschluss bereit sind. Außerdem besetzen die Frauen die Akropolis, um den Männern den Zugang zur dort deponierten Kriegskasse zu verwehren; es kommt zu einer handfesten Auseinandersetzung zwischen den Frauen, die sich auf der Akropolis verbarrikadiert haben, und den alten, d. h. nicht mehr kriegsfähigen Männern, welche der Besetzung des zentralen Stadtheiligtums nicht tatenlos zusehen wollen. Die Frauen aber beharren darauf, ein Recht zu haben, sich derart in die Belange der Stadt einzumischen: Schließlich seien sie es, die der Stadt die Söhne lieferten, die dann in den Krieg ziehen müssten, und außerdem trügen sie im Rahmen der erwähnten Kulthandlungen zum Wohl der Stadt bei.

Die Polis als Kultgemeinschaft. Im antiken Griechenland war die Ausübung religiöser Praktiken eng mit dem Alltagsleben verwoben, ja man kann sogar sagen, dass die Griechen die uns vertraute Trennung zwischen einem religiösen und einem ‹profanen› Bereich im Gemeinwesen der Polis nicht kannten.[3] Jede Stadt stand unter dem Schutz einer Gottheit, der in dieser Funktion der Beiname *polias* gegeben wurde: Korinth stand unter dem Schutz des Poseidon; Argos unter dem der Hera; Sparta, Tegea und Athen unter dem der Athena. Dass jeder Zusammentritt der Volksversammlung mit einem Opfer begann, lässt die Verbindung von politischen und religiösen Belangen deutlich werden. Bezeichnend ist auch die Anlage des Zentrums der Stadt: Die Agora galt in ihrer Gesamtheit als ein heiliger Bezirk, hier befanden sich zahlreiche heilige Plätze, um die herum die meisten der für das politische Leben unverzichtbaren Gebäude angelegt waren. Zum Beispiel befand sich im Prytaneion, das den Amtsträgern des Rates als Versammlungsort diente, der Staatsherd, der Sitz der Göttin Hestia. Dieser Herd markierte den Mittelpunkt der Polis wie ein häuslicher Herd denjenigen des Hauses eines Bürgers. Am Staatsherd empfing die Stadt auch die Gesandten anderer Städte, die zum Essen ins Prytaneion geladen wurden. Und dort wurden auch Bürger der eigenen Stadt verköstigt, denen mit dem Recht auf «Speisung» (*sitesis*) eine große Ehre gewährt wurde. Da alle Bereiche des politischen und gesellschaftlichen Lebens von religiösen Aktivitäten geprägt waren, kann die Polis auch als Kultgemeinschaft bezeichnet werden.[4]

Die Bedeutung von Ritualen und Festen. Zu den Eigenheiten der antiken griechischen Religion gehört auch, dass es in der religiösen Praxis nicht auf den rechten oder wahren Glauben ankam, den eine Person an den Tag legen musste. Vielmehr ging es darum, die Götter durch ganz bestimmte Handlungen gütig zu stimmen, konkret durch die für den Kult notwendigen und vorgesehenen Rituale. Man spricht daher vom hohen Stellenwert der Orthopraxie, der rechten Handelsweise, statt von einer Orthodoxie, der Einhaltung eines Dogmas oder Glaubens. Der ausgeprägte Formalismus im Hinblick auf die Einhaltung der Riten ist charakteristisch für die griechische Religion. Das Leben der Griechen war sowohl im alltäglichen Arbeitsleben in der Hausgemeinschaft wie auch im Rahmen der Festkultur sehr stark von den Ritualen bestimmt, die von Individuen und Gruppen in unterschiedlichen Verbänden durchgeführt wurden: im Haus, in den Ortsgemeinden (Demen) oder auch auf der Ebene der Stadt. Man ging davon aus, dass es die Götter selbst waren, die in unbestimmter Vorzeit gewisse Rituale von den Menschen verlangt und ihre weitere Durchführung verfügt hatten, besonders die Opferung von Tieren und Feldfrüchten. Bei offiziellen Festen des Gemeinwesens führten Priester und Priesterinnen, die ihr Amt im Sinne einer Magistratur versahen, die Opfer durch.[5] Moderne Schätzungen gehen davon aus, dass in Athen beinahe jeden zweiten Tag ein Fest gefeiert wurde, aber Bedeutung und Größe der Feste variierten; es gab etwa 35 herausgehobene Feste, von denen sich viele über mehrere Tage hinzogen. Die anlässlich der Feste geopferten Tiere wurden zunächst rituell geschlachtet, dann wurden Fett, Knochen und Innereien als Gabe für die Götter verbrannt, das Fleisch aber wurde am Feuer gebraten und von den Teilnehmern verspeist. Da Fleisch im Rahmen der alltäglichen Ernährung eine Seltenheit war, waren diese Speisungen sicherlich besonders beliebt. Die Kosten für diese Opfer übernahm die Stadt entweder selbst oder sie verpflichtete reiche Bürger im Rahmen einer Liturgie dazu, die Festmähler auszurichten. Man kann sich den Stellenwert solcher Feste recht gut ausmalen: Die ganze Stadt dürfte mit dem Geruch des Blutes der Opfertiere und dem Duft gebratenen Fleisches erfüllt gewesen sein, wenn man gemeinschaftlich feierte, aß und trank.

Gerade die städtischen Feste wurden häufig durch eine Prozession eröffnet, die quer durch die Stadt bis zum Heiligtum der jeweiligen Gottheit zog. Jüngere Untersuchungen betonen insbesondere den Gemeinschaft stiftenden und gesellschaftliche Hierarchien stabilisierenden Effekt solcher Prozessionen, die jeweils in fester Ordnung den Kreis der Teilnehmenden ‹anordnen›.

Eine Religion der Frauen? Die Aufgaben, die ein Mensch im Dienste der Stadt und der Religion übernehmen konnte, variierten je nach sozialem Status, Geschlecht und Alter. In der Forschung wird erwogen, ob es eine besondere Aufgabe der weiblichen Bevölkerung war, die notwendigen religiösen Rituale auszuführen und dass Frauen gerade im Bereich des Kultes eine besondere Rolle zukam,[6] während sie aus dem Bereich des Politischen völlig ausgeschlossen gewesen seien.[7] Eine zu starke Kontrastierung von ‹weiblicher Religion› und ‹männlicher Politik› geht jedoch am Wesen der griechischen Polis vorbei, da ja – wie oben gezeigt wurde – die Religion zentraler Bestandteil des gesellschaftlichen und politischen Lebens war; auch wirkten bei zahlreichen religiösen Handlungen nachweislich beide Geschlechter mit. Eine besondere Rolle spielten Frauen allerdings in jenen Kulten, in denen es um die Fruchtbarkeit von Land und Menschen ging, von der die Existenz der Gemeinschaft abhing.

Im Folgenden sollen zunächst die in dem oben angeführten Aristophanes-Zitat erwähnten kultischen Aufgaben der jungen Mädchen behandelt werden, bevor im Anschluss auf ein besonderes religiöses Fest einzugehen ist, das maßgeblich von verheirateten Bürgerinnen gestaltet wurde.

Die Kornmahlerinnen, die Arrhephoren und die Kanephoren. In den Bereich der Fruchtbarkeitsrituale gehört die in der oben angeführten Aristophanes-Stelle erwähnte Tätigkeit eines jungen Mädchens als Kornmahlerin im Dienste einer Göttin, wahrscheinlich der Athena. Auch wenn einige Details über den Charakter dieses sakralen Amtes nicht zu klären sind – etwa die Frage, wie viele Mädchen dieses Amt versahen –, so ist davon auszugehen, dass im Rahmen dieser Tätigkeit Korn gemahlen wurde, aus dem spezielle Kuchen oder Brote hergestellt wurden, die der Göttin dargebracht

Abb. 4   Darstellung eines Trankopfers von Mann und Frau auf einer attisch-rotfigurigen Vase (Pelike) des Argos-Malers (um 480 v. Chr.); Paris, Louvre G 236
Ein bärtiger Mann, in der Hand eine Schale haltend, und eine Frau mit einer Kanne stehen sich auf dem Bild gegenüber, zwischen ihnen ist ein Altar zu sehen, auf den sie ein Trankopfer gießen.

wurden.[8] Auch wenn dieses Amt vielleicht etwas unspektakulär wirkt, lässt die Tatsache, dass es in der Komödie des Aristophanes erwähnt wird, vermuten, dass es sich dabei um ein sehr ehrenwertes und geschätztes Amt handelte.

Zwei weitere rituelle Ämter für junge Mädchen führt Aristophanes auf: das Amt der Arrhephoren und das der Kanephoren. Sie stehen im Zusammenhang mit den Panathenäen, dem ‹Geburtstagsfest› der Stadtgöttin, das jeweils im ersten Monat des attischen Kalenders gefeiert wurde.[9] Gerade an diesem Fest waren auffällig viele Gruppen der Bevölkerung Attikas beteiligt: Zu den Teilnehmern der Prozession zählten neben den Bürgern und Bürgerinnen mit ihren Söhnen und Töchtern auch die männlichen und weiblichen Metöken, darüber hinaus auch Freigelassene und Nicht-Griechen sowie (in der Zeit des Attischen Seebundes) Repräsentanten der athenischen Bündnispartner.

Was hatte es nun mit dem Dienst der Arrhephoren (wörtl. «die die unaussprechlichen Dinge tragen») auf sich? Nach den Angaben des griechischen Reiseschriftstellers Pausanias (Paus. 1, 27, 3), der zahlreiche Informationen über Kulte und Mythen der Städte Griechenlands zusammengetragen hat, wurden alljährlich zwei Mädchen im Alter zwischen sieben und elf Jahren dazu bestimmt, als Arrhephoren der Athena zu dienen.[10] Sie bezogen wahrscheinlich für mehrere Monate eine Wohnung auf der Akropolis, wo ihnen auch ein spezieller Ballspielplatz zur Verfügung stand. Im Rahmen des Kultes hatten sie zunächst die Aufgabe, ein textiles Kunstwerk von außerordentlicher Dimension zu beginnen: Gemeinsam mit den Priesterinnen der Athena waren sie dafür zuständig, dass im späten Oktober zum Fest der Metallarbeiter (Chalkeia) die Kettfäden auf den Webstuhl gezogen wurden, an dem von zahlreichen Frauen (Ergastinen) ein von Bildern durchzogenes, übergroßes Gewand (ein Peplos) gewebt wurde, das neun Monate später der Stadtgöttin anlässlich ihres Geburtstages übergeben wurde.[11] Ihre Bezeichnung hatten die Arrhephoren aufgrund eines mysteriösen Rituals, welches das Ende ihrer Dienstzeit im Heiligtum der Athena markiert: In einer Nacht bekamen sie von der Priesterin der Athena Polias einen Gegenstand, von dem weder diese noch die Mädchen wussten, was es war. Diesen trugen sie auf dem Kopf in ein durch einen unterirdischen Gang erreichbares Heiligtum der «Aphrodite in den Gärten». Dort setzten sie den Gegenstand ab und nahmen etwas anderes «Eingehülltes» auf, das sie zurücktrugen. Danach wurden sie aus dem Dienst entlassen, und andere Mädchen kamen an ihrer Stelle auf die Akropolis. Dieses Ritual wird in der Forschung teils als Fruchtbarkeitsritual, teils als Initiationsritus gedeutet.[12] Inschriftliche Ehrungen jener Arrhephoren bezeugen, dass dieser Dienst für die Mädchen und ihre Familien eine besondere Auszeichnung darstellte.[13]

Das dritte religiöse Amt, von dem oben die Rede war, versahen die Korbträgerinnen (Kanephoren). Der vorliegende Text lässt vermuten, dass dieses Amt üblicherweise von Mädchen übernommen wurde, deren Hochzeit unmittelbar bevorstand. Die Kanephore war demnach ein etwa zwölfjähriges Mädchen, das bei einer Prozession, wahrscheinlich bei den Panathenäen, einen Korb trug, in dem unter Getreidekörnern verborgen das Messer lag, das zum Töten des Opfertieres verwendet werden sollte. Attische Vasenbilder mit Darstellungen von Opferprozessionen zeigen, wie reich gekleidete und geschmückte Mädchen mit einem Korb auf dem Kopf den von Männern geleiteten Opfertieren voranschreiten. Auch hier wird deutlich, dass gerade innerhalb des Kultes die strikte räumliche Trennung der Geschlechter, wie sie für die griechische Antike auf den ersten Blick so typisch zu sein scheint, aufgehoben wird, obschon für die Geschlechter jeweils ganz unterschiedliche Aufgaben vorgesehen sind.

Mädcheninitiation in Attika? Die Kulthandlungen, welche die «Bärinnen» (*arktoi*) im Dienste der Göttin Artemis vollzogen, sollen im Folgenden betrachtet werden, um den Blick auf die Sozialisation junger Mädchen zu richten.[14] Das Artemisheiligtum von Brauron (heute Vraona) lag 37 km von der Stadt Athen entfernt an der Ostküste von Attika.[15] Die Grenze des Territoriums einer Polis war ein beliebter Platz, um ein Heiligtum zu errichten: Die Heiligtümer markierten gleichsam das Gebiet der Polisbewohner.[16] Die Göttin Artemis steht allerdings auch mit ‹Grenzen› im übertragenen Sinne in enger Beziehung. Sie begleitete und unterstützte nach antiker Vorstellung die Menschen beim Passieren von Grenzen zwischen unterschiedlichen Lebensphasen: beim Abschied aus der Kindheit (vor allem der Mädchen auf dem Weg zur Menarche), sie half auch Gebärenden, ihr Kind auf die Welt zu bringen, und Säuglingen beim Verlassen des Mutterleibes. Waren den Menschen ‹Grenzübertritte› dieser Art erfolgreich gelungen, erwiesen sie der Artemis ihren Dank durch Weihgaben. Gleichzeitig beschenkten die Griechen die Göttin aber auch – möglicherweise um sie für die Zukunft zu besänftigen –, wenn diese Grenzen nicht genommen werden konnten, wenn eine Frau bei der Geburt verstarb, der Beginn der Regelblutung eines Mädchens zu lange auf sich warten ließ oder gar ausblieb.[17]

Das Heiligtum der Artemis von Brauron wurde vom 8. bis zum 3. Jh v. Chr. benutzt. Es umfasste unter anderem einen Tempel, eine Säulenhalle und Banketträume, wie sie auch für andere Heiligtümer bezeugt sind. In unmittelbarer Nähe dieses Tempels befindet sich noch heute eine sprudelnde Quelle. In ihr wurden in der Antike Tausende von Votivgaben versenkt, die eindeutig von Frauen stammen – Spiegel, Schmuckstücke, Statuetten, insbesondere von Frauen verwendete Keramikgefäße und Webgewichte. Schatzverzeichnisse des Tempels dokumentieren zahllose weitere Weihgaben, nicht zuletzt Gewänder und textile Rohmaterialien (wie Leinen und Wolle), die der Göttin von Frauen gestiftet wurden.

Über die geheimnisvollen «Bärinnen» verlieren die Frauen des Chors in Aristophanes' *Lysistrate* nur Stichworte: Sie hätten «an den Brauronien» «das Safrankleid (*krokotos*) zu Boden gleiten lassen». Die Zuschauer im Theater Athens der damaligen Zeit wussten offenbar, was damit gemeint war. Die modernen Altertumswissenschaftler aber mussten, um dieses Ritual zu verstehen, in einer kriminalistisch anmutenden Spurensuche ganz unterschiedliche Zeugnisse deuten und in einen Zusammenhang bringen. In den antiken Kommentaren zu der Aristophanes-Stelle finden sich einige aufschlussreiche Erklärungen: Die Formulierung, «ich war Bärin an den Brauronia», verweise auf eine rituelle Handlung, bei der ausgewählte Jungfrauen, die nicht jünger als fünf und nicht älter als zehn Jahre gewesen seien, «eine Bärin nachahmten», was bedeute, dass sie in dem oben erwähnten Gewand Opfer für Artemis gebracht hätten. Das Ritual sei auf verschiedene Mythen zurückzuführen: Ein Bär, ein der Artemis heiliges Tier, sei von Kindern verletzt worden. Das habe den Zorn der Göttin heraufbeschworen, der sich auf das ganze Gemeinwesen ausgewirkt habe. Um die Göttin zu versöhnen, habe man den Dienst der jungen Mädchen eingerichtet. Fragmente von im Heiligtum gefundenen Keramikgefäßen[18] erlauben die Rekonstruktion von Szenen, in denen Mädchen in Gruppen unterschiedlichen Alters teils nackt, teils bekleidet wettlaufen und tanzen. Es lässt sich also festhalten, dass im Artemisheiligtum von Brauron einige Mädchen vor der Hochzeit der Artemis ‹geweiht wurden› und sich deshalb längere Zeit im Heiligtum aufhielten, möglicherweise fünf Jahre. In diesem Abstand wurde nämlich jenes Fest zu Ehren der Artemis, die Brauronia, gefeiert, und es ist vorstellbar, dass die ‹Belegschaft› des Heiligtums jeweils anlässlich des Festes wechselte. Während ihres Aufenthaltes im Heiligtum wurden die Mädchen vermutlich von älteren Frauen betreut und zu den Kulthandlungen angeleitet; sie brachten Opfer dar, tanzten und veranstalteten Wettläufe. Dabei spielte offenbar das Tragen und Ausziehen jenes als besonders verführerisch geltenden safrangelben Kleidungsstückes eine wichtige Rolle. Der körperlichen Ertüchtigung der Mädchen scheint also große Aufmerksamkeit zugekommen zu sein, ähnlich wie im Kreis der Sappho von Lesbos. Wahrscheinlich ‹erlernten› ausgewählte Mädchen, stellvertretend für die gesamte weibliche Bürgerschaft, im Heiligtum jener Göttin, die den Übergang ins Erwachsenenleben beschützte, die Rolle der Frau. Katharina Waldner vermutet, dass sie im Heiligtum die kindliche Wildheit (den ‹Bärinnenstatus›) ablegten und ‹gezähmt› wurden, so dass sie danach ehefähig waren. Wieder zeigt sich der hohe Stellenwert der Heirat – vor allem in Bezug auf den Nachwuchs an Bürgern.[19]

Die Thesmophorien. Die Fruchtbarkeit der Bürgerinnen Athens stand neben der Fruchtbarkeit des Bodens im Zentrum bestimmter Kulthandlungen zu Ehren der Fruchtbarkeitsgöttinnen Demeter und der Kore, die anlässlich des Thesmophoria[20] genannten Festes ausgeführt wurden. Demeter war die Schwester des Zeus, mit dem sie eine Tochter hatte, die Kore («Mädchen») oder auch Persephone genannt wird. Nach einem berühmten Mythos,[21] den zuerst der homerische Demeter-Hymnos erzählt, wurde Kore-Persephone vom Gott der Unterwelt, Hades, geraubt und von ihm zur Herrin der

Unterwelt gemacht. Demeter suchte ihre Tochter, erfuhr von ihrer Entführung und verhinderte daraufhin das Weiterwachsen des Getreides. Die daraus für Menschen und Götter folgende Hungersnot zwang Zeus zur Vermittlung: Persephone musste zwar einen Teil des Jahres in der Unterwelt verbringen, durfte aber im Frühjahr zu ihrer Mutter zurückkehren. Bereits in der Antike nahm man an, die Zeit der Kore in der Unterwelt stehe für das Getreidekorn, das in die Erde gesät werden muss, um eine Ähre hervorbringen zu können. Aber auch das Leben gerade der verheirateten Frauen stand unter dem Schutz der Demeter.

Das Fest der Thesmophorien wurde überall in Griechenland zur Zeit der Aussaat im Herbst gefeiert, als ein reines Frauenfest, wobei offenbar ausschließlich Frauen der Bürgerschaft teilnehmen durften und die wichtigsten Kulthandlungen den verheirateten Frauen vorbehalten waren.[22] Das argwöhnische Verhalten der feiernden Frauen gegenüber suspekten Festteilnehmerinnen parodiert Aristophanes treffsicher in seiner Komödie *Die Frauen am Thesmophorienfest*. Die durchgeführten Rituale wurden von den Frauen geheim gehalten, und heimliche männliche Beobachter wurden streng bestraft, vielleicht sogar getötet.[23]

In Athen fand das Fest jeweils an drei Tagen Ende Oktober statt. Der erste Tag wird als «Aufstieg» (*Anodos*) bezeichnet, weil die Frauen an diesem Tag mitsamt ihrer Ausrüstung, Lebensmitteln und quietschenden Ferkeln zu den Heiligtümern der Demeter aufstiegen, die gewöhnlich auf Hügeln außerhalb der Stadt lagen. Dort bauten sie provisorische Hütten, in denen sie während des mehrtägigen Festes wohnten, und Liegen aus Weidenruten und bestimmten Pflanzen, die als Anti-Aphrodisiaka galten. Bereits im Vorfeld des Festes wurde von den Frauen sexuelle Enthaltsamkeit erwartet. Vielleicht wurde auf diese Weise die menschliche Fertilität mit der des Ackerlandes gleichgesetzt und eine als notwendig erachtete Phase des ‹Brachliegens› veranschaulicht. Der zweite Tag hieß «Fasten» (*Nesteia*), und die Frauen verbrachten ihn, indem sie auf dem Boden saßen, ohne etwas zu essen. Der dritte Tag bildete den Höhepunkt des Festes: Weil die Frauen den Göttern an diesem Tag Bitten um leichte Geburt und schöne Kinder vortrugen, nannte man ihn «schöne Geburt» (*Kalligeneia*). Es wurde eine Mischung aus Agrarzauber und Düngemittelproduktion betrieben: Verweste Überreste von Opfergaben (darunter Ferkel, Gebäck in Form von Schlangen, von Pinienzapfen und von männlichen Genitalien), welche die Frauen an einem den Thesmophorien vorangehenden Fest in Erdgruben geworfen hatten, wurden wieder heraufgeholt, den Göttern dargebracht und mit der neuen Saat auf die Felder verstreut. Die antiken Versuche, die Sinnhaftigkeit dieser Handlungen aus dem Mythos herzuleiten, verweisen darauf, dass im Mythos beim Raub der Persephone eine Schweineherde in einer Erdspalte verschwand. Bestandteil der Feierlichkeiten waren auch rituelle Beschimpfungen, bei denen die Frauen anstößige Worte verwendeten oder sich gegenseitig in humoristischer Absicht verspotteten. Wieder findet sich eine gewisse Parallele zum Demeter-Mythos, in dem die Göttin, die auf der Suche nach ihrer Tochter gefastet hatte, wieder anfing zu essen, als eine alte Frau sie dadurch zum Lachen brachte, dass sie ihren Rock hochhob. Rituelle Beschimpfungen sind im antiken Griechenland für verschiedene Kulte bezeugt; man attestiert ihnen eine reinigende, heilsame Funktion.[24]

Im Zentrum der Feierlichkeiten stand sicherlich das Opfer (bei dem wohl vornehmlich Ferkel geschlachtet wurden) und ein großes Festmahl. Gerade die wohlhabenden Männer Athens waren dazu verpflichtet, ihre Ehefrauen auszustatten, damit sie entsprechende Beiträge zur Festtafel leisten konnten. Nach dem Fest kehrten die Frauen in ihren Alltag zurück.

Die Thesmophorien werden zumeist als ein Fest gedeutet, das den Frauen eine Erholung vom Alltagsleben bot und Ausdruck der Assoziierung der Frauen mit der Fruchtbarkeit war,[25] worauf auch die in Demeterheiligtümern gefundenen Weihgaben, darunter Pflüge und Sicheln sowie Tonstatuetten, die Mütter mit ihren Kindern darstellen, hindeuten. Auch weitere Frauenfeste (die Haloa im Januar, die Skira im Juli[26]) stehen in einem Zusammenhang mit den je nach Jahreszeit anfallenden landwirtschaftlichen Aktivitäten.[27] Diese Feste dokumentieren die Verantwortung, die den Frauen als einer Teilgruppe der Bürgergemeinschaft bezüglich des Ertrages der landwirtschaftlichen Arbeit und des Fortbestands der Polis insgesamt zugewiesen wurde, indem sie selbst mit der Durchführung der Kulte betraut waren.

Ehe, Haushaltsführung und Handlungsspielräume von Bürgerinnen im klassischen Athen

«Sage mir, Frau, hast du schon darüber nachgedacht, weswegen ich dich eigentlich genommen habe und deine Eltern dich mir gegeben haben? Dass nämlich kein Mangel bestand, hätten wir mit einem andern schlafen wollen, dies ist, wie ich weiß, auch dir klar. [...]
Das Erfreulichste von allem jedoch wird sein, [...] wenn du eines Tages nicht mehr befürchten musst, bei fortschreitendem Alter im Haus weniger geachtet zu werden, sondern du darauf vertrauen kannst, dass du – älter geworden – in dem Maße an Achtung gewinnst im Hause, wie du für mich eine wertvolle Partnerin und für die Kinder eine tüchtigere Sachwalterin der Haushaltung wirst.»
(Xenophon, oikonomikos 7, 11; 42)

Diese Worte richtet der wohlhabende athenische Gutsbesitzer Ischomachos an seine nicht einmal fünfzehnjährige Ehefrau. Einige Zeit nach der Heirat, als die junge Braut «ihre Scheu überwunden hatte, dass man mit ihr ins Gespräch kommen konnte» (Xen. oik. 7, 10), bestellte der Ehemann sie ein, um ihr die grundlegenden Aufgaben und Pflichten im ehelichen Haushalt zu erörtern. Dieser fiktive Dialog der Eheleute, in dem der Mann als rechtschaffener und gut organisierter Gutsbesitzer, seine Frau hingegen als verunsichertes junges Ding charakterisiert wird, findet sich in Xenophons Schrift *Haushaltslehre (oikonomikos)*, die um 400 v. Chr. entstand. Der Text gibt vor, ein Gespräch des Philosophen Sokrates wiederzugeben, der Ischomachos befragt habe, wie ein rechtschaffener Mann seinen Haushalt führen sollte. Die Unterweisung der Ehefrau nimmt einen breiten Raum im Bericht des Ischomachos ein, der auf den ersten Blick viele verlässliche Informationen über das Alltagsleben der athenischen Ehefrauen zu bieten scheint. Doch darf man bei der Auswertung dieses Textes nicht vergessen, dass es sich hier um eine Art Ratgeber handelt und die Figuren dementsprechend mustergültig stilisiert sind, auch wenn sie – wie bekannt ist – auf historische Personen Bezug nehmen: Ischomachos lebte von ca. 460–405 v. Chr. und hatte seine Frau – eine gewisse Chrysilla – um das Jahr 435 v. Chr. geheiratet. Das Ehepaar gehörte zur Gruppe der wohlhabenden Bürger Athens, die eine Minderheit der Bürgerbevölkerung ausmachte.[1] Von den in diesem Text geschilderten Wohn-, Lebens- und Arbeitsverhältnissen anzunehmen, dass sie typisch für die Bedingungen im klassischen Athen generell seien, verbietet sich daher. Eher gibt der *oikonomikos* darüber Aufschluss, wie sich Xenophon im ausgehenden 5. Jh. v. Chr. einen idealen Haushalt und ein ideales Ehepaar vorstellte.

Im Folgenden werden anhand der Ausführungen Xenophons Idealvorstellungen des Ehealltags herausgearbeitet, die mit aus anderen Zeugnissen extrahierten Bemerkungen über gängige Praktiken zu vergleichen sind. Da der Haushalt im Zentrum der Betrachtung des Xenophon steht, ist zunächst kurz zu erklären, welche Bedeutung das Haus bei den Athenern hatte.

Der Oikos. Als grundlegende soziale Einheit der Polis galt das Haus (*oikos/oikia*), zu dem Freie und Sklaven gehörten.[2] Wie viele Personen und Generationen in einem attischen Haus zusammenlebten, ist nicht sicher zu ermitteln. Nach Ausweis der Quellen scheint es üblich gewesen zu sein, dass die Braut bei der Heirat in das Haus ihres Mannes übersiedelte (man nennt dies das Prinzip der Patrilokalität), aber nicht jeder Mann begründete mit der Heirat einen neuen *oikos*; vielfach zog die Braut zur Familie ihres Mannes, so dass dann drei Generationen innerhalb eines Hauses zusammenlebten. Die vielfach bezeugten Streitigkeiten der herangewachsenen Söhne mit ihren Vätern verweisen auf sich daraus ergebende Konflikte, in denen eine Gefahr für den Bestand des Hauses gesehen wurde.

Das Haus bot als Wohnstatt elementaren Schutz, es war auch ein Heiligtum. Hier wurde Zeus Herkeios als Schützer des umzäunten Hofes verehrt, daneben pflegte man Kulte für Hestia, die Göttin des Herdfeuers, und für Zeus Ktesios als Wahrer des Besitzes. Haus und

Hof waren ein *temenos,* das bedeutet ein aus dem übrigen Terrain «herausgeschnittener» Bezirk, eine besondere Schutzzone. Wer in Athen ein politisches Amt übernehmen wollte, beispielsweise als Ratsherr, wurde vorab gefragt, wo seine Kultstätte des Zeus Herkeios gelegen sei, die sich auf dem Hof eines jeden Bürgerhauses befand.[3] Da nur Bürger über Grundbesitz verfügen durften, veranschaulichte das Haus den Bürgerstatus des Besitzers.

Das Wort *oikos* kann sowohl das Wohngebäude wie die zugehörigen Güter bezeichnen, denn das Haus war auch eine Wirtschaftseinheit. Hier wurden Ernteerträge und Vorräte gelagert und von den Frauen sämtliche benötigten Textilien hergestellt: Kleidung, Windeln, Decken, Teppiche und Kissen.[4] Da es in Athen im Grunde keine außerhäusliche Textilproduktion gab,[5] wurden die hausgefertigten Stoffe besonders geschätzt: Gut gearbeitete Kleidung wies eine Person als Mitglied eines geordneten Hausstandes aus. Eine Geringschätzung der Hausarbeit gegenüber der Arbeit außerhalb des Hauses, die in der Forschung vielfach für Athen angenommen wird, entspricht keineswegs den antiken Wertmaßstäben, sondern vielmehr denen der bürgerlichen Industriegesellschaft des 19. Jh.s[6]

Die eheliche Partnerschaft im Spiegel von Xenophons oikonomikos. Ischomachos wird als ein wohlhabender Gutsbesitzer dargestellt, der seine in Attika verteilten Landgüter von Sklaven, die von einem Verwalter beaufsichtigt werden, bestellen lässt. Aufgrund seines Landbesitzes und seines wirtschaftlichen Geschicks hat es Ischomachos zu Wohlstand gebracht, der es ihm ermöglicht, Muße zu pflegen und an den politischen Angelegenheiten der Stadt teilzunehmen; als besondere Tugend wird hervorgehoben, dass er sein Vermögen bewahrt und mehrt – und nicht verprasst wie viele andere Wohlhabende seiner Zeit. Wie es im Athen der damaligen Zeit üblich war, hatte Ischomachos im Alter von etwa dreißig Jahren ein junges Mädchen geheiratet, das keine fünfzehn Jahre alt war, als ihre Eltern die Ehe arrangierten.[7] Bis dahin hatte die junge Frau «unter ständiger Aufsicht gelebt, damit sie so wenig wie möglich sähe, hörte und möglichst wenig fragte» (7, 5). Auch andere Quellen legen nahe, dass die Braut sich ihren zukünftigen Gatten nicht aussuchen konnte und auf die Lebensgemeinschaft mit dem Ehemann wenig vorbereitet war. Die Schilderung der abgeschotteten Kindheit der jungen Frau bei Xenophon ist allerdings vor allem vor dem Hintergrund des Anspruches zu verstehen, dass Ischomachos sie ganz nach seinen Vorstellungen zu formen beabsichtigt, vielleicht sogar ein besonders neuartiges Konzept ehelicher Partnerschaft entwirft; die junge Gattin wird also zu einem bestimmten Zweck als ein gänzlich ‹unbeschriebenes Blatt› vorgeführt, und es ist daraus nicht zu folgern, dass alle jungen Frauen grundsätzlich gänzlich ungebildet in die Ehe gingen. Gerade in den gehobenen Kreisen dürften den Töchtern durchaus Kenntnisse des Lesens und Schreibens, der Mythen und religiösen Praktiken, vor allem aber der Textilarbeit vermittelt worden sein.

Die Hochzeit. Über die Hochzeit wird im Gespräch des Sokrates mit dem vorbildlichen Ehemann kein Wort verloren. In anderen Quellen ist die Hochzeit jedoch ein sehr wichtiges Thema und wird mitunter zum bedeutendsten Lebensereignis stilisiert.[8] In Athen gab es keine Institutionen, die eine gültige Eheschließung feststellten und dokumentierten. Die Eheschließung war allerdings an die Durchführung traditioneller Rituale vor Zeugen gebunden. Vor Gericht mussten die Teilnehmer des Hochzeitsfestes im Zweifelsfall bezeugen, dass ein Mann und eine Frau tatsächlich verheiratet waren.[9]

Von allen Hochzeitsriten wird die Heimführung der Braut am häufigsten in der Vasenmalerei dargestellt,[10] insbesondere auf zylindrischen Kosmetikbüchsen mit Deckel, Pyxiden. Auf einem eine solche Dose umlaufenden Bildfries markieren Türen Ausgangspunkt und Endpunkt des Hochzeitszuges. Braut und Bräutigam stehen gemeinsam auf einem von Pferden gezogenen Wagen; auf zahlreichen Darstellungen klassischer Zeit gehen sie zu Fuß, wobei der Bräutigam die Braut am Handgelenk fasst und sie geleitet. Neben dem Brautpaar werden stets die Geschenke oder Fackeln tragenden Gäste abgebildet. Oft erscheinen Götter als Teilnehmer des festlichen Zuges, darunter Hermes mit dem Heroldsstab als Schützer des Überganges, die Schützerin der Jungfrauen – Artemis – sowie ihr Bruder Apollon.[11] Die Anwesenheit der Götter veranschaulicht die sakrale Weihe des Brautpaares, dessen göttliche Veredelung durch das Bad im geheiligten Wasser eingeleitet und dessen Schutz durch die Götter im Hochzeitsopfer zuvor erfleht worden war. Im Haus angekommen, wurde das Paar nach einigen Riten und Liedern, die der ehelichen Fruchtbarkeit gewidmet waren, in das Schlafzimmer oder Brautgemach geführt und dort mit guten Wünschen und in der Hoffnung, dass sich bald Nachwuchs einstellen möge, allein gelassen.[12]

Doch zurück zu der Schilderung der idealen Ehe in Xenophons *oikonomikos*: Eine gewisse Zeit der Eingewöhnung gestattete Ischomachos seiner Frau, bevor er sie darüber aufklärte, worin der Zweck der Ehe bestünde – nämlich darin, Kinder zu bekommen und die anstehenden Arbeiten des Alltags gemeinsam zu bewerkstelligen. Beide Aspekte sollen im Folgenden näher ausgeführt werden.

Der Stellenwert des Nachwuchses und das Bürgerrecht. Kinder zu zeugen war in der Gesellschaft des klassischen Athen nicht eine Frage der persönlichen Neigung, sondern eine Notwendigkeit, denn im Alter war man auf die Versorgung durch die Kinder angewiesen, und dementsprechend waren Söhne und Töchter dazu verpflichtet, die Eltern im Alter zu ernähren und zu pflegen,[13] sie nach deren Tod zu bestatten und den Totenkult am Grab auszuüben.[14] Aus vielen Quellen geht hervor, dass es ein Anliegen der Polis war, die Kontinuität der *oikoi* zu sichern und ihren Besitz zu erhalten,[15] es wurde daher als Bürgerpflicht angesehen, Kinder zu zeugen.[16]

Blieb eine Ehe kinderlos, deutete man das als Versagen der Frau. Die Ehe wurde dann in der Regel ohne viel Aufheben wieder aufgelöst. Dies mag einen erheblichen ‹Erfolgsdruck› bei jung verheirateten Frauen ausgelöst haben. In der aristophanischen Komödie wird häufiger angedeutet, dass Frauen, die nicht schwanger wurden, sich gegen Bezahlung ein fremdes Kind verschafften und ihren Mann in dem Glauben ließen, es handele sich dabei um ein gemeinsam gezeugtes.[17] Inwieweit hier eher auf männliche Ängste als auf reale Praktiken Bezug genommen wird, ist unklar, doch geht daraus hervor, dass die Bürger Athens sich der Vaterschaft um jeden Preis sicher sein wollten, was mit dem athenischen Bürgerrecht zusammenhing. Im Jahr 451 v. Chr., zur Blütezeit der Demokratie, wurde auf Initiative des Perikles ein Gesetz verabschiedet, das festlegte,

dass nur noch jene an der Polis teilhaben dürfen, deren Eltern beide
«Städter» seien, also ihrerseits von Athener Bürgern abstammen.[18]

Dieses «Bürgerrechtsgesetz» gilt als entscheidender Schritt in der
Entwicklung der Demokratie in Athen. Der Kreis der zur Teilhabe
an der Polis Berechtigten wurde nun genau definiert: Jeder, der seinen Kindern Zugang zu Rechten und Pflichten eines Bürgers verhelfen wollte, musste eine Bürgerin heiraten. Das Gesetz ist oft als
Maßnahme gegen die auswärtigen Heiratsallianzen der Adelsfamilien interpretiert worden, doch hat es sich auch gegen Verbindungen
von Athenern mit den zu dieser Zeit in die Stadt strömenden gewer-
betreibenden Fremden, den Metöken, gerichtet. Indem man nur jenen Personen Teilhabe am Bürgerrecht gewährte, deren Eltern beide
aus Athen stammten, wurde sichergestellt, dass nur Einheimische in
den Genuss der Vorteile (insbesondere Richtersold, Getreidespen-
den, Teilnahme an städtischen Festen) kamen, welche der Bürgerstatus bescherte. Das «Perikleische Bürgerrechtsgesetz» formulierte
ein Grundprinzip der demokratischen Polis Athen: den Ausschluss
der Fremden aus der politischen Gemeinschaft.

Für das 4. Jh. v. Chr. lassen sich noch weitere Gesetze nachweisen, die belegen, dass die gleichen Voraussetzungen, die für den Er-
werb des Bürgerrechtes erfüllt sein mussten, auch im Erbrecht zur
Anwendung kamen.[19] Wenn ein Paar keine Kinder bekam, bestand
die Möglichkeit, eine Person zu adoptieren,[20] die freilich ihrerseits
von zwei Athenern abstammen musste. Nur ein Mann konnte die
Adoption in die Wege leiten, zu Lebzeiten oder testamentarisch.
Adoptivkinder (die im Übrigen zum Zeitpunkt der Adoption bereits erwachsen waren) wurden meist in der Verwandtschaft ge-
sucht, wobei Erbstrategien die Entscheidung maßgeblich bestimmten, nicht etwa die Sorge um das Wohl des Adoptierten.

Scheidung und Wiederverheiratung. Wie bereits ausgeführt, war
Kinderlosigkeit ein anerkannter und wohl häufiger Scheidungs-
grund.[21] Um die Scheidung zu vollziehen, konnte der Ehemann
seine Frau formlos an ihre Herkunftsfamilie zurückschicken.[22]
Frauen konnten eine Scheidung erwirken, indem sie persönlich bei
dem zuständigen Magistrat, dem *Archon eponymos*, erschienen und
ihr Gesuch dort vortrugen.[23] Dieses Verfahren stellte sicher, dass der

Vorfall öffentlich bekannt wurde, und sprach einer städtischen Amtsperson die Aufgabe zu, die Frau vor dem Zugriff ihres der Scheidung widersprechenden Mannes zu schützen. Ziel dieser Regelung war es, den *oikos* als Kerneinheit der Polis zu stabilisieren, indem man der Willkür der Ehemänner in Bezug auf die Ehefrauen und ihr Vermögen einen Riegel vorschob. Ob in klassischer Zeit häufig von diesem offiziellen Verfahren Gebrauch gemacht wurde, ist zweifelhaft: Nur ein konkreter Fall ist in den Quellen nachweisbar. Demnach reichte die Frau des Alkibiades, eines berühmten und wegen seines lockeren Lebenswandels berüchtigten Politikers, die Scheidung ein, weil er mehrere Hetären im gemeinsamen Haus untergebracht hatte. Nach dem späten Bericht Plutarchs hielt Alkibiades seine Frau davon ab, die Scheidung durchzuführen, indem er sie vor aller Augen gewaltsam aus dem Amtslokal des Archonten schleppte.[24]

Wiederverheiratungen waren in Athen üblich, zumal viele Ehen durch den Tod eines Partners ein frühes Ende fanden, da Krankheiten, Kriege und auch das Kindbett ein erhebliches Risiko darstellten.[25] Was passierte, wenn ein Ehepartner starb? Eine Witwe hatte – sofern sie noch jünger und vielleicht gar mit einer reichen Mitgift ausgestattet war – Chancen, erneut verheiratet zu werden: gerade dass sie ihre Gebärfähigkeit schon in erster Ehe unter Beweis gestellt hatte, konnte ihre Attraktivität erhöhen.[26] Allerdings finden sich in den attischen Gerichtsreden einige Hinweise darauf, dass Witwen zu jenen Personen zählten, die besonders von Armut bedroht waren, sofern sie nicht in eine Familie integriert werden konnten.

Für Männer brachte der Witwenstand andere Komplikationen mit sich: Wenn ein Mann, der bereits aus erster Ehe Kinder hatte, ein zweites Mal heiratete und erneut Söhne bekam, waren Konflikte um das Erbe vorauszusehen. Die sich aus solchen Konstellationen ergebenden Streitigkeiten sind vielfach in den Gerichtsreden bezeugt. Auch die attische Tragödie reflektiert, wie sich die zweite Heirat eines Mannes negativ auf die Familie auswirkt – die ‹böse Stiefmutter› ist ein gängiges Sujet, ähnlich wie im deutschen Volksmärchen.[27] Mancher Mann nahm möglicherweise vor diesem Hintergrund davon Abstand, eine zweite Ehe mit einer Bürgerin einzugehen. Eine gesellschaftlich tolerierte, aber keineswegs geförderte Möglichkeit bestand für Männer darin, mit einer freigelassenen Sklavin, die dann als Konkubine (*pallake*) bezeichnet wurde, in quasi-ehelicher Hausgemeinschaft zu leben.[28]

Das Paar als Arbeitsgemeinschaft. Um die ideale Zusammenarbeit des Ehepaares darzustellen, bedient sich Ischomachos des Bildes der «Jochgemeinschaft» zweier Arbeitstiere. In dieser Bezeichnung klingt an, dass die Ehe als auferlegte Bürde wahrgenommen wurde, aber auch, dass das Ehepaar mit ‹vereinten Kräften› die alltäglichen Arbeiten bewerkstelligt.[29] Eintracht ist das hier beschworene Ideal, das zum Beispiel in der Kindererziehung angestrebt wird («wir wollen ihretwegen beraten, wie wir sie am besten erziehen können» [7, 12]) und auch bei der Vermögensbildung («Denn ich überweise alles, was ich habe, in die gemeinsame Kasse, und auch du hast alles, was du mitgebracht, zum gemeinsamen Vermögen gemacht» [7, 13]).[30]

In bestimmten Dingen, führt Ischomachos weiter aus, gebe es zwischen Mann und Frau gar keinen Unterschied, etwa in der Befähigung zu Bescheidenheit, Selbstkontrolle und Gedächtnisstärke. In anderen Bereichen jedoch hätten die Natur oder die Götter es so eingerichtet, dass sich Mann und Frau komplementär ergänzten: Die Frau sei für die Arbeiten im Haus (Säuglingspflege, Textilarbeit, Brotbacken und Nahrungszubereitung, Einteilung der Vorräte, Krankenpflege des Personals, Ordnung und Sauberkeit, Aufsicht über die im Haus wirkenden Sklaven) zuständig, der Mann solle die Tätigkeiten außerhalb des Hauses übernehmen (Ackerbau und Viehzucht, Aufsicht über die Sklaven und Verwalter auf den Gütern).

Diese Aussagen scheinen nahezulegen, dass die Ehefrauen Athens ausschließlich zu einem Leben im Haus bestimmt waren; auch andere Quellen deuten darauf hin, dass die Frauen Athens regelrecht in den Häusern eingeschlossen waren. Anhand dieser Zeugnisse hat sich in der Forschung eine umfangreiche Debatte zur Frage der sozialen Bewegungsfreiheit der Frauen entzündet,[31] und es konnte gezeigt werden, dass das vielfach formulierte Ideal, dass sich die Frauen im Haus aufzuhalten hätten, im Alltag keineswegs eingehalten wurde. Viele Bürgerinnen Athens gingen wahrscheinlich notwendigerweise Tätigkeiten außerhalb des Hauses nach, zumal als Arbeitskräfte in der Landwirtschaft.[32] Zwar galt es als unschicklich, wenn Bürgerinnen die Agora (den zentralen Marktplatz, der gleichzeitig den Mittelpunkt des politischen, ökonomischen und kulturellen Lebens darstellte und Ort der Gerichtsbarkeit war) aufsuchten, doch gibt es zahlreiche Hinweise darauf, dass auch diesbezüglich eine gewisse Diskrepanz zwischen Anspruch und Wirklichkeit bestand. Gerade über «die Frauen der Armen» bemerkt Aristoteles, dass man sie nicht von der Agora fernhalten könne, da sie dort ihrer Arbeit nachgingen.[33] Auch Frauen mit Bürgerstatus gingen dort mitunter bezahlten Tätigkeiten nach, indem sie sich etwa als Amme oder Wollarbeiterin verdingten, Lebensmittel oder Blumenkränze an Marktständen verkauften.

Wenn Xenophon die häusliche Tätigkeit der Frau als die ausschließliche hervorhebt, kann dies auch bedeuten, dass er ein – vor allem im Hinblick auf die partnerschaftliche Gestaltung und deutliche Wertschätzung der spezifisch weiblichen Haus-Logistik – neuartiges, in seiner Zeit gar nicht so häufig anzutreffendes Konzept vertritt. Die sich im Gespräch des Ischomachos offenbarende Wertschätzung der ordnenden und planenden Tätigkeiten der Frau, die hier vielfach mit einer Bienenkönigin verglichen wird, tritt hier erstmals deutlich fassbar hervor.[34]

Auch wenn das Autoritätsgefälle zwischen Ischomachos und seiner Frau in Xenophons Schrift deutlich herausgestellt wird – schon allein dadurch, dass die Frau immer recht naiv nachfragt, wenn ihr Mann etwas erklärt –, basiert das Hauswesen auf der partnerschaftlichen Zusammenarbeit beider: Für Ischomachos ist die Ehe vor allem ein Zweckbündnis, das der Arbeitsorganisation dient.

Darüber hinaus soll seine Ehefrau aber auch eine gesellige Gesprächspartnerin sein, wenn sie etwa die Rolle der Jury übernimmt, wenn der Mann zu Hause ein Gerichtsverfahren nachspielt. Und der Mann erklärt ihr, dass sie für ihn sexuell attraktiver sei, wenn sie sich auf ihre natürliche Schönheit verließe und sich nicht nach Hetärenart üppig schminke. Diese Bemerkungen dürfen wiederum nicht zu dem verallgemeinernden Schluss führen, dass in Athen die Eheleute fröhlich Arbeit, Tisch und Bett geteilt haben. Um die Gefühlslage der Partner in den Ehen beschreiben zu können, fehlen aussagekräftige Zeugnisse. Werden in der Lektüre von Xenophons

Abb. 5   Darstellung einer Frau mit Spindel auf einer attisch-rotfigurigen
Pyxis (um 430 v. Chr.); Paris, Louvre CA 587
Die rechts im Bildausschnitt einer Hochzeitsszene zu erkennende Frau
sitzt auf einem Stuhl und wendet ihr Gesicht frontal dem Betrachter zu.
Links gibt eine geöffnete Tür Einblick in das Schlafgemach mit einem gut
gepolsterten Bett.

oikonomikos gewisse Ideale der ehelichen Partnerschaft greifbar,
soll nun generell die Frage nach dem rechtlichen und sozialen Status
der Bürgerinnen Athens in klassischer Zeit erörtert werden.

Status und Handlungsspielräume der Bürgerinnen Athens.   In
vielen wissenschaftlichen Darstellungen, welche sich mit der gesellschaftlichen und rechtlichen Stellung der Bürgerinnen Athens
befassen, ist zu lesen, dass diese weder politische Rechte innegehabt
hätten, noch in vollem Umfang rechts- und geschäftsfähig gewesen
seien. Neuere Forschungen haben dieses Bild weitgehend modifiziert. Zwar konnten die Frauen Athens keine Ämter innehaben und

auch nicht in den politischen Institutionen der Demokratie mitwir-
ken, doch hat Josine Blok herausgestellt, dass die Bürgerinnen dennoch als Teil der politischen Gemeinschaft wahrgenommen wurden,
dem vor allem in der Polisreligion ein hohes Prestige zukam.[35] Was
die Geschäftsfähigkeit von Frauen betrifft, wurde in jüngeren Untersuchungen auf größere Handlungsspielräume aufmerksam gemacht, die in der älteren Forschung zuweilen übersehen worden
sind, weil überlieferte Normen als reale Gegebenheiten interpretiert
wurden. Zwar existierte in Athen ein Gesetz, das Frauen Geldge-
schäfte in größerem Umfang untersagte, doch finden sich in der antiken Überlieferung zahlreiche Hinweise darauf, dass Frauen nicht
nur über die finanziellen Angelegenheiten ihres Hauses informiert
waren, sondern selbst über Besitz verfügten, große Summen Geldes
verwalteten und sich am täglichen Geschäftsleben beteiligten.[36] Jüngere Forschungsbeiträge stellen auch die Relevanz der sogenannten
Vormundschaft über die Frauen im juristischen Kontext infrage.[37]
Lange Zeit galt als gesichert, dass eine freie Athenerin lebenslang
zunächst unter der Vormundschaft ihres Vaters, nach der Heirat unter der ihres Ehemannes gestanden habe. Dieser *kyrios* (wörtlich:
Herr) habe die Frau in allen rechtlichen und wirtschaftlichen Belangen vertreten. Diese in der Forschung als Kyriat oder Kyrieia bezeichnete Vormundschaft wird als eine Art Herrschaft des Mannes
über die Frauen gedeutet.[38] Diese Auffassung von einer umfassenden «Geschlechtsvormundschaft» ist aber stark von angenommenen Analogien zum römischen Familienrecht und der in Rom
existierenden Vormundschaft über die Ehefrauen (*tutela mulierum*)
geprägt, jedoch nicht aus den athenischen Quellen klassischer Zeit
zu rekonstruieren.[39] Zwar erachteten es die männlichen Verwandten
wohl als ihre Aufgabe und Pflicht, über den keuschen Lebenswandel der unverheirateten Frauen ihres Hauses zu wachen und sie
schließlich zu verheiraten, doch ist dies nicht als Indiz für die Un-
mündigkeit der Frau zu interpretieren. Vor dem Hintergrund des
geltenden Bürgerrechts entsprachen diese Gepflogenheiten dem Bemühen, den guten Ruf der Frau zu erhalten und den Bürgerstatus
der Nachkommen zu sichern. Bei dem der Hochzeit vorangehenden
Verlöbnis (der *engyesis*) musste ein männlicher Verwandter dem
Bräutigam versichern, dass die Braut ein legitimes Kind athenischer

Eltern war, weil auch die Herkunft der Frau entscheidend für den Rechtsstatus der Nachkommen war.[40] Für den Fall, dass eine Frau keine männlichen Angehörigen hatte, war gesetzlich vorgesehen, dass ein *kyrios* eine Heirat für sie anberaumte.[41] Mit der Bezeichnung *kyrios* wurde demnach keineswegs – wie in der Forschung lange Zeit angenommen – der Vater oder Ehemann einer Frau bezeichnet, sondern eine männliche Person, die *anstelle* männlicher Verwandter jene Befugnisse übernahm, wenn diese nicht verfügbar oder bereits verstorben waren. Die Polis selbst stellte mit dem *Archon eponymos* einen Repräsentanten für solche Frauen zur Verfügung, deren Fürsprecher aus dem Verwandtenkreis nicht verfügbar war oder nachweislich gegen seine Pflichten verstieß.[42] Darin ist sicherlich kein humanitär oder gar emanzipatorisch motiviertes ‹Frauenförderungsprogramm› zu erkennen, vielmehr tragen diese Maßnahmen der Einsicht Rechnung, dass die Polis in ihrer Gesamtheit nur durch die Kontinuität sozial und ökonomisch intakter *oikoi* bestehen konnte; die Frauen aber waren aufgrund ihrer Gebärfähigkeit letztlich die Garanten der Kontinuität des Gemeinwesens.

Frauen vor Gericht. In Prozessen, welche vor den Geschworenengerichten Athens ausgetragen wurden, ließen sich Bürgerfrauen in der Regel von einem Mann, der an ihrer Stelle sprach, ‹vertreten›.[43] Fälle, in denen Frauen selbst als Angeklagte vor ein Geschworenengericht gezogen wurden, legen nahe, dass diesen gerade ein wortgewaltiger und mit dem nötigen sozialen Prestige ausgestatteter Fürsprecher fehlte.[44] Vermutlich erschien gerade deswegen den Klägern der Prozess überhaupt Erfolg versprechend. Im Rahmen von Schlichtungsverfahren vor Schiedsgerichten war es durchaus üblich, dass Frauen die eigene Sache selbst vertraten.[45] Daher ist keineswegs davon auszugehen, dass Frauen vor Gericht nicht eigenständig auftreten durften. Doch wird es wohl jeder Frau, die einen Fürsprecher ihrer Interessen fand, sinnvoll erschienen sein, ihre Belange von diesem vertreten zu lassen. Ob eine Frau also vor Gericht für sich sprach oder nicht, hing sowohl von ihrer sozialen Einbindung ab als auch von der Größenordnung der Streitfälle und von strategischen Überlegungen zur Wirksamkeit des Auftritts; außerdem war es wahrscheinlich eher eine Frage der Schicklichkeit als der grundsätzlichen Rechtsfähigkeit. Die Möglichkeit, sich von einem männlichen Fürsprecher vertreten zu lassen, muss als ein Privileg von Bürgerinnen verstanden werden. Den heute idealisierten Vorstellungen von der Gleichstellung der Geschlechter entspricht die Tatsache, dass eine Frau vor Gericht wohl nur dann Aussicht auf Erfolg hatte, wenn sie einen männlichen Fürsprecher fand, freilich nicht.

Es hat sich gezeigt, dass gerade im Hinblick auf die Bürgerinnen Athens in jüngerer Zeit einige traditionelle Forschungsmeinungen revidiert wurden. Im Bemühen, die Lebensdingungen der Athenerinnen zu rekonstruieren, meinte Sarah Pomeroy in den 70er Jahren, «dass es beinahe am einfachsten wäre, die Aktivitäten der Männer zu beschreiben und schlicht festzustellen, dass sie den Frauen fast alle verwehrt blieben».[46] Aktuelle Studien richten ihr Interesse eher darauf, zu eruieren, welchen Sinn und Zweck bestimmte Ideale in der Antike erfüllten, und Befunde zu erklären, die diesen Idealen nicht entsprechen. Um das Auseinanderklaffen von Ideal und Wirklichkeit noch einmal beispielhaft zu beleuchten, soll abschließend gezeigt werden, wie es dem mustergültigen Ehepaar in Xenophons *oikonomikos* im realen Leben erging.

Ischomachos und Chrysilla. Dass das Leben des vorgestellten Ehepaares nicht so ideal verlief, wird deutlich, wenn man die Spuren verfolgt, die Ischomachos und seine Frau in der antiken Überlieferung hinterlassen haben.[47] Aus der Ehe des Ischomachos mit Chrysilla gingen drei Kinder hervor: eine Tochter, die recht kurz nach der Heirat ihrer Eltern geboren wurde, und zwei Söhne, die noch minderjährig waren, als der Vater starb. Beim Tod des Ischomachos war sein Vermögen, das ihn einst zu einem der reichsten Männer Athens machte, auf einen Bruchteil des ursprünglichen Umfanges geschrumpft. Grund dafür war nicht seine Haushaltsführung, sondern der Peloponnesische Krieg, der die Grundbesitzer Attikas schwer geschädigt hatte. Kurz nach dem Tod des Ischomachos starb auch der Ehemann seiner Tochter. Sie ging bald darauf, wie es üblich war, eine neue Ehe mit einem gewissen Kallias ein, einem Sprössling aus einer alteingesessenen und reichen aristokratischen Familie, der in

Athen dafür verrufen war, das Vermögen seines Vaters durchgebracht zu haben. Noch im ersten Ehejahr holte sich Kallias seine verwitwete Schwiegermutter Chrysilla ins Haus und lebte nun mit Mutter und Tochter zusammen, in einer von seinen Mitbürgern als skandalös empfundenen ménage à trois. Glaubt man den polemischen Ausführungen in einer Gerichtsrede des Andokides, einem persönlichen Feind des Kallias, so verlief das Leben von Mutter und Tochter fortan keineswegs problemlos: Die verzweifelte Tochter, deren Position als Ehefrau durch ihre eigene Mutter infrage gestellt worden war, versuchte erfolglos Selbstmord zu begehen und wurde daraufhin von ihrer Mutter aus dem Haus geworfen. Wenig später war Kallias auch der Chrysilla überdrüssig geworden und schickte sie fort, obwohl sie von ihm schwanger war. Nach der Geburt leugnete Kallias zunächst die Vaterschaft, wurde dann aber – wohl unter dem Druck der Verwandten der Chrysilla – dazu überredet, den Sohn anzuerkennen und sie erneut in sein Haus aufzunehmen.[48]

Zwar stammen diese Informationen aus einer Gerichtsrede, deren Anliegen es ist, den Lebensstil des Kallias als skandalös und unvereinbar mit den Grundwerten des attischen Bürgerdaseins auszuweisen, doch können personenkundliche Untersuchungen die geschilderten Sachverhalte bestätigen. Auch lässt sich das Verhalten des Kallias als geschickte Strategie interpretieren, über die verwitwete Chrysilla an das verbleibende Vermögen des Ischomachos heranzukommen, dessen erbberechtigte Söhne zu diesem Zeitpunkt noch minderjährig waren. Als Chrysilla starb, war sie weit davon entfernt, die im eingangs angeführten Zitat in Aussicht gestellte Achtung im Alter erhalten zu haben.

Frauengestalten in der attischen Tragödie –
Das Beispiel Medea

«Von allem, was lebt und Einsicht besitzt,
sind wir Frauen das armseligste Gewächs.
Zuerst müssen wir mit einer Unsumme Geld
einen Gatten kaufen und einen Herrn über unseren Körper,
dieses Übel ist noch schlimmer als das erstgenannte;
und darum geht der größte Wettstreit: ob man einen üblen Mann
bekommt
oder einen anständigen. Denn nicht rühmlich sind Scheidungen
für Frauen, und ebenso ist es nicht möglich, einen Gatten zurückzuweisen.
In neue Sitten und Gesetze geraten
muss die Frau eine Prophetin sein, da sie zu Hause nicht unterwiesen
worden ist,
wie sie am besten mit dem Bettgenossen umgeht.
Und wenn wir mit redlicher Mühe erreicht haben, dass
der Gatte gut mit uns zusammenlebt und das Joch ohne Widerstreben
trägt,
ist das Leben beneidenswert; wenn nicht, sollte man sterben.
Ein Mann aber, wenn er des Zusammenlebens im Hause überdrüssig ist,
geht nach draußen und befreit sein Herz vom Überdruss
und wendet sich entweder einem Freund oder einem Altersgenossen zu.
Für uns aber besteht die Notwendigkeit, auf eine einzige Seele zu blicken.
Sie sagen, dass wir ein gefahrloses Leben
führen, dass sie aber mit dem Speer kämpfen.
Übel denken sie. Lieber dreimal beim Schild
stehen möchte ich als einmal gebären.»
(Medea in Euripides' Medea 230–251. Übers.: nach Otten)

Im Frühjahr 431 v. Chr. beteiligte sich der Dichter Euripides bereits zum dreizehnten Mal am Dramenwettbewerb anlässlich der städtischen Dionysien in Athen; er erlangte damals zwar nur den dritten Platz, doch wurde die *Medea* wie kein anderes Drama in der Weltliteratur rezipiert. Zu Beginn der Tragödie beklagt die Titelheldin Medea vor dem Chor der korinthischen Frauen, in welch übler Lage sie sich befindet, seit sie weiß, dass ihr geliebter Mann eine andere Frau heiraten will: Ihr aktuell erfahrenes Elend führt sie auf die grundsätzlich schlechte Situation der Frauen zurück, die sich als gesellschaftlich bedingt erweist. Der oben zitierte Monolog Medeas hat besonders die Aufmerksamkeit der Forschung erregt, weil darin so schonungslos Missstände in Bezug auf das Leben von Frauen geschildert werden, die zweifellos auf Gegebenheiten im klassischen Athen gemünzt sind.[1] Das vorweggenommene Fazit, dass die «Frauen das armseligste Gewächs» seien, wird von der Protagonistin im Folgenden genauer begründet: Mit ihrer Mitgift erkauften sich Frauen den Mann, der berufen sei, Herr über den Körper der Frau zu sein. Seherische Fähigkeiten brauche die Frau, um sich nach der Heirat den neuen Gepflogenheiten anpassen zu können. Erweise sich der Mann als schlecht, sei dennoch eine Scheidung für eine Frau nicht schicklich. Eine Frau könne Haus und Mann nicht hinter sich lassen, während dem Mann viele Wege offen stünden, der Ehe zu entrinnen.[2] Auch die Tatsache, dass Frauen nicht in den Krieg ziehen müssten, sei kein Trost: Medea würde dreimal lieber in den Kampf ziehen, als einmal ein Kind zu gebären. Diese Worte scheinen einer dezidiert ‹weiblichen› Sichtweise auf die Institution der Ehe zu entsprechen; ob tatsächlich viele Ehefrauen Athens diese Ansicht teilten, muss offen bleiben, doch unwahrscheinlich ist es nicht. Das Schicksal der Medea im Drama des Euripides ist jedoch besonderen Bedingungen unterworfen: Sie ist eine Fremde in der Stadt, in der sie lebt, und steht im Ruf, eine Zauberin zu sein. Sie versäumt daher nicht, im Anschluss an die eingangs zitierte Passage auf ihr persönliches Schicksal einzugehen, wodurch die Lage der Frauen, an die sie ihre Klage richtet, zumindest relativ besser erscheint: Während die korinthischen Frauen sich auf den ideellen und rechtlichen Rückhalt stützen könnten, den die traditionelle Häuserstruktur mit dem sozialen Netz von Angehörigen und Freunden gewährte, ist Medea einsam und heimatlos.

Kaum eine Frauengestalt der antiken Tragödie ist so bekannt wie

Medea. Dem Mythos zufolge verliebt sich die Königstochter aus dem entlegenen Kolchis in den Seefahrer und Abenteurer Jason.[3] Sie hilft ihm – gegen den Willen ihres Vaters – in den Besitz des goldenen Vlieses zu gelangen, eines magischen Widderfells, das seinem Besitzer dauerhafte Herrschaft garantiert. Nach diesem Verrat flieht Medea mit ihrem Geliebten; beide kommen schließlich mit ihren gemeinsamen Kindern nach Korinth, wo die Handlung der Tragödie des Euripides angesiedelt ist, welche das Scheitern der Beziehung ins Zentrum stellt: Jason, der sich sozialen Aufstieg erhofft, beabsichtigt, die Tochter des Königs von Korinth zu heiraten. Der König fordert Medea auf, zusammen mit ihren Kindern die Stadt zu verlassen. Auf Bitten Medeas wird ihre Abschiebung um einen Tag hinausgezögert, und sie nutzt diese Zeit, um grausame Rache zu nehmen: Sie tötet die neue Braut Jasons, indem sie ihr ein vergiftetes Gewand schickt, das am Körper der Königstochter in Flammen aufgeht und diese sowie ihren Vater verbrennt. Anschließend ermordet sie ihre Kinder. Die Tragödie endet, indem sie vom Gott Helios auf einem Drachenwagen fortgeführt wird.

Medea ist in der Literatur, der Malerei und bildenden Kunst, in Film und Theater von der Antike bis heute charakterisiert worden: Als leidenschaftlich Liebende, als heilkundige Zauberin oder böse Hexe, als geheimnisvolle Fremde oder wilde Barbarin, als verlassene und betrogene Gattin oder als stolze, gegen alle Normen rebellierende Frau und nicht zuletzt als Mörderin ihrer Kinder.[4] Gerade die Darstellung der Medea als Kindsmörderin (vermutlich eine neue Akzentuierung des Euripides) erwies sich als prägend für das Medeabild bis heute.[5]

Obwohl der Kindermord der Medea eine sehr schockierende Wirkung auf das Athener Publikum gehabt haben dürfte, steht er in den hier folgenden Überlegungen nicht im Vordergrund. Es wird für eine Lesart des Dramas plädiert, welche die zentrale Figur vielmehr in Jason erkennt,[6] der im Stück als harter Opportunist vorgeführt wird, der durch die Ehe mit der Tochter des örtlichen Herrschers Macht und Wohlstand erlangen will. Der Kindermord der Medea gilt – aus dieser Sicht – vornehmlich der Vernichtung dieses Mannes.

Bevor am Beispiel der *Medea* des Euripides gefragt wird, welche

*Abb. 6   Medea tötet einen ihrer Söhne. Rotfigurige Amphora des Ixion-
Malers aus Cumae/Unteritalien (um 340 v. Chr.); Paris, Louvre K 300.
Medea im barbarischen Ärmelgewand verfolgt ihren wesentlich kleiner
gezeichneten, vor ihr an einen Altar fliehenden Sohn, den sie mit dem
Schwert ersticht, so dass Blut aus der Wunde spritzt.*

Aspekte des Stückes in Athen zum Zeitpunkt der Aufführung besondere Beachtung gefunden haben könnten, ist auf die Aufführungspraxis antiker Dramen und deren Charakter einzugehen.

Die Aufführungspraxis antiker Dramen. Theateraufführungen im demokratischen Athen unterschieden sich in vielerlei Hinsicht von dramatischen Aufführungen in der Gegenwart. Jacob Burckhardt bemerkt in seiner *Griechischen Kulturgeschichte*, das Drama sei in Athen «keine [...] Unterhaltung für eine Elite von ‹Höhergebildeten› und Gelangweilten [gewesen], sondern es galt als große Angelegenheit für die ganze festliche Bürgerschaft.»[7]

Die Tragödien wurden in festlichem Rahmen aufgeführt. Jedes Jahr in der zweiten Märzhälfte feierten die Athener die «Großen Dionysien», eines der wichtigsten Feste der Polis. Der Tyrann Peisistratos gilt als Begründer dieser Tradition, die seit der 2. Hälfte des 6. Jh.s v. Chr. belegt ist, aber wiederum auf älterem Brauchtum basiert.[8] Im Zentrum standen die musischen und dramatischen Wettkämpfe. Die Dichter mussten ihre Texte ein knappes Jahr zuvor beim zuständigen Magistrat, dem *Archon eponymos* einreichen, der entschied, welche Stücke aufgeführt wurden. Den ausgewählten Dichtern wurde ein Chorege zugewiesen, der die Chöre und die Schauspieler ausstattete und die Kosten für die Proben und die Aufführung übernahm.

Die Wettkämpfe zogen sich über mehrere Tage hin: Zunächst fand der Wettkampf der Chöre statt, die Dithyramben (Heroenballaden) vortrugen. Darauf folgte der Wettkampf der Komödien, in dem fünf Stücke aufgeführt wurden.[9] Drei Tage waren für die Tragödien vorgesehen; jeden Tag wurden eine Trilogie (bestehend aus drei Tragödien) sowie ein Satyrspiel eines Dichters aufgeführt.[10] Die Sieger im Wettbewerb bestimmte nicht das Publikum, sondern ein kurzfristig bestelltes Richtergremium.[11] Am letzten Tag des Festes fand eine Volksversammlung statt, die den korrekten Ablauf des Festes bestätigte. Die siegreichen Dichter wurden mit einem Kranz aus Efeu geehrt und in einem spektakulären Festzug nach Hause geleitet; auch die siegreichen Choregen wurden geehrt.[12]

Die politische Funktion der Tragödie. Die Tragödie bezieht ihren Stoff in der Regel aus dem Mythos,[13] konkret aus traditionellen Erzählungen über legendäre Königsfamilien. Der Dichter wählt spannungsreiche und außerordentliche Vorkommnisse des zwischenmenschlichen Daseins im häuslichen Bereich aus, wie Mord, Ehebruch, Verrat. Im Mittelpunkt des Bühnengeschehens stehen allerdings weniger die ruchlosen Taten als vielmehr die Menschen, die aus Wut, Raserei, Liebe oder Leidenschaft zu Tätern werden. Dem Publikum werden die oft verheerenden Auswirkungen ihrer Verhaltensweisen sowohl auf die Handelnden selbst als auch auf deren Haus und das Gemeinwesen vor Augen geführt.

Dieses Miterleben und Mitleiden mit den Figuren des Dramas sollte nach Aristoteles eine heilsame, kathartische Wirkung auf den Zuschauer haben.[14] Aristoteles führt in der Poetik (1453 b 19 f.) aus, dass nun besonders solche Handlungen zur Erzeugung von Jammer und Schrecken geeignet sind, die sich aus Konflikten zwischen Nahestehenden (Eheleuten, Geschwistern, Eltern und Kindern) ergeben.

Die attische Tragödie stellte damit ein Diskussionsforum für die sozialen und im weitesten Sinne politischen (d. h. die Polis betreffenden) Probleme der Bürgerschaft dar.[15] In den Dramen konnten Verhaltensdilemmata durchgespielt und ethische Grundsätze erörtert werden, die für das Zusammenleben der Menschen in der Polis enorm wichtig, aber nicht unbedingt Gegenstand von verschriftlichten Gesetzen waren; z. B. Themen wie ‹die Verehrung der Eltern› und ‹die Achtung des Totenkultes›. In diesem Sinne sollte eine historische Interpretation der Dramen darauf abzielen, zu rekonstruieren, welche Aspekte einer Tragödie in der damaligen Zeit für die antiken Zuschauer besonders brisant gewesen sein könnten und dies im historischen Zusammenhang erklären.[16]

Das Problem der zweiten Heirat als Gegenstand der Medea. Die politische Brisanz der *Medea* des Euripides scheint darin zu liegen, dass Jason eine Ehe mit der korinthischen Königstochter eingehen möchte, obwohl er bereits Kinder mit Medea hat. Der durch die geplante Heirat begangene Verrat wird bereits im Prolog der Amme deutlich angeprangert. Die Amme hat daher auch Mitleid mit Medea und verweist auf deren – in mehrfacher Hinsicht – schlechte Lage, die sich vor allem aus ihrer durch Jasons Verrat hervorgerufenen Vereinzelung ergibt: Medea habe weder Heimat noch Haus, weder Vater noch Mann (31 ff.). Bis zum schrecklichen Kindermord findet Medea daher bei den korinthischen Frauen durchaus Verständnis.

Auffällig ist die polarisierende Darstellung der Protagonisten Jason und Medea, die im Stück gegenläufig angelegt ist. Während Medea zu Beginn des Stückes als verzweifelte Person vorgestellt wird, die aber dann doch, wie Manuwald schreibt, «vergleichsweise gefaßt wirkt (jedenfalls keine rasende Furie ist)» und in der Verfolgung ihrer Rachepläne geradezu einem «heroischen Ehrenkodex» folgt, mutiert der anfänglich überlegen auftretende und rational argumentierende Jason am Ende des Stückes zu einer verzweifelten Jammergestalt.[17]

Ein Dialog zwischen Jason und Medea ist besonders aufschlussreich. Zuerst sucht Jason das Gespräch mit Medea. Er rügt sie, weil sie den Herrscher von Korinth durch Morddrohungen in einer Weise provoziert habe, dass sie froh sein müsse, lediglich verbannt und nicht mit dem Tode bestraft zu werden (453 f.). Er selbst habe sich noch für sie eingesetzt und bietet ihr materielle Unterstützung für die Flucht. Medea schleudert ihm alle Vorwürfe entgegen, die sie gegen ihn vorzubringen hat. Es entwickelt sich eine Auseinandersetzung, die mit modernen Ehedramen zu vergleichen sich aufdrängt. Beide Partner werfen einander Undankbarkeit vor: Medea betont, dass Jason nur durch sie an das goldene Vlies gekommen sei und nur mit ihrer Hilfe alle Gefahren überwunden habe (475 ff.); Jason hingegen hält sich zugute, dass er Medea in ein zivilisiertes Land gebracht habe, in dem ihr Ruhm als weise Frau (*sophe*) erst zur Geltung gekommen sei (535 ff.).

Ein zentraler Streitpunkt der beiden sind die gemeinsamen Kinder: Medea unterstellt Jason Vernachlässigung: Er würde billigend in Kauf nehmen, dass sie «als Bettler umherirren» (515). Grundsätzlich fasst sie die neue Heirat Jasons als Verrat an ihrer gemeinsamen Familie auf: «[du hast] mich verraten und ein neues Bett verschafft, obgleich doch Kinder da waren. Denn wenn du noch kinderlos wärest, wäre dein Verlangen nach einer neuen Frau verzeihlich» (489 f. Übers.: nach Otten). Jason behauptet genau das Gegenteil: Nicht aus Eigennutz, sondern aus Fürsorge für seine Kinder sei er die neue Ehe eingegangen (555 ff.), die ihm ein Leben in Reichtum in Aussicht gestellt habe, was auch den Kindern zugute komme: «weil ich dich retten wollte und für meine Kinder von gleicher Abkunft Königskinder zeugen wollte, als Schutz für mein Haus» (595 f. Übers.: nach Otten).

Medea entschließt sich nach diesem Streitgespräch, die neue Braut zu töten; nur zum Schein lenkt sie in einem zweiten Gespräch Jason gegenüber ein, bittet um Vergebung und würdigt seinen Entschluss, eine neue Familie zu gründen, als «weise». Schon bald erfahren die Zuschauer durch den Bericht eines Boten vom grausigen Tod der Königstochter und ihres Vaters, den die vergifteten Geschenke Medeas verursacht hatten. Medea beschließt nun – in verzweifeltem Ringen mit sich selbst – auch ihre Kinder umzubringen, um den Rächern zuvorzukommen (1237 f.). Als Jason auftritt, um seinerseits die Kinder vor der Rache ihrer Mutter zu retten, ist es zu spät.

Bevor Jason sein ganzes Unglück fassen kann, tritt Medea wieder auf, sie sitzt bereits in einem Wagen, den ihr Großvater, der Sonnengott Helios, ihr zur Verfügung gestellt hat (1321).

Erneut entspannt sich ein bitteres Rededuell zwischen Jason und Medea, in dem beide an die toten Kinder appellieren. Jason: «O Kinder, welch eine üble Mutter hatte das Schicksal euch zugedacht!» Medea: «Ihr Kinder, wie ihr durch väterliche Unzulänglichkeit sterben musstet!» (1363 f.).

Medea verwehrt Jason, die Kinder noch einmal zu berühren oder sie gar zu bestatten. Sie selbst will die Leichname in das Heiligtum der Hera in Korinth bringen, um sie im sakralen Raum vor den Rächern zu schützen. Schließlich prophezeit sie Jason noch seinen Tod, der herbeigeführt würde durch ein herabfallendes Stück der morschen Argo, seines Abenteuerschiffes. Jason bleibt nur die Resignation:

«Verschwinde, Abschaum und blutrünstige Kindermörderin.
Mir bleibt nur, mein unglückliches Schicksal zu bejammern,
denn weder werde ich an meiner neu Vermählten Freude haben,
noch die Kinder, die ich gezeugt und aufgezogen habe, mehr als
Lebende ansprechen können. Also bin ich vernichtet.»
(1345 ff. Übers.: nach Otten)

In der Tragödie wird durchgespielt, welche problematischen Konsequenzen sich für Mutter und Kinder daraus ergeben können, dass ein Vater seine Kinder verlässt, um eine neue Familie zu gründen, wobei gerade das Ende des Stückes deutlich vor Augen führt, dass letztlich auch der Vater von den schlimmen Folgen betroffen ist. Indem Jason im Stück erklärt, dass die neue Heirat weder aus Abneigung gegenüber Medea noch aus Verlangen nach der neuen Braut erfolge, auch nicht, weil er besonders viele Kinder haben wolle, werden unterschiedliche Motive vorgeführt, die einen Mann dazu veranlassen konnten, eine neue Familie zu gründen. Das vorgeschobene Motiv Jasons, die neue Heirat allein aus Sorge um sich und sein Haus anzustreben – dabei schwebt ihm eine angesehene und vor allem wohlhabende ‹Patchwork-Familie› vor, freilich unter Ausschluss von Medea (555–567) – wird im Stück als äußerst problematisches entlarvt.

Das Stück zeigt, dass eine Familie eben nicht einfach strategisch ergänzt werden kann, und auch Frauen (zumal Mütter gemeinsamer Kinder) nicht achtlos ausgebootet werden sollten. Es mag zur Diskussion darüber angeregt haben, ob es moralisch tragbar ist, innerhalb einer Generationenfolge, die im Athen der damaligen Zeit über die männliche Linie konstruiert wurde (was sich besonders deutlich im Erbrecht zeigt), die Belange der Mutter einfach zu ignorieren.[18] Nach geltendem Recht war es zwar möglich, eine Frau zu verstoßen, um eine wirtschaftlich attraktivere Verbindung einzugehen. Die soziale Sprengkraft solcher Entscheidungen aber wird am Beispiel der Medea den Zuschauern eindrucksvoll vor Augen geführt.

Frauen in der Tragödie. Die große Zahl von Frauengestalten im attischen Drama, insbesondere von ausgefeilten und handlungsbeherrschenden Frauenrollen in der Tragödie,[19] hat in der altertumswissenschaftlichen Forschung oft Verwunderung hervorgerufen: Wie erklärt sich das Interesse an weiblichen Charakteren angesichts der Tatsache, dass diese Frauenfiguren ausschließlich von männlichen Dichtern für ein vorwiegend männliches Publikum geschaffen worden sind, wobei die weiblichen Rollen auch noch von männlichen Schauspielern gespielt wurden? Und – diese Frage stellt Sarah B. Pomeroy 1975 – «Wie lässt sich das Auftreten kraftvoller Heroinen in Tragödie und Komödie erklären, wenn die ehrbaren Frauen Athens wirklich ein so zurückgezogenes und stilles Leben führen mussten [...]?»[20]

Inzwischen liegt eine kaum zu überblickende Flut von Literatur speziell zu den Frauen in der Tragödie vor.[21] Die ältere Annahme, dass die besondere Rolle der Frauen im Drama auf deren vermeintlich «starke gesellschaftliche Stellung» in der griechischen Frühzeit zurückgeführt werden könnte, gilt als widerlegt.[22] Die jüngere Forschung betont, dass die Diskrepanz zwischen dem Frauenbild der Tragödie und dem, was wir über die soziale Realität der Frauen Athens zu wissen glauben, nicht überbewertet werden sollte. Zum einen agieren nicht alle Frauen der Dramen stark und eigenmächtig; zum anderen ist zu bedenken, dass philosophische Schriften und Texte der Redner zwar stärker die Illusion gelebten Lebens vermitteln, jedoch keineswegs in jedem Punkt eine getreue Darstellung der antiken Lebenswirklichkeit liefern. Die Fiktion von Frauen im Drama und das, was wir aus den Prosatexten über ihr ‹reales Leben› erfahren, müssen daher im Grunde als zwei Seiten einer Medaille gesehen werden, wie Pauline Schmitt Pantel betont:

> «Wenn man in der Tat ‹Medea› (hier als Symbol für den Platz der Frau in der Vorstellungswelt) einer Athenerin gegenüberstellt, die dem Modell der namenlosen sanften Frau nachgebildet ist, wie sie Xenophon Ischomachos an die Seite gegeben hat, dann verdrängt oder ignoriert man, daß alle literarischen Texte – die im 5. Jh. auf der Bühne deklamierten ebenso wie die im 4. Jh. in den Studierstuben der Theoretiker der griechischen Gesellschaft redigierten – gleichermaßen Diskurse sind. Man muß sich also bewußt sein, das man zwei Diskurse miteinander konfrontiert – keiner von ihnen ist konkreter oder näher an der Realität als der jeweils andere.»[23]

Geht man davon aus, dass die Dramen gar nicht unmittelbar das alltägliche Leben der Frauen spiegeln, sondern eine imaginäre Welt darstellen, in der kulturelle Normen oft absichtlich umgekehrt oder verzerrt werden können, verändert sich der Fragehorizont: Viel spannender als die Gründe für das Auseinanderklaffen von Realität und Fiktion zu untersuchen, erscheint es, die Gesetzmäßigkeiten und kulturellen Grundlagen sowie den Sinngehalt jener imaginären Welt zu analysieren. Helen P. Foley arbeitet heraus, dass in der Tragödie die tieferen Probleme der Bürgerschaft oft von ansonsten in der öffentlichen Debatte zum Schweigen verurteilten Personen – z. B. von Frauen – zur Sprache gebracht werden. Die Tragödie lege somit ein Verständnis von ‹Bürgerschaft› an den Tag, das sich nicht nur am Kriterium der Teilhabe an politischen Entscheidungen und Ämtern orientiere, sondern – wesentlich weiter gefasst – die einzelnen Haushalte als politische Mikroorganismen wahrnehme und auch Frauen als Polismitglieder einbeziehe. Der einzelne Haushalt gerate in den Tragödien oft in Konflikt mit den Interessen des Gemeinwesens, und die Tragödie fokussiere eben jenes Spannungsverhältnis zwischen den offiziellen normativen Vorgaben, denen die Bürger unterlagen, einerseits und den Handlungsweisen der einzelnen Bürger, die nicht immer mit den Vorgaben in Einklang standen und im öffentlichen Diskurs ansonsten marginalisiert wurden, andererseits.[24]

Für Froma I. Zeitlin stellen die ausgeprägten Frauenrollen des attischen Dramas den Versuch dar, über das Spiel mit ‹der Frau als Gegenbild des Mannes› die männliche Identität zu ergründen. Die Beschäftigung mit dem, was als weiblich verstanden und definiert werden kann, diene somit in der Tragödie vor allem dem Zweck, ein vollständigeres, genaueres Bild von dem männlichen Selbst zu erlangen: Frauen seien nie um ihrer selbst willen Gegenstand des Dramas, spielten aber die Rolle von Katalysatoren oder Instrumenten: sie bremsen oder beschleunigen die Handlung, zerstören oder retten die männlichen Charaktere. Wenn Frauenrollen an prominenter Stelle vorkämen, dann als Schreckbilder ebenso wie als versteckte Vorbilder für das männliche Selbstverständnis.[25] Somit ist in Betracht zu ziehen, dass auf der attischen Bühne oft Alteritätsdiskurse geführt werden, die bestehende Ordnung im Spiegel des ‹Anderen› reflektiert wird – sei es mit Hilfe der inszenierten Geschlechterdifferenz, des fiktiven Sprungs in vergangene Zeiten oder der Verlagerung der Handlung in andere Poleis.

Der Dichter Euripides war bereits in der Antike dafür bekannt, sich in seinen Dramen ausgiebig dem weiblichen Geschlecht gewidmet zu haben. Der Komödiendichter Aristophanes spielt darauf mehrfach an;[26] in seiner Komödie *Die Frauen am Thesmophorienfest* beschließen die versammelten Bürgerinnen Athens gar, Euripides zu töten, weil er allen Frauen Unrecht zufüge, indem er sie in seinen Stücken als ehebrecherisch, mannstoll, versoffen, wortbrüchig, schwatzhaft – kurz: als großes Übel verleumde.[27] Mit der eingangs zitierten Passage, in der Euripides Medea das Los der Frauen beklagen lässt, ist dieses Urteil nicht in Einklang zu bringen. Doch mag sich darin ein Reflex erkennen lassen, welches Aufsehen die euripideischen Frauenfiguren im Athen der damaligen Zeit erregen konnten.

Sklavinnen, Hetären und Konkubinen im klassischen Athen zwischen Ausgrenzung und Integration

«Als die Männer die Trankspende für Zeus gespendet hatten, tranken sie den Becher – ihren Mörder! – aus: Es war ihr letzter Trunk. Philoneos starb gleich auf der Stelle, unser Vater aber verfiel einer Krankheit, der er am zwanzigsten Tag erlag. Hierfür wurde die Frau, [die das Mittel verabreicht hatte,] die sich zur Helferin und zum Werkzeug gemacht hatte, zu Recht folgendermaßen behandelt: Sie wurde nämlich gerädert und dem Henker übergeben [...]»
(Antiphon 1 [Rede gegen die Stiefmutter] 20. Freie Übers.: Verf.)

Eine Frau steht wegen Mordes vor Gericht: Sie habe eine Sklavin dazu angestiftet, zwei Männer zu vergiften. Bei den Opfern handelt es sich um den Liebhaber der Sklavin und den Ehemann der Angeklagten. Ihr Stiefsohn will mit dem Prozess *Gegen die Stiefmutter* den Tod des Vaters rächen. In der Gerichtsrede, die im Werk des Redenschreibers Antiphon überliefert ist (Antiph. 1), legt der Stiefsohn seine Sicht des Tathergangs dar: Die Stiefmutter habe der Sklavin weisgemacht, bei dem zu verabreichenden Mittel handele es sich um einen Liebestrank, der den beiden Frauen die verlorene Gunst ihrer Männer zurückbringen würde. Dabei sei der Stiefmutter von Anfang an klar gewesen, dass das Mittel tödlich wirke; sie habe also gezielt und kaltblütig den Mord geplant, die Sklavin als Werkzeug benutzt. Zum Zeitpunkt des Prozesses war diese Sklavin jedoch selbst bereits tot. Angehörige ihres ermordeten Besitzers hatten sie zunächst im Rahmen eines Verhörs gefoltert und dann dem Henker zur Hinrichtung übergeben.

Dieser in der Rede eher am Rande geschilderte Vorfall soll hier zum Ausgangspunkt genommen werden, um die alltäglichen Lebensbedingungen von Sklavinnen im klassischen Athen zu behandeln, da er die Aufmerksamkeit auf zwei Aspekte lenkt, die für das Leben der Sklaven[1] Athens bezeichnend waren: Einerseits wird darin deutlich, wie brutal Besitzer mit ihren Sklaven umgehen konnten; andererseits stand die erwähnte Sklavin in einem sehr engen Verhältnis zu ihrem Herrn, dessen Geliebte sie war. Ihr Leben scheint somit teils von einer menschenunwürdigen Behandlung und deutlichen Ausgrenzung, teils durch soziale Integration bestimmt.

Um diese merkwürdige Ambivalenz im Umgang mit Sklaven näher zu erläutern, wird zunächst auf die Sklavenfolter eingegangen, die besonders anschaulich macht, worin in der antiken Wahrnehmung der Unterschied zwischen ‹freien Herren› und ‹abhängigen Sklaven› bestand. Im Anschluss werden dann die Lebensbedingungen von Sklavinnen im allgemeinen, von Hetärensklavinnen im besonderen behandelt und schließlich wird auf Partnerschaften freier athenischer Bürger mit sogenannten Konkubinen eingegangen, zu denen auch die im Mordprozess erwähnte Sklavin zu zählen ist.

Sämtliche literarischen Texte, die zur Auswertung zur Verfügung stehen, stammen von Nichtsklaven, entwerfen also Szenarien von der Sklaverei, die nicht der Perspektive der versklavten Personen entsprechen. Dies gilt auch für die archäologischen Zeugnisse, die darüber hinaus auch nur eine bestimmte Gruppe von Sklaven abbilden, nämlich Haussklaven, die gegenüber anderen, z. B. den wohl ausnahmslos männlichen Arbeitssklaven, die in den gefürchteten Mühlen und Silberminen schufteten, zumindest im Hinblick auf die Ausbeutung ihrer körperlichen Arbeitskraft eine privilegierte Stellung innehatten. Über die psychischen Auswirkungen, welche ein Leben in Sklaverei zur Folge haben konnte, erfahren wir schwerlich etwas aus den Quellen. Bei dem Versuch, die alltäglichen Lebensbedingungen von Sklavinnen zu rekonstruieren, müssen einzelne, im antiken Schrifttum verstreute Informationen zusammengesetzt werden.

Sklavenfolter. In der Nähe des athenischen Marktplatzes gab es ein heute nicht mehr zu lokalisierendes Gebäude, das als Folterraum für Sklaven genutzt werden konnte.[2] Das Folteropfer konnte hier auf ein ‹Rad› gebunden werden, dessen Bewegung den Körper streckte und einzelne Gliedmaßen verdrehte, somit den Gefolterten einer äußerst schmerzhaften Tortur unterzog.[3] Wahrscheinlich waren die Besitzer der Sklaven selten darauf aus, diese so schwer zu verletzen, dass sie nicht mehr zur Arbeit zu gebrauchen waren. Doch konnte man die Folter dosieren oder bereits durch die Androhung der Tortur einen gewissen Druck ausüben, um die Sklaven gefügig zu halten. Es ist bezeugt, dass Sklaven – zum Beispiel im Falle unterstellten Diebstahls – gefoltert wurden, um ein Geständnis zu erwirken.[4] Waren Sklaven in gerichtliche Auseinandersetzungen involviert und sollten sie als Zeugen befragt werden, so *musste* dies unter Anwendung von Folter geschehen.[5] Diese Praxis erscheint aus heutiger Sicht nicht nur brutal, sondern auch unverständlich: Warum konnte ein Sklave seine Aussage nicht zu Protokoll geben, ohne dabei gefoltert zu werden? Begründet wurde diese Maßnahme mit der vorausgesetzten moralischen Minderwertigkeit der Sklaven, die ihre Aussagen in den Augen der freien Bürger prinzipiell unglaubwürdig machte.[6] Die Athener gingen offenbar davon aus, dass ein Sklave nie eine objektive Beurteilung abgeben würde. Um Loyalität oder Illoyalität als Grund der Aussage auszuschließen und einen höheren Wahrheitsgehalt zu erzielen, folterte man Sklaven, die als Zeugen herangezogen werden sollten. Die Frage, in welchem Umfang in klassischer Zeit Folterungen von Sklavinnen und Sklaven tatsächlich durchgeführt wurden, ist schwer zu beantworten.[7] Der in der oben erwähnten Gerichtsrede geschilderte Fall der Sklavin des Philoneos legt nahe, dass diese tatsächlich, vermutlich weil sie des Mordes verdächtigt wurde, zunächst gerädert und danach dem Henker übergeben worden war. Zumindest konnte der Sprecher der Rede seinem Publikum diesen Sachverhalt ohne weitere Erklärungen schildern, was voraussetzt, dass es sich dabei um eine im Athen des 4. Jh.s v. Chr. gängige Praxis handelte.

Zahl der Sklaven in Athen. Wie viele Sklaven es im Athen klassischer Zeit insgesamt gegeben hat, konnten die Athener selbst nicht einschätzen; doch gingen sie wohl zu Recht davon aus, dass die Zahl der Sklaven die der freien Bürger bei weitem übertraf. Vereinzelte Zahlenangaben in antiken Quellen sind unzuverlässig; moderne Schätzungen sind immer spekulativ und gehen davon aus, dass es im klassischen Athen mehr als 150 000 Sklaven gab, die ungefähr 30 % der Gesamtbevölkerung ausmachten.[8] Unklar ist auch, wie viele Sklaven durchschnittlich in einem Haushalt lebten.[9] Nach Aussage der attischen Gerichtsredner scheint jeder athenische Bürger einen oder mehrere Sklaven besessen zu haben. Dies traf sicher auf jene finanziell bessergestellten Familien zu, deren juristische Streitigkeiten die attischen Prozessreden widerspiegeln. Allerdings verfügen auch die Bauern Attikas, die Aristophanes in seinen Komödien auftreten lässt, über zwei bis fünf Sklaven, doch liegen gerade über die in der Landwirtschaft eingesetzten Sklaven kaum Informationen vor. Vermutlich konnten sich dennoch viele Bürger keine eigenen Sklaven leisten, z. B. die große Gruppe der Handwerker und Saisonarbeiter.

Grundbedingungen der Sklaverei. Sklaven galten als Eigentum ihrer Besitzer, konnten gekauft und verkauft, von ihren Besitzern (aber nicht ohne weiteres von Dritten) geschlagen werden, was sehr deutlich macht, dass sie einen niedrigeren Status als die freien Bürger hatten. Die bekannte Aussage des Aristoteles, der Sklave sei ein beseeltes Werkzeug (Aristot. pol. 1253 b 30), suggeriert, dass Sklaven nicht als Menschen, sondern als lebendige Dinge wahrgenommen wurden, und ähnlich ist sicher auch die Bezeichnung des Sklaven als «Menschfüßler» (*andrapodon*) zu verstehen. In der Alltagssprache geläufigere Ausdrücke wirken weniger entmenschlichend, stellen jedoch gleichfalls den Status der Knechtschaft (*doulos/doule* = Knecht) heraus, benennen ihre Funktionen (*oiketes* = Haussklave, *therapaina* = Helferin) oder auch ihr Alter (*pais, paidiske* = Junge/Mädchen).

Die Gefahr, versklavt zu werden, bestand im klassischen Griechenland im Grunde für jeden, da in der Folge von Kriegen den Besiegten – vor allem Frauen und Kindern – die Sklaverei drohte. Grundsätzlich war es möglich, dass in Gefangenschaft geratene Griechen die Freiheit wiedererlangten, wenn sie selbst oder andere ein Lösegeld bezahlten, das für die Besitzer mehr Gewinn brachte als ihr Verkauf auf dem Sklavenmarkt.[10] Zuweilen entschlossen sich wohl auch freie Bürger Athens aus wirtschaftlicher Not, ein neugeborenes Kind an bestimmten Orten der Stadt ‹auszusetzen›; dies traf insbesondere Mädchen, da ihnen im heiratsfähigen Alter eine Mitgift gestellt werden musste, was eine finanzielle Belastung der Eltern darstellte. Sofern ein ausgesetztes Kind von einer anderen Person ‹aufgenommen› wurde und überlebte, konnte es sein Dasein als Sklave fristen; aufgrund der ungeklärten Herkunft war ihm ein Leben als freier Bürger jedoch verwehrt.[11]

Die meisten Sklaven waren Opfer von Entführungen, die dann auf den Sklavenmärkten verkauft wurden. Auch in Athen gab es auf der Agora einen bestimmten Platz, an dem diese Menschen auf einem Podest zum Verkauf angeboten wurden, sich auch entkleiden mussten, um körperliche Vorzüge oder Mängel offenzulegen.[12] Diese Sklaven kamen meist aus nichtgriechischen Herkunftsländern, z. B. aus Thrakien oder Syrien, und waren oft nicht der griechischen Sprache mächtig.[13]

Verschiedentlich finden sich in der antiken Überlieferung Angaben zu Preisen von verkauften Sklaven, und es ist anzunehmen, dass solche mit speziellen Fähigkeiten für besonders wertvoll gehalten wurden. Nach dem Kauf hatte ein Herr das Recht, seinen Sklaven einen neuen Namen zu geben; dabei war es üblich, sie nach ihrem barbarischen Herkunftsland zu benennen (z. B. Thratta = «die Thrakerin»), bestimmte körperliche Eigenschaften hervorzuheben oder für wünschenswert erachtete Charaktereigenschaften auszuweisen (z. B. Pistos = «der Treue»).[14] Wenn Sklavinnen Kinder gebaren, waren diese von Geburt an Sklaven, gehörten dem Besitzer ihrer Mutter und konnten von diesem verkauft werden.[15] Diese «Hausgeborenen» (*oikogeneis*) hatten gegenüber den gekauften Sklaven wohl eine gewisse Vorrangstellung, zumal sie oft gemeinsam mit den freien Kindern eines Hauses als «gemeinsam ernährte» (*syntrophoi*) aufgezogen wurden und so die griechische Sprache lernten, während Sklaven nichtgriechischer Herkunft diese mitunter nur rudimentär beherrschten.

Grundsätzlich konnte ein Sklave im Laufe seines Lebens von seinem Besitzer freigelassen werden. Wie diese Freilassungen im Einzelnen durchgeführt wurden, ist nicht ganz klar. Im 5. Jh. v. Chr. wurden Freilassungen in Athen formlos vorgenommen. Folglich hatte der Freigelassene keinen Nachweis darüber und lief Gefahr, wieder versklavt zu werden. Im 4. Jh. v. Chr. mehren sich die Zeugnisse, die belegen, dass Freilassungen öffentlich, an belebten Orten wie Gerichtshöfen, Heiligtümern oder anlässlich städtischer Feste im Theater bekannt gegeben wurden, wahrscheinlich, um mit der Publizierung den Status des Freigelassenen zu sichern.[16] Mitunter wurden auch fiktive Prozesse um den Status des Freigelassenen geführt, wobei der Herr – wie von vornherein geplant – unterlag.[17] Die Freigelassenen bekamen jedoch nicht das Bürgerrecht, sondern waren dem Rechtsstatus nach den Metöken (dauernd in Athen ansässigen und registrierten Fremden) gleichgestellt.

Das Haus als Arbeitsbereich.   Für Sklavinnen wie auch für Sklaven unterschieden sich die Lebensbedingungen sehr stark entsprechend der jeweiligen Behandlung durch ihre Besitzer und den ihnen zugewiesenen Aufgaben. Weibliche Sklaven wurden vorwiegend im Haus und für die Garten- und Feldarbeit eingesetzt. Bei der Textilverarbeitung wurde insbesondere das Spinnen von Sklavinnen erledigt. Daneben zählten Botengänge, Einkäufe und die Versorgung der Kinder zu den Einsatzbereichen von Sklavinnen.[18]

Eine Sonderstellung nahmen die Sklavinnen ein, die als Ammen (*tithai*) dienten. Ihre Sorge um das Wohl der Säuglinge und Kinder ihrer Besitzer führte wohl oft zu einer engen Verbundenheit mit der Familie, insbesondere mit den Frauen, in deren Diensten sie standen. In einer Rede des Demosthenes wird erwähnt, dass ein Bürger die Amme, die lange Jahre seine Sklavin war, freiließ. Nach dem Tod ihres ehemaligen Herrn lebte diese als alte Frau im Haus des inzwischen erwachsenen Sohnes, den sie großgezogen hatte.[19] Auch in der attischen Tragödie werden Ammen durchweg als enge Vertraute und Ratgeber der Frauen und Kinder charakterisiert wie auch als loyale Verteidigerinnen des Hauses.[20] Es haben sich auch einige Grabdenkmäler erhalten, welche die freien Herren den ehemaligen Ammen (möglicherweise nach der Freilassung) gestiftet haben.[21] Solche Zeugnisse können als Indizien für eine enge Verbundenheit zwischen einer Sklavin und den freien Mitgliedern eines Haushaltes gedeutet werden; sie zeigen auch, wie hier die Sklavin als Mensch wahrgenommen wurde, denn das Recht auf eine angemessene Bestattung und den von Angehörigen ausgeübten Grabkult wurde in Athen als Grundrecht eines freien Menschen angesehen. Demgegenüber lassen sich nur äußerst wenige Grabdenkmäler für ‹gewöhnliche› Sklaven oder Sklavinnen nachweisen, wahrscheinlich waren dies Grabmäler für Freigelassene. Allgemein wurden Sklaven nach ihrem Tod einfach verbrannt und ihre Asche verstreut.

Neben den Ammen standen mitunter auch andere weibliche Haussklaven in besonders engen Beziehungen zu der freien Hausherrin, was vor allem aus Erwähnungen in Gerichtsreden und in den Komödien Menanders hervorgeht. In der ersten Rede des Lysias wird zum Beispiel geschildert, dass eine junge Ehefrau und ihre Sklavin, die sie vor allem bei der Pflege des Säuglings unterstützt, nicht nur ein gemeinsames Schlafzimmer teilen, sondern auch das Wissen darum, dass die junge Gattin heimlich einen Liebhaber bei sich empfängt. Virginia Hunter weist darauf hin, dass es in Athen nicht ungewöhnlich war, dass Freie und Unfreie – freilich getrennt nach Geschlechtern – gemeinsame Schlafräume hatten, und nimmt an, dass gerade die gemeinschaftliche häusliche (Textil-)Arbeit die Verbundenheit zwischen Sklavinnen und Herrin gefördert haben könnte.[22] Auf den Grabreliefs verstorbener Bürgerinnen werden häufig Ehepaare im Vordergrund abgebildet, zu denen sich im Hintergrund eine weibliche Sklavin gesellt. Die Sklavin wurde vor allem als Statussymbol abgebildet, vielleicht inszenieren diese Bilder aber auch das einträchtige Verhältnis der Herrin zu einer speziell für sie zuständigen Sklavin, für die gerade in den Komödien Menanders mit der Bezeichnung *habra* («Lieblingssklavin») eine Art Kosewort verwendet wird.[23]

Dennoch sollte man sich kein allzu rosiges Bild vom Leben der Hausklavinnen machen. Die volle Verfügungsgewalt des Herren über die Sklavin legitimierte auch deren sexuelle Vereinnahmung. Doch obwohl zu vermuten ist, dass in athenischen Haushalten sowohl gewaltsame als auch einvernehmliche Sexualität zwischen Herren und Sklavinnen vorkam, findet diese in den literarischen Quellen kaum Erwähnung.[24] Noch seltener werden sexuelle Annäherungen der freien Frauen des Hauses an die männlichen Sklaven thematisiert.[25] Auch wie die Sklaven und Sklavinnen eines Hauses miteinander umgingen, ist den erhaltenen Texten kaum zu entnehmen. In Xenophons *oikonomikos* wird es als sinnvolle Maßnahme des Herrn dargestellt, wenn er weibliche und männliche Sklaven

*Abb. 7   Grabrelief der Mnesarete (um 400 v. Chr.); München, Glyptothek
GL 491*

*Rechts im Vordergrund sitzt eine Frau, die wahrscheinlich die Verstorbene
Mnesarete abbilden soll, mit geneigtem Kopf, aufgesteckten Haaren,
bekleidet mit einem Untergewand und einem Mantel. Ihr gegenüber steht
links im Bild (deutlich kleiner gestaltet) eine Frau mit kurz geschnittenen
Haaren. Vermutlich soll diese Figur eine Sklavin darstellen. Über dem Bild
befinden sich ein Epigramm, das auf die Tugend (arete) der Verstorbenen
abhebt und ihr Name «Mnesarete, (Frau oder Tochter) des Sokrates».*

Zwischen Ausgrenzung und Integration   97

durch eine verschließbare Tür voneinander getrennt unterbringt, damit sie nicht ohne das Wissen ihres Herrn Kinder zeugen.[26] In diesem Zusammenhang wird auch die Verbindung zweier Sklaven als ‹eheliche Jochgemeinschaft› angesprochen, eine Metapher, die gerade zur Charakterisierung des freien Ehepaares als ‹Arbeitsteam› in der Hausgemeinschaft benutzt wird,[27] doch waren formale Eheschließungen den Sklaven verwehrt. Xenophon führt weiter aus, dass solche Verbindungen die guten Sklaven besser, die schlechten jedoch betrügerischer machten, worin sich eine gewisse Angst um eine als bedrohlich empfundene Solidarität unter den Sklaven artikuliert. In einer anderen Schrift über die Haushaltsführung wird erwähnt, dass es von strategischem Nutzen für den Besitzer sei, den Sklaven zu gestatten, ‹Familien› zu gründen: Sie werden dadurch umso mehr erpressbar, da man ihnen den Verkauf ihrer Kinder androhen kann.[28] Inwieweit in Athen Sklavenzucht praktiziert wurde, ist eine offene Frage. Inschriften, welche Freilassungen von Sklaven dokumentieren, weisen allerdings nicht nur die Namen von einzeln freigelassenen Personen auf, sondern auch von Gruppen, die als ‹Paare› und ‹Familien› gedeutet werden können.[29] Daraus ist zu schließen, dass mitunter auf eheähnliche und familiäre Bindungen unter Sklaven Rücksicht genommen wurde.

Kulte. Im religiösen Bereich wurde den Sklaven möglicherweise die Ausübung von Kulten aus ihren Herkunftsländern nicht verwehrt, sie mag sich auch zum Teil der Kontrolle der Herren entzogen haben.[30] In Athen waren Sklaven in verschiedene Feste der Polis einbezogen, zum Beispiel nahmen sie am Blütenfest (den Anthesterien) im Frühjahr teil, und anlässlich eines Erntefestes zu Ehren des Kronos im Juli/August tafelten die Herren gemeinsam mit den Sklaven, bedienten diese vielleicht sogar in einer Art Rollentausch. Solche Feste, an denen für einen kurzen Zeitraum in karnevalesker Ausgelassenheit die Statusgrenzen zwischen Herren und Sklaven verwischt wurden, gab es auch im übrigen Griechenland.

Sklavinnen als Prostituierte und Hetären. Außerhalb einzelner Haushalte gehörte die Prostitution in Bordellen oder in der Abhängigkeit von Kupplern (*mastropoi*) zum Alltag zahlreicher Sklavinnen. In Athen wurden vor allem in den Randgebieten der Stadt (Piräus, Skiron und Kerameikos) verschiedene Formen der Prostitution praktiziert.[31] Aufschlussreich für die Bordellprostitution sind einige fragmentarisch überlieferte Bemerkungen der Mittleren Komödie, in denen der Einsatz von Bordellsklavinnen erwähnt wird, die gegen wenig Geld ihren Körper an jeden beliebigen (auch an Sklaven!) verkaufen müssen. In einem Fragment wird der archaische Gesetzgeber Solon von Athen, der den Athenern als ‹Vater der Demokratie› galt, als Begründer des Bordellwesens benannt.[32] Diese Bemerkung kann zwar nicht als historischer Anhaltspunkt für die Einführung von Bordellen in Athen gelten, wohl aber macht sie deutlich, dass der Anspruch auf erschwingliche außereheliche Sexualität gewissermaßen als demokratisches Grundrecht männlicher Bürger angesehen wurde. Auch ging es Solon angeblich darum, die ehrbaren Frauen und Mädchen vor der Begierde gerade junger Männer zu schützen – ein Argument, das auch später immer wieder im Sinne der Förderung der Prostitution vorgebracht wurde. Die vorab ausgemachte Bezahlung war Bedingung für den Besuch einer Bordellprostituierten, der sich gerade durch die Anonymität von dem verbindlicheren und ritualisierten Umgang mit sogenannten Hetären unterschied, obgleich die Übergänge zwischen Prostitution und Hetärentum fließend waren.

Hetären (wörtlich: Gefährtinnen) nannten die Griechen Frauen, welche Männer gegen Belohnung in Form von Geschenken zum Trinkgelage begleiteten, sich mit ihnen ‹zeigten› und unterhielten und sich auch sexuell zur Verfügung stellten.[33] Dem Hetärenwesen, das in der aristokratischen Symposionskultur der archaischen Zeit entstanden war, haftete stets ein elitärer Beigeschmack an. Gerade die als «besonders kostspielige Hetären» (*megalomisthoi hetairai*) bekannten Frauen waren Freie, die in Athen als Metökinnen lebten und reiche Gönner an sich zu binden suchten. Die antike Literatur überliefert viele ihrer Namen und unzählige Anekdoten über ihre Verhältnisse gerade zu den ‹großen› Männern Griechenlands in der klassischen und hellenistischen Epoche.

Zu den berühmtesten Hetären des 5. Jh.s v. Chr. gehört Aspasia (geboren um 460 v. Chr.), die aus Milet stammte und in Athen mit dem berühmten Politiker Perikles rund zehn Jahre liiert war.[34] Von der wegen ihres legendären Reichtums berühmten Hetäre Phryne, die im 4. Jh. v. Chr. ebenfalls in Athen lebte und als Modell für mehrere Statuen des Bildhauers Praxiteles gedient haben soll, wird behauptet, dass sie ihre Laufbahn als Sklavin begonnen hatte.[35] Solche Sklavinnen, die sich im Besitz von Zuhältern oder Zuhälterinnen befanden, wurden an Männer tageweise oder über längere Zeiträume als Hetären vermietet.

Aufschluss über das Leben jener Hetärensklavinnen gibt vor allem die Rede des Apollodor *Gegen Neaira* (sie wird im Corpus des Demosthenes als 59. Rede geführt), die wahrscheinlich vor einem athenischen Geschworenengericht um 340 v. Chr. gehalten wurde.[36] Der Sprecher will den Nachweis erbringen, dass die angeklagte Neaira sich als legitime Ehefrau eines Bürgers von Athen ausgegeben habe, obwohl sie in Wahrheit eine Fremde sei, eine ehemalige Sklavin, die als Hetäre in Abhängigkeit von einer Kupplerin ihren Lebensunterhalt bestritt. Die Rede lässt vermuten, dass in den Städten Griechenlands Sklavenmädchen von Kupplern oder Kupplerinnen aufgezogen und eigens für den ansprechenden Umgang mit ihren Liebhabern – etwa im Tanz und in der humorvoll-geistreichen Konversation – ausgebildet wurden, um bereits im Kindesalter an verschiedene Männer vermietet zu werden (18 f.). Freimütig werden die Namen der zahlreichen Liebhaber der Neaira genannt, die teilweise persönlich vor Gericht auftreten, um den promisken Lebenswandel der Angeklagten zu bezeugen.

So wird in grellen Farben ein aus heutiger Sicht äußerst abstoßendes Bild gemalt von der sexuellen Ausbeutung einer Frau, die zeit ihres Lebens das Stigma des Sklavendaseins nicht los wird, selbst dann nicht, als sie ihrem Rechtsstatus nach längst eine Freigelassene ist: Es wird geschildert, dass zwei Männer, denen das ständige Mieten der Sklavin Neaira zu kostspielig wurde, die Sklavin für 3000 Drachmen (= 30 Minen) der Kupplerin abkauften, um sie abwechselnd zu frequentieren und ihr später die Gelegenheit zu geben, sich selbst für 2000 Drachmen freizukaufen (29 f.). Die Rede legt nahe, dass die ehemalige Sklavin auch nach ihrer Freilassung noch in hohem Maße ihren ehemaligen Herren und Liebhabern ausgeliefert war. Dass nicht alle Liebhaber als brutale Ausbeuter auftraten, mag man daraus schließen, dass über den Redner Lysias berichtet wird, er habe seine Hetärensklavin in die Eleusinischen Mysterien einweihen lassen, um ihr etwas zu schenken, das ihr nicht von der Kupplerin genommen werden könne (29 f.).

Grundsätzlich galt der außereheliche Verkehr mit Hetären im Kontext der Symposien im Athen klassischer Zeit nicht als anstößig. Zahlreiche Gerichtsreden bezeugen jedoch Vorwürfe seitens der Familienangehörigen gegenüber Männern, die ihr Vermögen im Umgang mit Hetären verschleuderten oder gar gemeinsame Kinder gegen das geltende Recht als legitime Erben und Bürger anerkennen wollten.[37] Auch in anderen Quellen ist bezeugt, dass Männer den Kupplern begehrte Frauen abkauften und sie freiließen; somit bot die Verbindung zu einem reichen Gönner unter Umständen für diese Sklavinnen die Gelegenheit zur Freilassung, die allerdings mit der Abhängigkeit vom Freilasser verbunden war.

Der Konkubinat mit einer freigelassenen Sklavin. Frauen, die als Konkubinen bezeichnet werden, waren in der Regel gekaufte Sklavinnen, die als Partnerinnen ihrer Herren mit diesen in einem gemeinsamen Haushalt lebten.[38] Bereits in den homerischen Epen, die Sitten und Gebräuche der archaischen Zeit reflektieren, werden solche Frauen erwähnt, die – meist als Kriegsgefangene oder Kaufsklavin in das Haus eines Mannes kamen und ihrem Herrn als ‹Zweitfrau› dienten, wobei häufig gerade ihre auf Jugendlichkeit beruhende sexuelle Attraktivität für den Mann herausgestellt wird. Dass auch die Athener in der archaischen Zeit mitunter Partnerschaften zu solchen ‹Zweitfrauen› unterhielten, lässt sich aus einem dem legendären Gesetzgeber Drakon zugeschriebenen Gesetz ableiten, das es jedem Mann gestattete, denjenigen zu töten, den er beim Beischlaf mit einer Frau seines Haushaltes ertappte: explizit genannt werden Ehefrau, Mutter, Schwester, Tochter und auch die Konkubine (*pallake*).[39] Im Athen des 5. und 4. Jh.s v. Chr. wird dann eine Frau als *pallake* bezeichnet, die ohne rituelle Eheschließung mit einem Mann dauerhaft in Hausgemeinschaft lebte. Bezüglich der in archaischer Zeit noch geduldeten Bigamie hatten sich offenbar die Moralvorstellungen inzwischen verändert. Verschiedene Zeugnisse belegen, dass es nicht mehr gesellschaftlich akzeptiert wurde, neben einer Ehefrau *gleichzeitig* eine andere Partnerin im Haus unterzubringen.

Dieser Wandel steht zweifellos in Zusammenhang mit der veränderten Wahrnehmung des Bürgerrechtes in der entwickelten Demokratie: Denn seit dem bereits erwähnten «Bürgerrechtsgesetz des Perikles» (451 v. Chr.) konnten allein Kinder zweier athenischer Eltern (de facto aus einer Ehe unter Bürgern) den Bürgerstatus haben; die monogame Ehe war seitdem die von der Polis favorisierte Form der Partnerschaft.

Den Bedürfnissen der Männer von Athen entsprach diese Regelung jedoch nicht unbedingt. Den Quellen ist zu entnehmen, dass offenbar gerade ältere Männer, die bereits legitime Nachkommen hatten und ihrer Bürgerpflicht damit Genüge getan hatten, nach dem Tod ihrer Ehefrau eine Beziehung zu einer Sklavin eingingen. Da Heiraten mit Sklavinnen ausgeschlossen waren, kam nur ein formloses Konkubinatsverhältnis infrage. Dabei konnten die Männer vor allem ihren Neigungen folgen, während bei den Eheschließungen mit Bürgerinnen eher ökonomische Überlegungen im Vordergrund standen. Vor allem die Tatsache, dass sich unter den als Konkubinen gewählten Frauen zahlreiche Hetären finden, spricht dafür, dass die älteren Männer vor allem ein erotisches Interesse an ihren Konkubinen hatten. In der antiken ‹Klatschliteratur› wird von vielen bekannten Persönlichkeiten behauptet, dass sie ehemalige Hetären als Konkubinen in ihrem Haus aufnahmen. Für den Tragödiendichter Sophokles ist zum Beispiel überliefert, dass er im Alter seine Hetäre Archippe zur Erbin eingesetzt habe. Über Platon wird gesagt, dass er seine Hetäre Archeanassa auch noch liebte, als sie alt war. Aristoteles soll ein Kind mit einer Freigelassenen gehabt haben, mit der er bis zu seinem Tod zusammenlebte.[40] Auch in attischen Gerichtsreden finden sich Hinweise darauf, dass Liebhaber ihre Hetärensklavinnen freiließen, um mit ihnen in Hausgemeinschaft zu leben.[41]

Die Freilassung der Sklavin brachte vor allem Vorteile für den männlichen Partner mit sich, denn die ehemalige Sklavin blieb ihrem Freilasser verpflichtet. Wie groß der Einfluss des Freilassers auf eine Freigelassene sein konnte, illustriert die Rede *Gegen Neaira*. Darin wird geschildert, wie es der Hetäre Neaira mit finanzieller Unterstützung eines Liebhabers gelingt, sich freizukaufen. Ihr erklärtes Ziel, «frei zu sein und ihre eigene Herrin», scheitert jedoch. Denn der Mann, der ihren Freikauf unterstützt, vermag weit reichende Ansprüche auf ihre Person durchzusetzen. Neaira muss sich ihm sowohl sexuell zur Verfügung stellen als auch bei ihm wohnen. Zwar gelingt es Neaira, sich zunächst durch ihre Flucht in eine andere Stadt zu entziehen, doch muss sie sich nach ihrer Rückkehr auf den Beschluss eines Schiedsgerichtes hin gegen ihren Willen dem Freilasser fügen.

Einige Quellen legen den Schluss nahe, dass Männer insbesondere dann zur Freilassung einer Sklavin bereit waren, wenn diese ein gemeinsam gezeugtes Kind erwarteten.[42] Falls aus der Verbindung eines Mannes zu einer freigelassenen Sklavin Kinder hervorgingen, hatten diese zwar immerhin den Status von Freien,[43] nicht aber das Bürgerrecht. Sie galten als «Bastarde» (nothoi), die keinen Anteil an Familienangelegenheiten hatten, d. h. vom Erbrecht und Kult ausgeschlossen waren.[44]

Das Konkubinatsverhältnis mit einer Hetäre hatte auch den Vorteil, dass deren Gunst nicht immer wieder durch aufwendige Geschenke gewonnen werden musste. Die Wohngemeinschaft schützte davor, dass das Verhältnis zu der Hetäre von Konkurrenten bedroht werden konnte, was gerade für die älteren Männer ein Beweggrund gewesen sein mag, ihre Geliebte, die gleichzeitig als Haushälterin und Pflegerin dienen konnte, auf dem Wege der Freilassung dauerhaft zu binden.[45]

Für eine ehemalige Sklavin, die als Konkubine in den Haushalt eines Mannes aufgenommen wurde, verbesserte sich vielleicht ihr Ansehen, da sie nun eine freie Frau wurde. Doch hatte sie keinen Anspruch darauf, von ihrem Partner freundlich behandelt und versorgt zu werden: Der eingangs erwähnten Konkubine des Philoneos drohte die Abschiebung in das Bordell, als er das Interesse an ihr verlor.[46] Die Lebensbedingungen solcher Frauen zeichneten sich einerseits durch eine – zumindest temporär – sehr weitgehende Einbindung in den Haushalt aus, andererseits wird die enorme Abhängigkeit von ihrem Herrn sehr deutlich, die charakteristisch für die Lebensbedingungen der Sklaven beiderlei Geschlechts war.

Die Repräsentation hellenistischer Herrscherinnen – Das Beispiel Arsinoë II.

«Viele gemästete Schenkelstücke von Rindern verbrannte er im Umlauf der Monate auf blutgeröteten Altären, er selbst und seine mächtige Gemahlin; keine bessere Frau als sie gibt es, die den Gatten in den Gemächern mit dem Arm umfängt, von Herzen liebend ihren Bruder und Ehemann.»
(Theokrit, Idyllen 17, 125 ff. Übers.: Effe)

Der griechische Dichter Theokrit, der im 3. Jh. v. Chr. in der von Alexander dem Großen in Ägypten gegründeten Metropole Alexandria lebte, stand in einem Patronatsverhältnis zum damaligen Herrscher Ägyptens, Ptolemaios II., der später den Beinamen *Philadelphos* («der die Schwester liebt») erhielt. Im oben auszugsweise zitierten Gedicht preist er den Herrscher hymnisch, indem er auf dessen Wohltaten gegenüber dem Volk in Form von umfangreichen Opferfesten und schließlich auf dessen Liebe zu Arsinoë abhebt, die seine Schwester und Ehefrau war.[1] Gerade die Tatsache, dass Arsinoë II. (ca. 316–ca. 270 v. Chr.) ihren Bruder geheiratet hatte und damit zur Königin Ägyptens wurde, brachte Arsinoë in den Ruf einer herrschsüchtigen Ränkeschmiedin, welche ihren jüngeren Bruder zu dieser (in der Forschung häufig äußerst abschätzig beurteilten) ‹Inzestehe› überredet habe, um ihre eigene Machtstellung auszubauen.[2] Auch im Vergleich mit anderen hellenistischen Herrscherinnen wird Arsinoë eine besondere Bedeutung zugeschrieben: Sie gilt neben der makedonischen Königin Olympias (der Mutter Alexanders des Großen, dem Begründers des hellenistischen Weltreiches) und der berühmten Kleopatra VII. als die mächtigste und bedeutendste hellenistische Herrscherin;[3] ja sie habe sogar für Jahrhunderte «die große Geschichte Ägyptens unter der Dynastie der Ptolemäer» bestimmt.[4] Inzwischen wird ihre vermeintlich besondere Machtstellung in der Forschung relativiert, auch richtet sich aktuell das Interesse weniger darauf, ihre persönlichen Motive zu rekonstruieren, die Arsinoë letztlich zum Ausbau und Erhalt ihrer ‹Machtstellung› veranlasst hätten, vielmehr wird grundsätzlich über die Integration der königlichen Frauen in die Repräsentationssysteme der jeweiligen Dynastien als Teil der Herrschaftssicherung nachgedacht. Dabei wird immer wieder betont, dass in den unterschiedlichen hellenistischen Herrschaftsbereichen, welche sich in der Folge der Teilung des Alexanderreiches herausgebildet hatten, große Unterschiede im Hinblick auf die Herrschaftspraktiken zu verzeichnen seien.[5]

Im Folgenden sollen am Beispiel des Herrscherpaares Arsinoë II. und Ptolemaios II. einige Grundzüge der ptolemaischen Herrschaftspraxis aufgezeigt werden. Dabei steht die Frage nach der besonderen Funktion der Herrschergattin im Vordergrund. Zunächst ist auf die Quellenlage einzugehen, sodann auf Arsinoës Werdegang und auf ihre Stellung als Schwestergattin des ägyptischen Herrschers.

Die Quellenlage. Abgesehen vom grundsätzlichen Mangel an Informationen über das Leben der hellenistischen Herrscherinnen tritt das Problem der tendenziösen Charakterisierung von Frauen, welche in Machtstrukturen involviert sind, durch antike Autoren hervor.[6] Ein Autor wie Pompeius Trogus etwa, ein Geschichtsschreiber des 1. Jh.s v. Chr., der sich in seinen *Historiae Philippicae* unter anderem der Geschichte Makedoniens bis zur Römerherrschaft widmet[7] und in diesem Zusammenhang kurz auf Arsinoë zu sprechen kommt (24, 3 ff.), bedient sich zwar nicht des Klischees der machtgierigen Frau; doch zeichnet er ein Bild von Arsinoë als vornehmlich um das Leben ihrer Kinder besorgter Mutter, welches ebenfalls im Verdacht steht, geläufige Frauenbilder zu repetieren. Maßgeblich auf seinen Angaben und einigen Bemerkungen des griechischen Reiseschriftstellers Pausanias aus der zweiten Hälfte des 2. Jh.s n. Chr. basiert das Wissen, das wir über Arsinoës Leben bis zu ihrer ‹Flucht nach Ägypten› haben; für die darauffolgende Zeit ihrer Ehe mit Ptolemaios II. liegen neben kurzen Erwähnungen diverser Autoren insbesondere panegyrische Verse der am Hofe tätigen

Dichter Theokrit, Kallimachos und Poseidippos vor. Daneben haben sich inschriftliche Erwähnungen, Münzbilder und statuarische Darstellungen erhalten, die allesamt vom Herrscherhaus in Auftrag gegeben oder zumindest gebilligt wurden und daher einer offiziellen Darstellung entsprechen.

Arsinoës Jugend.   Arsinoë II. wurde um 316 v. Chr. in Alexandria geboren. Ihr Leben war maßgeblich dadurch geprägt, dass sie die Tochter von Ptolemaios I. war, einem engen Vertrauten des Makedonenkönigs Alexanders des Großen, der ein Reich von zuvor unbekanntem Ausmaß gegründet hatte. Zu Lebzeiten Alexanders hatte Ptolemaios I. am Persienkrieg teilgenommen und sich im Indienfeldzug als General bewährt. Nach Alexanders Tod 323 v. Chr. wurde das riesige Reich unter den bedeutendsten Generälen Alexanders, die sich als seine Nachfolger (Diadochen) verstanden, unter Kämpfen geteilt sowie in religiöser und kultureller Hinsicht umgestaltet. Ptolemaios I. hatte sich bereits zum Zeitpunkt von Alexanders Tod Ägypten als seinen Anteil gesichert, wo er nach Annahme des Königstitels (306–304 v. Chr.) seine Dynastie begründete.[8] Arsinoës Mutter Berenike war eine makedonische Adlige, die als Begleiterin der Braut Ptolemaios I., Eurydike, an den Hof in Alexandria gekommen war und in den 280er Jahren selbst zur Gattin des Königs ‹aufstieg›. Aus dieser Konstellation ergab sich ein Konkurrenzkampf der Kinder aus den beiden Ehen, die sich darum stritten, wer die Nachfolge übernehmen würde. Über Arsinoës Kindheit am Hofe ihrer Eltern Ptolemaios I. und Berenike I. liegen keinerlei Informationen vor.

Im Alter von 16 Jahren wurde sie Lysimachos, dem 61-jährigen König von Thrakien, zur Frau gegeben,[9] der zuvor bereits mehrere Male verheiratet gewesen war und seine Ehe mit Nikäa zum Zweck des Ehebunds mit Arsinoë aufgab.[10] Diese Heirat entsprach der üblichen Praxis, durch Eheschließungen politische Allianzen zu begründen oder zu festigen. Auch Philipp II. hatte bereits regelmäßig die Fürstenhäuser der eroberten Gebiete durch Heirat an sich gebunden und es auf diese Weise auf sieben Ehefrauen gebracht.[11] Die Tatsache, dass eine Reihe hellenistischer Herrscher mehrfach Ehen eingingen, wenn sie auch nur teilweise mit mehreren Frauen gleichzeitig lebten, ergab im Hinblick auf die Nachfolgeregelung das Problem konkurrierender Erben, die um die Thronfolge stritten.[12] Dies war auch am Hofe des Lysimachos der Fall: Aus der Verbindung mit Arsinoë gingen drei Söhne hervor, die dem bereits erwachsenen Agathokles aus der vorangegangenen Ehe seine Position als Nachfolger des Vaters streitig machten. Im Verlauf dieser Konflikte wurde Agathokles ermordet; die Tat wird von antiken Autoren verschiedentlich als Giftmord der Arsinoë gedeutet, doch ist dies zweifelhaft: Da man Arsinoë leicht ein Motiv unterstellen konnte, lagen solche Assoziationen auf der Hand, und der Giftmord galt als typisch weibliches Instrument zur Ausschaltung von Gegnern.[13] Ob Arsinoë tatsächlich (als Mörderin) floh oder Thrakien erst verließ, nachdem Lysimachos in einer Schlacht gefallen war, ist ungewiss.[14] Jedenfalls begab sie sich mit ihren drei Söhnen nach Kassandria/Makedonien, wo sie eine zweite, ebenfalls politisch motivierte Ehe mit ihrem Halbbruder Ptolemaios Keraunos einging. Diese Heirat sollte eine Allianz zwischen zwei verfeindeten Familienzweigen stiften, sie endete allerdings wiederum in einem Mord. Ptolemaios Keraunos ließ zwei von Arsinoës Söhnen (angeblich vor ihren Augen) ermorden; allein der älteste konnte sich in Sicherheit bringen.[15] Arsinoë floh ins Exil nach Samothrake, wo sie zuvor als Stifterin gewirkt hatte. Ptolemaios Keraunos fiel bald darauf im Kampf gegen die Kelten.

Die Heirat der Geschwister in Ägypten. Arsinoë kehrte, nachdem sie bereits zweimal Gemahlin eines Herrschers gewesen war, zwei Männer und zwei Söhne überlebt hatte, im Alter von etwa 40 Jahren in ihre Heimat Ägypten zurück; ob sie sich auf Einladung des Bruders dort einfand oder auf eigene Initiative, entzieht sich unserer Kenntnis. Fest steht, dass Ptolemaios seine Schwester bald nach ihrer Ankunft (vor 274 v. Chr.) heiratete; seine vorherige Ehefrau, die Mutter seiner drei Kinder, wurde in die Verbannung geschickt.[16] Wie kam es zu dieser ungewöhnlichen Eheschließung? Es ist nicht bekannt, ob Arsinoë, ihr Bruder oder beide zusammen mit der Heirat einen bestimmten Plan verfolgten oder gar am Hof ein Beraterstab tätig war, der die Heirat der Geschwister als politische Strategie empfahl. Liebe als Motiv der Eheschließung wird von Pausanias in Betracht gezogen, doch wirkt diese Annahme angesichts der damals gängigen Heiratspraktiken anachronistisch.[17]

Jedenfalls stellte diese Heirat eine Bruch mit den griechischen Sitten dar, welche die Ehe unter Geschwistern verboten.[18] Der zeitgenössische griechische Dichter Sotades soll über den Skandal der Ehe zwischen Vollgeschwistern die polemische Bemerkung, «Den Stachel stößt du, Ptolemaios, in ein nicht erlaubtes Loch», gemacht und seinen Spott mit dem Tod bezahlt haben.[19] Seitens der Herrscher wurde das zumindest für Griechen ungewöhnliche Konzept der Geschwisterehe demonstrativ propagiert: Arsinoë erhielt den griechischen Beinamen «Bruderliebende» (*Philadelphos*).

Die Hochzeit der Königin mit ihrem leiblichen Bruder wurde von den Dichtern der damaligen Zeit mehrfach behandelt.[20] Auf das königliche Geschwisterpaar hat Theokrit sein 7. Idyll gedichtet, das als Echo offizieller Aussagen des Hofes gelesen werden kann. Für die besungene zärtliche Liebe zwischen Geschwistern und Ehegatten wird die Parallele der «heiligen Hochzeit» des göttlichen Geschwisterpaares Zeus und Hera herangezogen, um den Skandal der Eheschließung zwischen Vollgeschwistern abzuschwächen und die göttliche Überhöhung des Paares zu bewirken (131–134). Bereits antike Autoren[21] mutmaßen, dass die Heirat der Geschwister auch im Rückgriff auf ägyptische Vorbilder erfolgte. Einem alten ägyptischen Mythos zufolge hatte der Urkönig Osiris seine Schwester Isis geheiratet, und von diesen leiteten sich die Pharaonen genealogisch her, welche vereinzelt – besonders in der 18. Dynastie (Mitte des 2. Jahrtausends v. Chr.) – die Geschwisterehe pflegten.[22] Diente die Bezugnahme auf göttliche Paare der sakralen Überhöhung und Legitimierung der Geschwisterehe, so war die Wahl dieser Eheform wahrscheinlich politisch motiviert: Durch die endogame Ehe konnten Macht und Vermögen auf einen Familienzweig konzentriert, der Einfluss von Adligen außerhalb des Zweiges hingegen minimiert werden.[23]

Die Herrschaftslegitimation der Ptolemaier. Wir neigen dazu, die gesuchte göttliche Überhöhung und Inszenierung des Geschwisterpaares als Teil eines politischen Plans wahrzunehmen, welcher vor allem auf die Herrschaftssicherung abzielte. Die Herrscher erscheinen unter diesem Blickwinkel als rationale Agenten, welche systematisch ‹Opium für das Volk› ausgeben. Die strikte Unterscheidung zwischen den planvollen Herrschern und ihrem ‹Propagandaapparat› und der amorphen Masse der Rezipienten, welche der Selbstinszenierung der Herrscher erliegt, wird dem komplexen Zusammenspiel von Herrschern und Beherrschten jedoch sicher nicht gerecht.

Es ist wohl eher davon auszugehen, dass sich das Herrscherpaar als Teil der von ihm mitgestalteten Ordnung ‹wahrnahm›; offenbar bedurfte die Einnahme der Spitzenposition innerhalb dieser Ordnung einer beständigen Legitimierung. Die Nachfolger Alexanders hatten ihren Anspruch auf den Königstitel vornehmlich aus ihren militärischen Leistungen abgeleitet. Auch in der Folgezeit waren die Herrscher bemüht, ihre persönliche Tüchtigkeit insbesondere auf militärischem Gebiet immer wieder herauszustellen.[24] Als Beweis der Leistungsfähigkeit des Herrschers zählte darüber hinaus die Zurschaustellung des königlichen Reichtums und der Sorge um das allgemeine Wohlergehen, die in dem Bau von Heiligtümern und Bibliotheken, zunehmend auch in der Förderung von Wissenschaftlern und Künstlern gezeigt wurde. In der Forschung wird erwogen, dass gerade Arsinoë an der Entwicklung der Residenzstadt Alexandria zum kulturellen Zentrum der hellenistischen Welt entscheidenden Anteil hatte.[25] Gerade die Ptolemaier stilisierten sich auch dadurch als Wohltäter (*euergetai*), dass sie aufwendige Feste veranstalteten. Dabei wurde an die Tradition griechische Kultfeste angeknüpft, deren zentrale Elemente – Festumzug, Opfer, Agon und Verköstigung – beibehalten und mit dem Herrscherkult verknüpft wurden.[26]

Herrscherkult in einer multikulturellen Gesellschaft. Gerade im Hinblick auf die Ausprägung eines Herrscherkultes hatte jeder König sich mit den kulturellen und religiösen Prägungen der Bevölkerung seines Herrschaftsgebietes auseinanderzusetzen, in dem Griechen unterschiedlicher Herkunft und indigene Bevölkerungsgruppen miteinander lebten. Das Ptolemaierreich kann im modernen Sinne als eine multikulturelle Gesellschaft bezeichnet werden.[27] Man mag es als geschicktes Zugeständnis an die unterschiedlichen Bevölkerungsgruppen seitens der Herrscher oder als Zeichen eines gelebten Synkretismus verstehen, dass sich zur Zeit Ptolemaios' II. religiöse Elemente und Traditionen verschiedener Kulturen vermengten oder eben gezielt kombiniert wurden.

Die der Arsinoë verliehenen kultischen Ehrungen machen das Ineinandergreifen von griechischen und ägyptischen Traditionen besonders deutlich.[28] Arsinoë wurde noch zu Lebzeiten mit Isis gleichgesetzt und erhielt den ägyptischen Titel einer «Fürstin beider Länder». Eine ägyptische (demotische) Inschrift (die Mendesstele) bezeugt, dass nach Arsinoës Tod in allen ägyptischen Tempeln ihr Bildnis den dort verehrten Götterbildnissen hinzugefügt wurde.[29] Es hat sich auch ein Graffito erhalten, in dem ein ägyptischer Steinmetz stolz bekennt, ein Bild der Arsinoë gefertigt zu haben.[30] In der Tat sind Bildnisse, die deutlich in der Tradition ägyptischer Formensprache stehen, für Arsinoë bezeugt.[31]

In griechischer Tradition hingegen stand die Angleichung der Arsinoë an Aphrodite: Ein Magistrat von der Insel Samos stiftete am Kap Zephyrion, einer Landzunge westlich von Alexandria, einen kleinen Tempel, in dem Arsinoë als Aphrodite in ihrer Funktion als Schützerin der Flotte und der Seefahrer verehrt wurde.[32] Mehrere zeitgenössische Gedichte besingen Weihende und ihre Gaben, die sie im Tempel deponierten.[33] Während die verstorbenen Eltern der königlichen Geschwister postum zu Göttern erklärt worden waren, ließen sich Ptolemaios II. und Arsinoë II. wahrscheinlich bereits zu Lebzeiten als «Geschwistergötter» (*Theoi Adelphoi*) verehren.[34] Der Kult wurde mit der Verehrung Alexanders, der als idealer Stammvater der Ptolemaier verehrt wurde, kombiniert und bildete den Grundstein für den hellenistischen Dynastiekult in Ägypten. Darüber hinaus begründete Ptolemaios II. – möglicherweise unmittelbar nach ihrem Tod – auch einen Kult für seine Frau allein als «bruderliebende Göttin» (*Thea Philadelphos*), der im 3./2. Jh. v. Chr. in der ganzen Ägäis verbreitet war; ihr wurden Tempel errichtet, und nach dem Vorbild des Kultes um den verstorbenen Alexander stellte man eine eigene Priesterin für ihren Kult ab.[35] Die Divinisierung Arsinoës wurde zum Vorbild für die ihrer Nachfolgerinnen.

Abb. 8   *Bildnis der Arsinoë (nach 270 v. Chr.); New York, Metropolitan Museum of Art 20.2.21*
Diese etwa 38 cm hohe weibliche Figur aus Kalkstein, die Spuren von Bemalung und Vergoldung aufweist, kann aufgrund der rückwärtigen Inschrift, welche auf Arsinoë als Göttin Bezug nimmt, sicher als ihr Bildnis angesehen werden. Die Arbeit vereint traditionelle ägyptische Elemente (z. B. das Standmotiv der Figur) und hellenistische (etwa die Gestaltung der Frisur und das Füllhorn als griechisches Symbol des Überflusses). Stilistische Erwägungen sprechen für eine Datierung des Stückes in die zweite Hälfte des 2. Jh.s v. Chr., was auf eine kontinuierliche Verehrung der Arsinoë über ihren Tod hinaus deutet.

Arsinoë: Machtvolle Intrigantin oder Figur im Schatten? Es wurde deutlich, dass Arsinoë gerade für die Repräsentation des Herscherhauses eine zentrale Rolle einnahm. Ob dieser Befund bereits als Indiz für reale Macht, im Sinne von tatsächlich ausgeübten Entscheidungsbefugnissen, zu deuten ist, lässt sich schwer entscheiden: Wir kennen nur die Selbstdarstellung des Herrscherpaares und haben keine Einblicke in seine alltäglichen Geschäfte und deren Aufteilung. Die in der Forschung oft diskutierte Frage, ob Arsinoë ‹nur› als Mitrepräsentantin ihres Brudergatten angesehen werden könne, deren eigenverantwortliches Handeln stets begrenzt war, oder ob sie als Herrscherin eigenen Rechts auftrat, scheint angesichts des dokumentierten Bemühens des Herrscherpaares, stets ‹im Doppelpack› aufzutreten und dadurch (göttliche) Legitimität zu veranschaulichen, hinfällig. Wenn in einem attischen Volksbeschluss aus der Zeit nach dem Tod der Arsinoë das Handeln des Königs zugunsten der Freiheit der Hellenen als «gemäß seiner Schwester Politik» bezeichnet wird,[36] zeigt dies, wie weit die diplomatische Akzeptanz des Duos gedrungen war. Die Betonung der Zweiheit ist jedenfalls neuartig und tritt insbesondere auf den Münzen hervor, welche die Büste des Ptolemaios im Profil abbilden, dahinter die Schwestergemahlin Arsinoë, beide mit dem Diadem als Zeichen der Königswürde geschmückt; das Bildnis wird durch die auf die Geschwister verweisende Legende ergänzt; die Rückseite zeigt in gleicher Staffelung die vergöttlichten Eltern des Königspaares.[37] In der bildenden Kunst der Folgezeit galt ihr Porträt als maßgeblicher Prototyp für die Darstellungen der ptolemaischen Königinnen.[38]

Nachfolger des Ptolemaios II. wurde sein Sohn aus der Ehe, die der Verbindung mit seiner Schwester vorausgegangen war. Dieser heiratete eine Frau aus dem makedonischen Adel, welche zwar nicht seine leibliche Schwester war, aber dennoch den Ehrentitel «Schwester und Gemahlin» trug.[39] Die Geschwisterehe wurde aber später von weiteren Ptolemaiern praktiziert (Ptolemaios II., IV., VI., VIII., IX., XII., XIII.?, XIV.). Diese Eheform gestattete es, die Thronfolge innerhalb einer familiären Linie zu erhalten; sie stärkte darüber hinaus die legitimierende und möglicherweise auch die faktische Macht der königlichen Ehefrauen: Berenike IV. gelang es schließlich, einen

Mann, der nicht aus der Familie stammte, durch Heirat auf den Thron zu heben.

Bei der Rekonstruktion von Arsinoës Leben sind wir mit den üblichen Schwierigkeiten konfrontiert, welche sich ergeben, wenn wir die Lebenswege von Frauen nachzeichnen wollen, denen in der antiken Überlieferung eine gewisse Macht zugestanden wird, deren Ausübung aber nicht konkret beschrieben wird. Man behilft sich im Hinblick auf diese Blindstelle der Überlieferung gerne mit der Annahme, dass die Macht jener Frauen eher durch ihren jeweiligen Einfluss auf die männlichen Machthaber bestimmt wurde als durch ihre eigene Fähigkeit, machtvoll zu handeln. Ob diese Einschätzung zutrifft, ist nicht sicher. Man sollte sich jedoch davor hüten, die Motive, die den ‹mächtigen› Frauen in der antiken Literatur unterstellt werden, als gegeben hinzunehmen. Die literarische Überlieferung der Antike tendiert dazu, wirkmächtiges Handeln von Frauen in der Nähe von Herrschern als unangemessenen Ehrgeiz zu bewerten; hingegen wird das Machtstreben von Männern nicht kritisiert, sondern gewürdigt. Die Forschung ist dieser Tendenz oft gefolgt:[40] Auch in jüngeren Darstellungen wird Arsinoë mitunter als machtgierige Intrigantin vorgestellt, die ihren Bruder zu einer «blutschänderischen Ehe» überredet habe.[41] Aber die Aufgabe dieses Klischees hat ihren Preis: An seine Stelle müssen abstraktere Überlegungen zur Herrschaftssicherung treten und nicht zuletzt die Einsicht, dass das Leben jener Frau jenseits der offiziellen Bilder, welche von ihr zu Lebzeiten und über ihren Tod hinaus entworfen wurden, im Dunkeln bleibt.

Lucretia – Weibliche Tugend im Gründungsmythos der römischen Republik

«[...] und es soll künftig keine Frau, die ihre Ehre verloren hat, unter Berufung auf Lucretia weiterleben. Mit diesen Worten stieß sie sich ein Messer, das sie unter ihrem Kleid verborgen hatte, ins Herz, sank über der Wunde zusammen und fiel sterbend zu Boden. Ihr Mann und ihr Vater schrien auf.»
(Livius 1, 58, 10)

So schildert der römische Geschichtsschreiber Livius das tragische Ende der Lucretia, die sich selbst nach einer Vergewaltigung tötete. Als «Anführerin der römischen Keuschheit» (Val. Max. 6, 1, 1) ging sie als berühmteste Römerin in die Geschichte ein: Unzählige Autoren und Maler haben sich über die Antike hinaus dieser Figur angenommen.[1] Die Geschichte der Lucretia ist eng mit der Entstehung der römischen Republik verbunden, über welche die Römer im 1. Jh. v. Chr. nicht besonders gut informiert waren (und heute geht es uns nicht besser). Bekannt war, dass es einmal Könige gab und eines Tages keine mehr.[2] Darüber hinaus kursierten auch verschiedene Geschichten über die Frühzeit des Gemeinwesens, etwa die von den Zwillingen Romulus und Remus, die von einer Wölfin gesäugt worden waren; Romulus tötete im Jahr 753 v. Chr. seinen Bruder und wurde als Stadtgründer zum ersten König Roms. Fast zweieinhalb Jahrhunderte wurde Rom nach der gängigen Vorstellung von Königen regiert, bis schließlich die Königsherrschaft nach langer Stabilität im tyrannischen Regime der Tarquinier[3] entartete. Der letzte König aus der Familie der Tarquinier, dem in späterer Zeit der Beiname *Superbus* («der Selbstherrliche») gegeben wurde, galt den Römern als grausamer Herrscher, der gesetzwidrig die Macht ergriffen, willkürlich und grausam geherrscht hatte. Auch die Geschichte seines legendären Sturzes, ausgelöst durch die Untaten seines Sohnes gegenüber Lucretia, und die darauffolgende Gründung der Republik waren feste Bestandteile des römischen Bildungswissens.

Die Entstehung einer Legende. Seit wann die Geschichte von Lucretia bekannt war, ist nicht genau zu ermitteln. Mit Sicherheit gehörte sie im 1. Jh. v. Chr. zum festen Bestand des Geschichtswissens der gebildeten Kreise Roms, doch ist davon auszugehen, dass schon zuvor Versionen der Geschichte im Umlauf waren.[4] Auf diese griffen im Laufe der Zeit verschiedene Autoren zurück, darunter der Grieche Dionysios von Halikarnassos, der in der zweiten Hälfte des 1. Jh.s v. Chr. in Rom lehrte und unter dem Titel *Archäologie* eine Geschichte Roms von der Gründung bis zum 1. Punischen Krieg verfasste.[5] Unabhängig von ihm erzählt auch Livius eine Version von Lucretias Ende, und wenig später nahm sich Ovid in dichterischer Form der Thematik an.[6] Dass sich die Geschichte gerade in der augusteischen Zeit besonderer Beliebtheit erfreute, hat vermutlich damit zu tun, dass mit dem Ende der Bürgerkriege und unter der neuen Ordnung des Prinzipats Gründungsgeschichten Konjunktur hatten, vor allem solche, die mit einer intakten sittlichen Moral ihrer Protagonisten aufwarten konnten.[7]

Die moderne altertumswissenschaftliche Forschung sieht die Geschichte vom Tod der Lucretia und der ihm folgenden Gründung der Republik als Legende an. Wann und wie genau der Übergang zur Republik vollzogen wurde, vermag die moderne Geschichtswissenschaft nicht zu rekonstruieren; allgemein wird davon ausgegangen, dass das Königtum allmählich verdrängt, der politische Führungsanspruch der Könige in der Zeit zwischen 500 und 470 v. Chr. von den führenden Patriziern übernommen und damit die Republik begründet wurde.[8]

Die Geschichte der Lucretia kann somit nicht als ein historischer Tatsachenbericht gelesen werden, und Lucretia selbst kann nicht als historische Person angesehen werden, deren Lebensumstände rekonstruiert werden könnten. Vielmehr ist der Frage nachzugehen, warum gerade diese grausame Geschichte im Verständnis der Römer die Entstehung der Republik begründet und welche Vorstellungen daran geknüpft sind. Gerade die Fassung, die Livius (59 v. Chr. –

17 n. Chr.) im ersten Buch seines umfangreichen Werkes überliefert, das sich mit der Geschichte Roms seit der Gründung der Stadt (daher der Titel *ab urbe condita*) befasst, bietet sich an, um die Geschichte auch als Diskurs über die weibliche Tugend zu lesen.

Die Schilderung des Livius. Der Geschichte von der Selbsttötung Lucretias geht der Bericht über das tyrannische Regime des Königs Tarquinius Superbus voraus: auf Gewalt allein sei seine Herrschaft gegründet gewesen (1, 49, 3), er habe den Senat missachtet (1, 49, 6), ein wahres Terrorregime geführt, sich aber im Krieg als «kein schlechter Heerführer» erwiesen (1, 53, 1). Während eines Feldzuges gegen die Stadt Ardea ereignete sich Livius zufolge eine für die politische Ordnung der Stadt Rom außerordentlich folgenreiche Geschichte.

Da es den Truppen des Tarquinius nicht gelungen war, Ardea im Sturmangriff zu nehmen, wurde ein Standlager errichtet, in dem die jungen Prinzen der Tarquinier sich abends bei «Gelagen und Zechereien» (1, 57, 5) vergnügten. Eines Abends trafen sie sich im Zelt von Sextus Tarquinius, einem Sohn des Königs, unterhielten sich über Frauen «und jeder lobte die Seine in höchsten Tönen». Das Gespräch erhitzte sich bei der Behauptung von Collatinus, dass seine Frau Lucretia über allen anderen Frauen stehen würde. Um sie zu überzeugen, lud Collatinus die anderen zu einem Besuch bei ihr ein, denn «als sicherstes Zeichen dürfte für jeden gelten, was es zu sehen gibt, wenn der Mann unerwartet auftaucht» (1, 57, 7).

Im Gegensatz zu den Schwiegertöchtern des Königs, die beim Gelage und Spiel angetroffen wurden, fanden die Krieger Lucretia «noch spät in der Nacht, mit der Wolle beschäftigt, im Innern des Hauses unter ihren bei Lampenlicht arbeitenden Mägden [...]. Der heimkommende Mann und die Tarquinier wurden freundlich empfangen» (1, 57, 9 f.). Somit hatte im Streit um die Tugend der Frauen Lucretia, die Gattin des Collatinus, den Preis gewonnen. Augenblicklich ergriff Sextus Tarquinius «eine schlimme Begierde, Lucretia zu vergewaltigen. Ihn reizte ihre Schönheit, aber mehr noch ihre erwiesene Sittsamkeit (*castitas*)» (1, 57, 10). Doch vorerst kehrten die Männer «von dem nächtlichen Abenteuer einer jugendlichen Laune», wie Livius die Tugendprobe nennt, in das Lager zurück.

Doch wenige Tage später begab sich Sextus Tarquinius erneut in das Haus der Lucretia, die ihn gemäß dem Gastrecht bewirtete. In der Nacht, als alle schliefen, «trat er, glühend vor Verlangen, mit blankem Schwert zu der schlafenden Lucretia, drückte die Frau mit der linken Hand aufs Bett und sagte: ‹Still, Lucretia! Ich bin es, Sextus Tarquinius. Ich habe eine Waffe in der Hand. Du stirbst, wenn du einen Laut von dir gibst.›»

Unmittelbar darauf gestand der Mann seine Liebe (*amor*) und versuchte mit den verschiedensten Mitteln, die Frau zu bewegen, sich ihm hinzugeben. Doch als er sah, dass sie nicht einmal «durch Todesangst zu bewegen war, brachte er zu der Angst auch noch die Schande ins Spiel: Wenn sie tot sei, erklärte er ihr, werde er einen Sklaven töten und nackt neben sie legen, damit es heiße, sie sei bei schmutzigem Ehebruch getötet worden» (1, 57, 4).

Tarquinius wollte also den Eindruck erwecken, er habe Lucretia beim Verkehr mit einem Sklaven entdeckt und beide getötet. Diese Drohung gab schließlich den Ausschlag, dass Lucretia die Vergewaltigung über sich ergehen ließ, was Livius mit den Worten umschreibt, dass «die wilde Begierde über die beharrliche Sittsamkeit triumphiert hatte» (1, 57, 5). Danach verschwindet Tarquinius «außer sich vor Freude, die Ehre der Frau bezwungen zu haben». Lucretia lässt nach ihrem Mann und ihrem Vater rufen. Sie erzählt ihnen den Hergang: «Du findest Spuren eines fremden Mannes in deinem Bett, Collatinus. Aber nur mein Leib (*corpus*) ist befleckt, mein Herz ist frei von Schuld (*animus insans*)», und nimmt beiden das Versprechen ab, den Ehebruch zu rächen.

Die Männer versprechen es ihr und beteuern, dass Lucretia keine Schuld treffe. Trotzdem bringt Lucretia sich mit einem Messer um, damit künftig keine untreue Frau sich auf ihr Schicksal berufen könne und somit ungestraft davonkomme. Mann und Vater waren von Trauer überwältigt, aber ein gewisser Brutus (der zwar ein Verwandter des Tarquinius, jedoch gleichfalls Opfer seiner Machenschaften war) kam hinzu, zog

«*das Messer aus der Wunde der Lucetria, hielt es bluttriefend vor sich und rief: ‹Bei diesem Blut [...] schwöre ich, [...] dass ich Tarquinius Superbus mitsamt seinem verruchten Weib und seiner ganzen Nachkommenschaft mit Schwert und Feuer und jeder möglichen Gewalt verfolgen und nicht zulassen werde, dass diese oder jemand anders in Rom als Könige herrschen»* (1, 59, 1).

Dieser Schwur und die Empörung der Massen, welche anlässlich der Aufbahrung der toten Lucretia auf dem Marktplatz die Geschichte erfahren, gaben nach Livius den Anlass dafür, den König und seine Dynastie zu verbannen und die Republik in Rom zu begründen, in der Collatinus und Brutus die ersten Konsuln wurden.

Livius als Geschichtsschreiber. Diese äußerst dramatisch gestaltete Schilderung von Lucretias Tod und dem Ende der Königsherrschaft, in der sich Livius moralisierender Töne nicht enthält, entspricht nicht der gängigen Vorstellung einer nüchtern berichtenden Geschichtsschreibung. So verwundert es nicht, dass die historiographischen Methoden des Livius in der Neuzeit verschiedentlich kritisiert worden sind. Livius bemüht sich nicht darum, die Quellen, aus denen er seine Informationen bezieht, kritisch zu sichten, weshalb die neuere Forschung sein Werk auch eher als literarisches Kunstwerk behandelt. Charakteristisch sind dramatisch geschilderte Einzelaktionen (Schlachten, Reden in einer politischen Versammlung usw.), wobei Livius immer großen Wert auf die Charakterisierung seiner Protagonisten und deren ‹Gefühlsregungen› legt, was bereits in der Antike bemerkt wurde (Quintilian, institutio oratoria 10, 1, 101). Nach eigenen Angaben verfolgte der Autor mit seinem Geschichtswerk auch ein didaktisches Ziel. Er wollte darlegen, durch welche Männer und welche Eigenschaften Rom zu solcher Größe gelangt ist, aufzeigen, wie der Staat durch den Verfall von Sitte und Ordnung aus den Fugen geriet. Die Geschichte stellte für Livius ein Reservoir an Beispielen dar, die zum Nachahmen von Vorbildern und zum Vermeiden von Tadelnswertem anleiten konnten. In den erhaltenen Büchern hat Livius seine Sympathie für die alte *res publica* deutlich herausgestellt. Seine Vorliebe für die römische Frühzeit war mit dem Wunsch verbunden, in der Rückbesinnung die in der Gegenwart empfundene Krise zu überwinden.[9]

Die Charakterisierung der Figuren der Lucretia-Geschichte. Da es Livius insbesondere um die Darlegung von beispielhaften Charakteren geht, ist in unserem Kontext genauer zu betrachten, auf welche Weise er die Figur der Lucretia als Muster einer Römerin konstruiert und – im Kontrast dazu – die Tarquinier darstellt.[10]

Lucretia wird von Livius zunächst vorgestellt, wie sie in Gesellschaft ihrer Mägde noch des Nachts Wolle verarbeitet, während – und obwohl – ihr Mann im Krieg abwesend ist. Sie entspricht also ganz dem Ideal der Häuslichkeit und des weiblichen Fleißes, der sich vor allem auf Textilarbeit bezieht. Diese weiblichen Verhaltensideale werden in zahlreichen Grabinschriften römischer Bürgerinnen explizit benannt. Die poetische Ausgestaltung der Lucretia-Geschichte, die Ovid vorgelegt hat, ergänzt diese Tugendformeln: Er betont, wie Lucretia sich um ihren abwesenden Gatten sorgt, ja sogar Tränen um ihn vergießt; auch stellt der Dichter in seiner Version noch ihr Aussehen, das «durch keinerlei künstliche Hilfsmittel verschönert» worden sei, besonders heraus, indem er ihre blasse Haut, die blonden Haare, ihre gemäßigte Art zu sprechen und sich zu bewegen als Zeichen ihrer edlen Wesensart betont.[11]

Aufschlussreich für die Konstruktion des römischen Lucretia-Bildes ist auch jene Passage, in der sie sich dem Willen des Vergewaltigers unterwirft. Während sie sich allen Bitten und Drohungen des Eindringlings widersetzt und somit die weibliche Tugend der *pudicitia* bewahrt, kann er ihren Widerstand brechen, indem er ihr androht, sie nicht bloß zu töten, sondern obendrein ihren Beischlaf mit einem Sklaven vorzutäuschen. Dass sie als freie römische Matrone verdächtigt werden könnte, mit einem Sklaven, einer niederen Kreatur, Ehebruch begangen zu haben, würde für Lucretia eine solche Schande bedeuten, dass sie sich schließlich ergibt; nicht, um ihr Leben, sondern um ihren Ruf zu retten.

Ihr Verhalten ist in allem tadellos, doch ist es vor allem ihr Entschluss, sich selbst zu töten, der sie über das normal Menschliche heraushebt: Obwohl sie von ihrem Vater und ihrem Ehemann, welche nach der traditionellen Rechtsauffassung das Recht hatten, über Leben und Tod ihrer Angehörigen zu entscheiden, freigesprochen wird, tötet sie sich selbst, stilisiert sich selbst – trotz des Wissens, dass ihr Gewalt angetan wurde – zur überführten Ehebrecherin, da-

Abb. 9 *Lucretia tötet sich selbst, Gemälde von Lucas Cranach dem Älteren (1532); Wien, Gemäldegalerie der Akademie der bildenden Künste 557 Römische Darstellungen des Selbstmordes der Lucretia existieren nicht. Seit dem 16. Jh. wird sie in der Malerei gänzlich nackt dargestellt: Im Bild des Lucas Cranach steht Lucretia allein, aufrecht auf felsigem Boden; mit der Linken lüpft sie einen schmalen, transparenten Schleier, während der Dolch in ihrer Rechten auf ihr Herz zielt. Diese Lucretia hat Ähnlichkeiten mit Cranachs Darstellungen der Venus, der Eva und der Justitia.*

mit sie keinen Präzedenzfall schafft, auf den sich andere ehebrecherische Frauen berufen könnten.[12] Man könnte auch sagen: Sie opfert sich zugunsten einer sehr schlichten – nämlich nicht in Bezug auf die Tatumstände differenzierenden – Rechtsauffassung in Sachen Ehebruch, nach der die Frau, die im Haus ihres Ehemannes des Verkehrs mit einem anderen überführt wurde, den Tod verdient habe. Sie übernimmt an dieser Stelle gleichsam anstelle des verzweifelten Vaters die hausväterliche Gewalt und vollstreckt das Todesurteil an sich selbst.[13] Gerade dadurch dokumentiert sie größte Tugend.

Im scharfen Gegensatz zur tugendsamen Lucretia werden die Tarquinier charakterisiert: Die Frauen werden bei «Gelage und Spiel» angetroffen, was den wertkonservativen Römern als sittenlos galt. Dionysios von Halikarnassos gibt an, dass es der Stadtgründer Romulus selbst war, der Frauen unter Todesstrafe verboten habe, Wein zu trinken (Dion. Hal. ant. 2, 25, 6). Damit ist freilich nicht gesagt, dass ein solches Gesetz je existierte, doch kommt darin zum Ausdruck, dass im Rom der späten Republik die Abstinenz der Frauen vom Alkohol als altehrwürdige Tugend galt. Das Verbot wird damit begründet, dass der Weingenuss die Frauen sexuell anrege und Ursache für Ehebruch sei.[14] Mit der Schilderung der zechenden Tarquinierinnen wird somit ein sehr negatives Bild gezeichnet, von dem sich das Bild der Lucretia umso deutlicher abhebt.

Tarquinius Sextus wird als unbeherrschter, von seiner Leidenschaft getriebener Mann beschrieben. Schon beim ersten Anblick der Lucretia befällt ihn böse Begierde, und er kann diesem Trieb nicht widerstehen. Stand diese mangelnde Fähigkeit, seine Gelüste zu beherrschen, ohnehin im Widerspruch zum für römische Männer geltenden Verhaltensideal der Selbstkontrolle, gehört die Lust daran, Ehefrauen anderer Männer zu vergewaltigen, seit der griechischen Antike zum gängigen Bild eines Tyrannen.[15]

Auffällig ist, wie die Leidenschaft des Tarquinius für Lucretia im Bericht des Livius zwischen brutaler Vereinnahmung (*vis*) und Liebe (*amor*) oszilliert. Vielleicht wird die Varianz der Zudringlichkeit auch eigens vorgeführt, um im Rahmen des zu konstruierenden Exemplums deutlich zu machen, dass es – nach dem Verständnis der Römer – kaum einen Unterschied machte, ob ein Ehebrecher eine Frau vergewaltigte oder einvernehmlich mit ihr verkehrte: der Skandal bestand primär nicht darin, dass der Vergewaltiger (wie auch der Liebhaber) die Sittsamkeit der Frau verletzte, sondern die Ehre ihres Gatten.[16] So gesehen ist die Keuschheit einer Ehefrau auch weniger eine Tugend, welche sich auf ihr Sexualverhalten, als vielmehr eine, die sich auf die Treue und Loyalität gegenüber ihrem Gatten und ihrer Familie bezieht.

Der Tod der Matrone und der Anfang der Republik. Bleibt nun zu fragen, warum gerade die Vergewaltigung und anschließende Selbsttötung der Lucretia nach dem römischen Geschichtsverständnis den Auftakt bildete, die Römer zur Vertreibung der Könige und zur Etablierung der Republik zu bewegen. In den Kapiteln, die im Werk des Livius der Lucretia-Episode vorangehen, werden wahrlich genug Gräueltaten des Tarquinius Superbus gegenüber dem römischen Volk geschildert – warum reagieren die Römer erst angesichts des Leichnams der Lucretia? Vermutlich kommt der Episode eine größere Bedeutung zu, denn sie wird weniger als Anstoß, sondern vielmehr als Anlass zur Vertreibung der Königsfamilie dargestellt. Offenbar werden der Vergewaltigung und anschließenden Selbsttötung der Lucretia eine besondere Wirkung attestiert: Sie stellen einen Skandal dar, der nicht mehr überboten werden konnte.[17]

Aber worin liegt die Besonderheit dieses Skandals gegenüber allen anderen, zuvor geschilderten begründet? Die weibliche Tugend wird in der Episode als das höchste Gut, ja als Grundgerüst des Gemeinwesens geschildert: an sie denken die Männer im Krieg, auf sie verlassen sie sich. Wo die Tugend der Frauen nicht gewährleistet ist, kann – so das antike Denkmuster – auch das Gemeinwesen nicht gedeihen.[18] Sinnbildlich verkörpert auch die von den Vestalinnen geforderte Keuschheit diese Analogie von weiblicher Tugend und Blüte Roms: Wenn eine Vestalin das Keuschheitsgebot verletzte, wurde dies als eine Gefahr für das Gemeinwesen angesehen und umgekehrt: Widerfuhr Rom ein schlimmes Geschick, gerieten die Vestalinnen in den Verdacht, unkeusch gelebt zu haben.[19]

Auch die augusteische Gesetzgebung widmete sich der Erhöhung der Ehemoral. Die Ehegesetzgebung des Augustus (*lex Iulia de adulteriis coercendis,* 18 v. Chr.) erhob Ehebruch (*adulterium*) zum strafrechtlich zu verfolgenden Delikt. *Adulterium* meint dabei den Einbruch eines Mannes in eine fremde Ehe.[20] Die Regelung sprach dem Vater einer Ehebrecherin[21] das Recht zu, den auf frischer Tat in seinem Haus oder in dem seines Schwiegersohnes ertappten Ehebrecher und die eigene Tochter zu töten, eröffnete aber auch die Möglichkeit, den Ehebrecher festzuhalten, um Zeugen zu holen und ihn vor Gericht einem öffentlichen Strafverfahren (*iudicium publicum*) zu unterziehen, was als entscheidende Neuerung im Sinne der intendierten Einschränkung eigenmächtiger Gewaltanwendung zu verstehen ist.[22]

In der Lucretia-Geschichte aber ist es der Vertreter des Königsgeschlechtes, der die weibliche Tugend zerstört hat. Die Folge ergibt sich von selbst: Der König muss weg. Livius schildert auch ausführlich, wie sich diese Einsicht in Rom durchsetzt; als erstes bei Brutus, der mit dem «bluttriefenden» Messer in der Hand zum großen Schwur beim ehemals «reinen Blut» der Lucretia, bei den Göttern anhebt, dass niemals mehr Könige in Rom herrschen sollen. Später dann, als die Leiche auf dem Markt ausgestellt wird, wird auch das übrige Volk in die Aktion mit einbezogen. So wird in der Gründungslegende, die zum festen Bestand der römischen Vorstellungen über die Geschichte der Republik gehört, Lucretias Leichnam zum Symbol für die überwundene Gewaltherrschaft des Königs, er wird zum Katalysator, der den Prozess der Befreiung von der Königsherrschaft einleitet.[23]

Frauen in der römischen Religion

«Die vestalische Jungfrau Tuccia war des Inzests angeklagt worden; ihre Keuschheit, vom Wolkenschleier der Schande verdunkelt, kam durch dieselbe Art Hilfe [gemeint ist ein übernatürliches Wunder] leuchtend zum Vorschein. Im sicheren Bewusstsein ihrer Unschuld wagte es Tuccia, mit Hilfe eines riskanten Beweismittels auf ihre Rettung zu hoffen: Sie ergriff nämlich ein Sieb und sagte: ‹O Vesta, wenn ich stets mit reinen Händen deine Opfer versah, dann mach, dass ich hiermit Wasser aus dem Tiber schöpfen und in deinen Tempel bringen kann.› Diesen kühn und verwegen vorgetragenen Bitten der Priesterin beugten sich die Naturgesetze selbst.»
(Valerius Maximus, Denkwürdige Taten und Aussprüche 8, 1, 5.
Übers.: nach Blank-Sangmeister)

In seinem im 1. Jh. n. Chr. wohl für den Unterricht in Rhetoren-schulen konzipierten Buch überliefert Valerius Maximus diese Legende als Beispiel für die außergewöhnliche Rettung einer An-geklagten durch ein Wunder der Natur. Die Geschichte der Vesta-Priesterin Tuccia, die etwas sprichwörtlich Unmögliches vollbringt, indem sie Wasser in einem Sieb trägt und so ihre Unschuld beweist, wird von verschiedenen Autoren erwähnt; ob diese Legende in dem von Livius für das Jahr 230 v. Chr. bezeugten Fall der Anklage einer Vestalin dieses Namens ihren Ursprung hat, ist jedoch unklar, denn nach Aussage des Geschichtsschreibers wurde diese Vestalin verur-teilt.[1] Die Legende entfaltete jedoch über die Antike hinaus ihre Wir-kung: Seit der Renaissance stellten Maler die Vestalin in allegorischen Gemälden dar, wobei das Sieb als Symbol der Keuschheit diente.[2]

Bevor auf den hohen Stellenwert der Keuschheit der Vestalinnen, ihre rituellen Aufgaben und deren gesellschaftliche Bedeutung so-wie auf weitere Beispiele für weibliche Kultpraktiken eingegangen wird, sollen einige einleitende Bemerkungen zur römischen Reli-gion vorangestellt werden.

Abb. 10   Die Vestalin Tuccia trägt zum Beweis ihrer Unschuld Wasser in einem Sieb, Gemälde von Giovanni Battista Benaschi (1636–1688), Kunsthandel London/Sotheby's (17. April 1991, Lot 169)
Das Gemälde stellt das von Tuccia präsentierte Sieb als Allegorie der Keuschheit ins Zentrum; zwei Magistrate werden als überraschte Zeugen des Wunders dargestellt.

Religiöse Praktiken.   In der römischen Antike war – wie in der Antike allgemein – Religion eine in soziale, politische und ökonomische Zusammenhänge eingebettete Praxis.³ Den Ritualen kam eine enorme Bedeutung zu; in vielen Kulten galt ein strenger Formalismus bei der Einhaltung bestimmter Vorschriften. Wichtige Elemente religiöser Rituale waren das Gebet, Opfer, Prozessionen und Spiele (*ludi*). Diese Rituale wurden in der Regel kollektiv praktiziert. Die Übernahme religiöser Funktionen war an bestimmte gesellschaftliche Rollen (etwa die des *pater familias*, der als Familienoberhaupt im Bereich des Hauses wichtige religiöse Handlungen ausübte⁴) oder Ämter (etwa bestimmter Priester) gebunden. In der modernen Behandlung der Religion wird häufig ein Fokus auf die offiziellen, d. h. vom Gemeinwesen geforderten und geförderten religiösen Praktiken gelegt; ob die ‹inoffiziellen› Rituale für die antike

Gesellschaft per se eine geringere Bedeutung hatten, ist jedoch fraglich.

Dass politisches Handeln auch in Rom religiöse Aspekte aufweist, zeigt sich zum Beispiel in der Gestaltung des Triumphzuges des siegreichen Feldherrn: In erster Linie handelte es sich dabei um ein Prozessionsritual, in dem das Heer, geführt von dem *imperator*, mitsamt der Beute in die Stadt hinein und über die Via Sacra und das Forum Romanum zum Tempel des Jupiter Capitolinus zog. Auch zahlreiche weitere für das politische Leben bedeutsame Vorgänge wie die Ernennung und der Amtsantritt von Magistraten, die Beschlüsse der Volksversammlung oder der Beginn eines Feldzuges wurden von religiösen Maßnahmen, etwa der Auslegung göttlicher Zeichen, begleitet. Durch diese Deutungen der jeweils zuständigen Priester konnten wichtige Entscheidungen des Gemeinwesens beeinflusst werden. Frauen waren nachweislich in verschiedene religiöse Rituale eingebunden, ob sie prinzipiell vom Opfer und der Verspeisung des Fleisches der Opfertiere ausgeschlossen waren, ist umstritten.[5]

Die Vestalinnen. Die römische Göttin Vesta wurde als Schützerin des Feuers seit alter Zeit in einem Rundtempel am Rande des Forum Romanum verehrt, wo sich der Herd des römischen Gemeinwesens befand, dessen Flamme nie verlöschen sollte.[6] Den Kult versahen sechs jungfräuliche Priesterinnen (*sacerdotes*),[7] die in unmittelbarer Nähe des Heiligtums lebten. Ihr Dienst dauerte 30 Jahre, von denen wahrscheinlich zehn Jahre der Ausbildung, zehn Jahre der eigentlichen Tätigkeit und zehn Jahre der Anleitung weiterer Priesterinnen gewidmet waren. Beim Eintritt in den Dienst waren die Mädchen sechs bis zehn Jahre alt; ausgewählt wurden sie durch den obersten Priester, den *Pontifex maximus*.[8] Die Mädchen schieden aus ihrem Familienverband (und aus der Erbfolge) aus, sie konnten frei über ihr Vermögen verfügen und waren zeugnisfähig vor Gericht, außerdem standen ihnen bestimmte Privilegien zu.

Die Vestalinnen waren während ihres Dienstes gleichsam aus dem üblichen römischen Sozialgefüge herausgenommen und unterstanden als religiöse Funktionsträgerinnen dem *Pontifex maximus*, der auch das Recht hatte, die Vestalinnen bei Vergehen zu bestrafen. Zu ihren wichtigsten Aufgaben gehörte es, das Feuer im Vesta-Tempel zu hüten, das nicht erlöschen durfte; darüber hinaus waren sie für die Zubereitung der *mola salsa* zuständig, einem Gemisch aus Dinkelschrot und Salz, mit dem jedes Opfertier vor seiner rituellen Schlachtung bestreut wurde. Auch bereiteten sie weitere Mittel zu, welche für Reinigungsrituale benötigt wurden.

Voraussetzung für die Bekleidung dieses Priesteramtes war, dass die Vestalinnen bis zum Abschluss ihres Dienstes Jungfrauen bleiben mussten. Auf den Verlust der Jungfräulichkeit einer Vestalin (als *incestum* bezeichnet), der als ein gravierendes schlechtes Omen für das gesamte Gemeinwesen gedeutet wurde, stand die Todesstrafe: Die Vestalin sollte lebendig begraben, der beteiligte Mann (so überführt) zu Tode gepeitscht werden. Dass Vestalinnen des Verlustes der Jungfräulichkeit oder des Erlöschens des Feuers für schuldig befunden und verurteilt wurden, ist mehrfach überliefert.[9] Der jüngere Plinius berichtet in einem seiner Briefe (Plin. ep. 4, 11, 6–9) vom Fall der Vestalin Cornelia, die auf Anordnung des Kaisers Domitian (2. Hälfte 1. Jh. n. Chr.) in eine unterirdische Kammer eingemauert wurde, weil sie sich der Unkeuschheit schuldig gemacht habe. Die Schilderung des Plinius suggeriert, dass er selbst als Augenzeuge dabei gewesen ist. Er zitiert wörtlich, was die Verurteilte auf dem Weg zu ihrer Todesstätte gesagt habe: «Mich hält der Caesar für unkeusch, wo er doch, während ich die heiligen Handlungen vollzog, gesiegt und triumphiert hat!» Indem die Vestalin den Sieg und Triumph des Kaisers als Indiz für ihre Unschuld anführt, bestätigt sie die grundlegende Annahme, dass das Wohl des Gemeinwesens von der Amtsführung und dem keuschen Lebenswandel der Vestalinnen abhing. Plinius übt in seinem Bericht deutliche Kritik an dem Kaiser, indem er ihn tyrannischer Willkür zeiht und auf prozessrechtliche Verfahrensfehler bei der Verurteilung hinweist.

Viele weitere literarische Quellen und Ehreninschriften bezeugen, dass die Vestalinnen ein hohes Ansehen genossen; ihrer Amtsführung, ihrem Gebet und dem korrekten Vollzug der vorgeschriebenen Rituale wurde große Bedeutung für den Bestand des römischen Gemeinwesens beigemessen. Ihre Teilnahme an wichtigen Feierlichkeiten des Staatskultes ist vereinzelt bezeugt. Zwar stand eine

Vestalin wohl dem mit dem griechischen Thesmophorienfest vergleichbaren Frauenkultfest zu Ehren der «Guten Göttin» (Bona Dea) vor, doch darf die Vestalin keinesfalls ausschließlich als Priesterin eines Frauenkultes verstanden werden. Auch wenn dem keuschen Lebenswandel der Vestalinnen mitunter eine Vorbildfunktion zugesprochen wird (Cic. leg. 2, 12, 29), stellt die Vestalin kein «Identifikationsangebot» für römische Frauen dar, da ihr dreißigjähriger Dienst Mutterschaft definitiv ausschloss.[10]

Die Matronalia – ein Fruchtbarkeitsritual der Ehefrauen. Jährlich am 1. März wurde in Rom das Fest der Matronalia gefeiert, bei dem es sich um einen speziellen Festtag der römischen Ehefrauen und Mütter handelte.[11] An diesem Tag begaben sich die Matronen mit Blumen bekränzt in den Tempel der Göttin der Geburtshilfe, Juno Lucina, brachten ihr Gaben dar und erflehten Beistand für die Gebärenden. Auch die Matronen wurden an diesem Tag besonders geehrt: Töchter machten ihren Müttern, die Ehemänner ihren Frauen Geschenke. Die Männer beteten für den Bestand der Ehe. Auch findet sich der Hinweis, dass die Frauen an diesem Tag selbst ihre Sklaven am Tisch bedienten.[12]

Solche ‹Rollenverkehrungen› kommen in antiken Kulten verschiedentlich vor, so bedienten etwa anlässlich der Saturnalia im Dezember die Herren ihre Sklaven. Rituale dieser Art können als temporäre Aufhebung von Statushierarchien gedeutet werden, welche im Grunde zu deren Verfestigung dienen. So gesehen kann das Ritual als Hinweis auf die autoritäre Stellung interpretiert werden, welche den Matronen in der Führung des Hauses zugestanden wurde. Prescendi erkennt in der Parallele der dienenden Männer (im Dezember) und der dienenden Frauen (im März) ein Indiz dafür, «dass männliche und weibliche Kulte sich auch in Bezug auf den Jahresrhythmus und die kosmische und hierarchische Ordnung aufeinander beziehen».[13]

Der Dichter Ovid liefert auch eine Erklärung des Ursprungs des Festes (Aitiologie) und ordnet diesen in die römische Frühzeit ein, als die Römer mit den Sabinern Krieg führten, da jene zuvor ihre Töchter geraubt hätten. Als sich der Krieg in die Länge zog, beschlossen die Sabinerinnen, die inzwischen bereits Kinder von ihren

Entführern hatten, beide Armeen zu versöhnen. Gleichzeitig sei auf dem Esquilin von den jungen latinischen Frauen ein Tempel für die Geburtsgöttin Juno Lucina errichtet worden (Ov. fast. 3, 247).[14]

Ovid betont auch den durch das Datum des Festes gegebenen Fruchtbarkeitskontext. Im März schmilzt der Schnee, die Bäume schlagen wieder aus, der Acker ist fruchtbar und die Tiere paaren sich: «Latiums Mütter verehren mit Recht diese fruchtbare Zeit des Jahrs; der Geburt gelten jetzt Beten und Aktivität» (Ov. fast. 3, 244 f. Übers.: Holzberg). Indem an dem Tag nun einerseits Frauen die Geburtsgöttin Juno Lucina verehrten und andererseits die Matronen besonders geehrt wurden, wird der Stellenwert der Frauen für die Erhaltung des Gemeinwesens deutlich.

Frauen in inoffiziellen Kulten: Das Beispiel der Bacchus-Anhängerinnen.   Der sogenannte Bacchanalia-Skandal des Jahres 186 v. Chr., der die Verfolgung von mehreren Tausend Anhängern eines Kultes zu Ehren des Rauschgottes Bacchus (im Griechischen Dionysos) in Italien zur Folge hatte, verweist auf religiöse Aktivitäten außerhalb des Spektrums traditioneller, anerkannter Kultpraktiken, an denen sich Frauen maßgeblich beteiligten.

Der Geschichtsschreiber Livius berichtet im 39. Buch seines Werkes (Liv. 39, 8–19) ausführlich über diesen Skandal; über die Maßnahmen, die der römische Senat zur Kontrolle dieser Kultgemeinschaften ergriff, informiert darüber hinaus eine Inschrift.[15] Livius gibt an, dass sich der dionysische Mysterienkult von Griechenland ausgehend über Süditalien im italischen und latinischen Raum etabliert habe und bis nach Rom vorgedrungen sei. Die Anhänger dieses Kultes in Rom, ursprünglich nur Frauen, später auch Männer, hätten nachts in einer Höhle nahe des Tiber orgiastische Rituale durchgeführt. Im Rahmen der nächtlichen Kultfeiern hätten Sexorgien stattgefunden, in denen Männer miteinander und mit Frauen verkehrten; auch seien andere strafbare Handlungen ausgeführt worden, sogar Morde. Die Gewalt aber sei unentdeckt geblieben, «da man in dem Geheul und dem Lärm der Tamburine und der Becken keinen Laut der bei den Schändungen und Mordtaten um Hilfe schreienden Opfer hören konnte» (Liv. 39, 8, 8). Der Kult sei, zumal die Anzahl der Eingeweihten in Rom und ganz Italien so gestiegen sei, als Bedrohung des römischen Gemeinwesens, ja als Verschwörung (*coniuratio*) aufgefasst worden.

Die Anzeige der obskuren Praktiken durch eine Freigelassene veranlasste den Senat, im Rahmen eines außergewöhnlichen Verfahrens die Versammlungen und Kulthandlungen zu untersagen;[16] die Teilnehmerschaft sowie die Struktur der Kultvereine wurden einem strikten Reglement unterworfen.[17] Die Maßnahmen der Behörden führten zu zahlreichen Festnahmen und Hinrichtungen. Nach Livius verstießen die ohnehin suspekten nächtlichen Versammlungen gegen das Prinzip, dass in Rom allein Versammlungen geduldet waren, die von Magistraten geleitet oder in Verbindung mit den offiziellen Kulten des Gemeinwesens standen; auch stehe die Initiation gerade junger Männer in den dubiosen Kult ihrem geforderten Engagement als Soldaten entgegen.[18] Für einige moderne Forscher bestand das eigentliche Vergehen der Kultanhänger(innen) darin, dass innerhalb dieser Kultvereinigung traditionelle Werte und Rollenbilder untergraben wurden, indem etwa Frauen ihre Söhne initiierten. Auch sei es den römischen Behörden vermutlich suspekt gewesen, dass diese Kulte von Männern und Frauen, Sklaven und Freien gemeinsam ausgeübt wurden und dadurch die für die Gesellschaft fundamentalen Statusbarrieren überwunden wurden.[19] Indem man die Bestrafung der beteiligten Frauen durch ihre Väter befahl, habe man die Rückkehr zur patriarchalischen Ordnung zum Ausdruck gebracht.[20] Ob die von Livius geschilderten Orgien überhaupt stattfanden, ist ungewiss. Seine Wahrnehmung entspricht der Sicht Außenstehender, und Ähnliches wurde später auch Christen, gnostischen Sekten und Juden unterstellt.[21]

Dass Frauen in der römischen Religion zwar unentbehrlich gewesen seien, in den konkreten Praktiken untergeordnet gewesen seien, wie John Scheid feststellt,[22] ist strittig. Zeigen doch sowohl die Fruchtbarkeitskulte der Matronen wie auch der als ‹staatstragend› erachtete Kult der Vestalinnen, dass diese religiösen Aktivitäten der Frauen durchaus als elementarer Beitrag zum Gemeinwohl angesehen wurden.

Familie, Heiratsallianzen und Ehealltag in der späten römischen Republik

«[Du bist] fassungslos, dass Du das zarte Leben eines schwachen Weibes verloren hast? Wäre sie jetzt nicht heimgegangen, in wenigen Jahren hätte sie doch sterben müssen, denn sie war als Mensch geboren. Mach' auch Du Dich von diesen trüben Gedanken frei und sage Dir lieber, wie es Deiner Persönlichkeit würdig ist, dass sie gelebt hat, solange es Zweck für sie hatte, dass ihr Leben mit dem unsres Staates verbunden war, dass sie Dich, ihren Vater, als Prätor, Konsul und Augur gesehen hat, mit jungen Männern aus den ersten Kreisen verheiratet gewesen ist, alles Schöne beinahe bis zur Neige ausgekostet hat und aus dem Leben geschieden ist, als der Staat zum Sterben kam.»
(Ser. Sulpicius Rufus, Trostschrift an Cicero zu Tullias Tod, März 45 v. Chr. Cic. fam. 4, 5, 4f. [= 4, 5, 4f. Kasten])

Die Republik ist tot. Wie kann der Tod der Tochter noch von Bedeutung sein? Diese Frage wirft der römische Politiker und Jurist Servius Sulpicius Rufus in seinem Trostschreiben an Cicero anlässlich des Todes von dessen innig geliebter Tochter Tullia auf, die im Alter von etwa dreißig Jahren im Kindbett gestorben war. Tullias Leben, so will der Verfasser des Trostschreibens den trauernden Vater glauben machen, sei im Übrigen geradezu vollkommen gewesen: vor allem dadurch, dass es so eng mit dem politischen Leben des Vaters und der Republik verzahnt gewesen sei, vor allem durch Tullias Ehen mit den Angehörigen der politischen Elite. Aus heutiger Sicht mag diese Bilanz fast ironisch klingen: wird sie doch ‹nur› als Zuschauerin des gesellschaftlichen Aufstiegs des Vaters, ‹nur› als schmückendes Beiwerk der Männer aus den besten Kreisen beschrieben. Und doch geht aus Ciceros Antwortschreiben hervor, dass die Worte des Sulpicius Rufus dem trauernden Vater Trost zu spenden vermochten.[1]

Auf das Schicksal der Tullia wird im Zusammenhang mit der Betrachtung des Heiratsverhaltens und des Ehealltags der römischen Elite in diesem Kapitel genauer eingegangen. Einleitend wird der Stellenwert der Familie in der ausgehenden römischen Republik behandelt.

Familie und Haus. Auch wenn das deutsche Wort ‹Familie› dem Lateinischen entlehnt ist, hat es doch heutzutage eine andere Bedeutung als in der römischen Antike.[2] Der lateinische Terminus *familia* bezeichnet im alltäglichen Sprachgebrauch oft die Sklaven und Freigelassenen eines Mannes, also das Gesinde. *Familia* kann sich aber im rechtlichen Verständnis auch auf Personen beziehen, die in der männlichen Linie von einem gemeinsamen Vorfahren abstammen, oder aber auch all jene Personen, die unter der «Gewalt» (*potestas*) des männlichen Familienvorstands (*pater familias*) stehen. Dazu zählen alle Agnaten, also die männlichen und weiblichen Nachkommen (Kinder, Enkel) aus der männlichen Linie. Die Ehefrau fiel unter die Gewalt ihres Mannes, sofern sie bei der Heirat durch bestimmte Rituale seiner Gewalt (der *manus*) unterstellt wurde. Die Rechte und Pflichten des *pater* im Zusammenhang mit der von ihm ausgeübten *potestas* waren lange Zeit allein durch traditionelle religiöse und soziale Normen bestimmt. Die altertumswissenschaftliche Forschung konzentriert sich eher auf die Darstellung der (später rechtlich definierten und daher besser fassbaren) Rechte des *pater familias* als auf seine diffus übermittelten Pflichten, die vor allem in der Existenzsicherung seiner Angehörigen bestanden haben dürften. Die dem Vater zugestandene Strafgewalt, welche das «Recht über Leben und Tod» (*ius vitae necisque*) seiner Angehörigen umfasste, ist zwar ein juristisch interessantes Phänomen, doch sind nur wenige Beispiele überliefert, dass Väter ihre Söhne oder Töchter tatsächlich mit dem Tode bestraften, dann stets in gravierenden, politisch relevanten Fällen.[3] Erst mit dem Tod des Vaters rückte der hierdurch rechtsfähig gewordene Sohn oder Enkel in die Rechte und Pflichten des verstorbenen *pater familias* ein.[4] Frauen standen, auch wenn sie mündig waren, formal unter einem *tutor* aus der männlichen Verwandtschaft, der insbesondere in Vermögensfragen seine Zustimmung erteilen musste.[5] Anders als etwa im klassischen Athen waren auch Töchter erbberechtigt; sie konnten jedoch zur Zeit der Republik nicht an ihre eigenen Kinder weitervererben, womit sichergestellt werden sollte, dass das Vermögen in der agnatischen Linie erhalten blieb.[6]

Auch der Terminus *domus* (Haus, Haushalt) hat unterschiedliche Bedeutungen: er kann sowohl das Haus als Wohnstatt wie auch die darin lebenden Personen (einschließlich des Gesindes) als auch die zum Haus gehörigen Güter und das Vermögen bezeichnen. Wie im antiken Griechenland galt in Rom das Haus als heiliger Bezirk, in dem bestimmten Gottheiten verehrt wurden: z. B. die Penaten und der Lar familiaris.[7] Das Ideal eines geordneten Haushaltes war eng mit der Machtstellung seines männlichen Vorstandes verbunden. Dieser Anspruch wurde in der römischen Antike zu keiner Zeit infrage gestellt, ja das im Haus geltende Autoritäts- und Machtmonopol des Vaters wurde als Grundmuster sozialer Ordnung angesehen und diente gleichzeitig auch als Paradigma für die Ordnung des Gemeinwesens als Ganzem.[8] Die soziale Rolle des *pater* erwies sich als grundlegend. Gerade in der Zeit der späten Republik wurde ein stereotypes Ideal der patriarchalen Familie sehr hochgehalten, das allerdings kaum mit der sozialen Realität übereinstimmte und folgende Konstellation vorsah: In der idealen Familie lebten drei Generationen unter einem Dach; der alte Vater versah seine Aufgabe, Vorstand des Hauses zu sein im Sinne der Sitten der Vorfahren (*mos maiorum*) mit strenger Autorität, indem er dafür sorgte, dass seine Ehefrau stets sittsam, treu und fleißig war, seine Söhne und Enkel dazu erzog, sich für den Dienst am Gemeinwesen zu engagieren, seine tugendhaften Töchter mit den Söhnen angesehener und reicher Familien verheiratete und ein strenges, aber gerechtes Regiment über Sklaven und Freigelassene führte.[9]

Dieses Stereotyp war untrennbar verbunden mit dem Bild, das die Römer in der ausgehenden Republik von ihrer Vergangenheit entwarfen: Von einem intakten Gemeinwesen, welches von einer geschlossenen und integren Elite geführt wurde, deren Vertreter sich durch Bescheidenheit auszeichneten und den schlichten Lebenswandel, den sie auf der Basis ihrer Landgüter bestritten.[10] Spätestens im 1. Jh. v. Chr. war vielen Römern klar, dass die Lebensweise der Elite kaum dem entsprach, doch diente dieses Idealbild als Folie, vor deren Hintergrund man Krisensymptome der Gegenwart umso deutlicher aufzeigen und anprangern konnte: den Sittenverfall, der mit dem zunehmendem Luxus einherging. Das ‹schöne Bild› der patriarchalischen Familie in ‹der guten alten Zeit› gibt also vor allem Aufschluss über die Werthaltungen, kollektiven Befürchtungen und nostalgischen Hoffnungen jener gesellschaftlichen Elite, als deren Vertreter Cato der Ältere und Cicero gelten können. Doch im realen Leben kam die idealisierte Drei-Generationen-Familie wohl eher selten vor, und die Zusammensetzung der einzelnen Haushalte war äußerst variabel, bedingt durch Todesfälle, Scheidungen, Wiederverheiratungen und Wechsel der Wohnorte.[11]

Die Ehe in der römischen Republik. Die rechtmäßige Ehe (*iustum matrimonium*) war in der gesamten römischen Antike eine äußerst bedeutende soziale Institution, ohne jedoch zunächst rechtlich definiert und geregelt zu sein. Es ist daher in der Forschung mit Recht herausgestellt worden, dass die Ehe nach römischem Verständnis nicht den Charakter eines Rechtsverhältnisses hatte, sondern vielmehr als soziale Tatsache, konkret: als verwirklichte Lebensgemeinschaft wahrgenommen wurde.[12] Die Bezeichnung *matrimonium* ist von dem Wort *mater* (Mutter) abgeleitet, bedeutet eigentlich Mutterschaft und verweist auf den Zweck einer Eheschließung im römischen Sinne: nämlich Kinder zu zeugen, die rechtlich dem Vater gehörten – sofern er diese anerkannte – und seinen Status innehatten.[13] Das durchschnittliche Alter von Frauen und Männern bei der ersten Heirat lässt sich schwerlich ermitteln. Wie in Griechenland wurden auch in Rom Mädchen mit dem Beginn der Geschlechtsreife für heiratsfähig gehalten; nach Ausweis literarischer Quellen heirateten Männer in Rom etwa im Alter von 20 bis 30 Jahren zum ersten Mal, doch ist mit Abweichungen und schichtspezifischen Unterschieden zu rechnen.[14]

Weder Eheschließungen und Scheidungen noch Geburten wurden in Rom zur Zeit der Republik offiziell registriert.[15] Einen offiziellen Charakter hatte die Eheschließung dennoch durch die Hochzeitszeremonien, welche möglichst unter der Anteilnahme von geladenen Gästen durchgeführt wurden, die als Zeugen fungierten. Bei der Hochzeit wurden verschiedene Rituale vollzogen, die jedoch im einzelnen keinen verbindlichen Charakter hatten. Der Heirat konnte eine Verlobung (*sponsalia*) vorausgehen, welche die Zustimmung beider Partner und beider *patres familias* zur Hochzeit dokumentierte, auch ist die Übergabe eines Ringes an die Braut bezeugt.[16] Die Bezeichnung der Hochzeitsfeierlichkeiten als *nuptiae* (abgeleitet von *nubere*, «sich verhüllen, einen Schleier anlegen») verweist darauf, dass die Bräute gewöhnlich einen Schleier trugen; von einem Mann sagte man, dass er die Frau «in die Ehe führe» (*in matrimonium ducere*), was auf den symbolischen Akt des Festzuges zum Haus des Bräutigams Bezug nimmt.[17] Das Ritual der Verbindung der rechten Hände (*dextrarum iunctio*) des Brautpaares ist oft auf Grabreliefs von Eheleuten dargestellt. Vor allem Freigelassene suchten auf diese Weise zu dokumentieren, dass sie in Eintracht verheiratet gewesen waren, da das Recht auf Ehe ein Privileg der Freien war.[18] Nach der Heirat wurde eine Frau als *uxor* (Gattin) ihres Mannes, als *mater familias* (das weibliche Haupt des Haushaltes) und als *matrona* (verheiratete Frau) bezeichnet; der Mann als ihr *maritus* (Ehemann); Frau und Mann werden auch – ähnlich wie in Athen – als Jochgespann (*coniuges*) wahrgenommen.

Die Eheschließung konnte mit der Übergabe der Frau in die Gewalt ihres Mannes einhergehen, was durch bestimmte Rituale veranschaulicht wurde, welche die manus-Ehe begründeten.[19] Eine Frau, die «in die Hand des Gatten» verheiratet wurde (*in manu mariti*), war von diesem Zeitpunkt an nicht mehr an ihren Vater gebunden, sondern unterstand der rechtlichen Gewalt ihres Ehemannes. Alles, was sie besaß, wurde Eigentum ihres Mannes. Im Zuge dieser Heirat wechselte die Frau ihre Familienzugehörigkeit definitiv und fügte sich – quasi wie eine Tochter – in die Familie ihres Ehemannes ein. Obwohl diese Eheform bis in die Kaiserzeit existierte und vor allem im Rahmen der Bestellung bestimmter Priesterinnen vorausgesetzt wurde, verlor diese Heiratspraxis seit der späten Republik (spätestens seit dem 1. Jh. v. Chr.) ihre Bedeutung.[20]

In Ciceros Zeit scheint es für Frauen ungewöhnlich gewesen zu sein, sich in die *manus* des Gatten zu begeben. Die stattdessen praktizierten Eheschließungen werden in der Forschung als «manusfreie» Ehen bezeichnet. Die entsprechenden Rituale, welche den

Übergang der Frau in die Gewalt des Ehemannes dokumentierten, wurden bei der Heirat nicht mehr ausgeführt, damit blieb die Ehefrau auch nach der Heirat formal unter der *potestas* ihres Vaters. Dieser hatte dementsprechend auch die Aufsicht über ihr Vermögen, und im Falle seines Todes erbte die Tochter von ihm ihren Anteil. Ob die in der modernen Forschung häufig zu lesende Behauptung zutrifft, dieser Wandel der Heiratspraktiken hätte den Frauen Roms zu mehr Selbständigkeit oder Freizügigkeit verholfen,[21] ist fraglich, da die Frauen doch zu Lebzeiten ihrer Väter unter deren Gewalt blieben. Und allem Anschein nach schoben diese – im Rahmen ihrer Bemühungen, gesellschaftliches Ansehen zu vermehren, freundschaftliche Verbindungen bzw. politische Allianzen zu schließen und finanzielle Ressourcen zu bündeln – ihre Töchter wie Spielfiguren hin und her, indem sie je nach Situation Ehen arrangierten oder auflösten. So kam es, dass viele Römer und Römerinnen der damaligen Elite mehrere Ehen in Folge eingingen.[22]

Eine Scheidung zu veranlassen, stand Männern und (zumindest in manus-freien Ehen) auch Frauen offen. Scheidungen erfolgten in Rom zur Zeit der Republik recht formlos: Es genügte, den betreffenden Partner davon in Kenntnis zu setzen, indem man einen Boten mit einer Nachricht schickte; eine Angabe von Gründen war nicht nötig;[23] in der Literatur werden unkeusches Verhalten der Ehefrauen und Kinderlosigkeit wiederholt als Motive genannt.

Brautwerbung im Hause Catos. Den Frauen kamen im Rahmen der elitären Heiratspraktiken zweierlei Funktionen zu: Zum einen dienten sie gewissermaßen als Aushängeschilder, welche die Verbindung des Brautvaters mit dem Bräutigam dokumentierten, zum zweiten sollten sie die Nachkommenschaft des ausgewählten Ehegatten sicherstellen und das Ansehen der Herkunftsfamilie auf diesen übertragen. Das Ansehen Porcias (ca. 95–42 v. Chr.) war sicherlich maßgeblich dadurch geprägt, dass sie als Ur-Ur-Enkelin des berühmten Marcus Porcius Cato geboren wurde, einer der bekanntesten Persönlichkeiten des 2. Jh.s v. Chr. Abgesehen von seinem in den Senatsdebatten im Vorfeld des 3. Punischen Krieges unermüdlich vorgetragenen Ansinnen, Karthago zu zerstören,[24] steht sein Name für den Kampf für die altrömische Tugend (*virtus*) und gegen alles, was die Zeitgenossen als Verfallserscheinungen deuteten (z. B. die zunehmende Hellenisierung der römischen Kultur). Dieser Ruf zählte lange Zeit zum geistigen Erbe dieser Familie.

Sowohl über den berühmten Vorfahren als auch über den Vater der Porcia, Marcus Cato Porcius minor («den Jüngeren»), hat der griechische Schriftsteller Plutarch im 2. Jh. n. Chr. Biographien geschrieben, Letztere enthält wertvolle Informationen über die Heiratspraxis der Familie im 1. Jh. v. Chr., die von Plutarch mit wertenden Kommentaren versehen werden.[25] Recht merkwürdig erscheinen dem Biographen die Eheverhandlungen, welche im Jahr 56 v. Chr. im Hause Catos stattgefunden haben sollen. Demnach empfing Cato den «hoch angesehenen» Redner Hortensius, der – obwohl er bereits Kinder und Enkelkinder hatte – Cato um die Hand seiner Tochter Porcia bat: «er solle ihm seine Tochter Porcia gleichsam als guten Ackergrund überlassen, damit er mit ihr Nachkommen zeugen könne.» Plutarch benennt auch ein weiteres Motiv des Hortensius: «Catos Freundschaft zu besitzen war ihm zu wenig, sein höchster Wunsch ging dahin, durch das Band der Verwandtschaft sein ganzes Haus und Geschlecht mit ihm zu vereinen, [...] überdies festige sich durch Verwandtschaftsbande der Zusammenhalt des Staates.» Hortensius zielte also darauf ab, durch die Heirat der Tochter den Freundschaftsbund mit dem Vater zu bekräftigen und nach außen zu dokumentieren, für Cato mag der Heiratsantrag des Hortensius vor allem ein Zeichen der Bereitschaft zur weiteren Unterstützung auf der politischen Bühne gewesen sein: Galt doch Hortensius, der Konsul des Jahres 69, seit Jahrzehnten als der berühmteste Redner Roms, während Cato bis dahin nur Quaestor und Volkstribun gewesen war.

Nun war Porcia aber zu diesem Zeitpunkt bereits verheiratet und Mutter zweier Kinder. Ihr Vater Cato zögerte daher, dem Heiratsantrag des Hortensius zuzustimmen und mochte sich auch nicht zu einer Scheidung seiner Tochter entschließen, als Hortensius ihm anbot, Porcia nach der Geburt gemeinsamer Kinder wieder an ihren Ehemann zurückzuschicken. Doch Hortensius – so berichtet Plutarch weiter – «hatte schon einen neuen Vorschlag zur Hand und hielt damit nicht hinter dem Berg. Ohne Zögern sprach er die Bitte aus, Cato möge ihm seine eigene Gattin [Marcia] überlassen, sie sei jung genug, um noch gebären zu können, und er selber mit Nachkommen hinlänglich gesegnet.» In der Tat hatte Cato bereits drei Kinder von Marcia, die zu diesem Zeitpunkt mit einem vierten schwanger war. Und Cato versprach seine schwangere Frau dem Hortensius zur Ehefrau, vorbehaltlich der Zustimmung ihres Vaters. Dieser hatte nichts dagegen, sofern Cato der Zeremonie beiwohnte, und so wurde Marcia an Hortensius abgetreten.[26] Als dieser einige Jahre später starb, heiratete Cato die reiche Witwe ein zweites Mal.

Ein solcher Frauentausch erscheint aus heutiger Sicht etwas sonderbar und mag auch in derart ausgeklügelter Form eine Ausnahme gewesen sein, doch veranschaulicht dieses Beispiel Eigenheiten von Heiratsstrategien der damaligen römischen Elite: Eheverbindungen wurden als Zeichen der Freundschaft der sie aushandelnden Männer gedeutet; sie waren keineswegs prinzipiell auf Dauer angelegt; auch sprach nichts gegen eine Heirat, wenn die Braut zum Zeitpunkt der Eheschließung von einem anderen Mann schwanger war.[27] Das Alter der Eheleute betreffend hielt man sich im Zuge dieser Allianzen nicht unbedingt an die traditionellen Heiratsmuster, die vorsahen, dass der Bräutigam vielleicht sieben bis zehn Jahre älter war als die Braut. Solche von der gesellschaftlichen Elite der ausgehenden römischen Republik geschlossenen Ehen widersprachen auch dem traditionellen Ideal, dass eine Frau in ihrem Leben nur mit einem einzigen Mann verheiratet, die Ehe also eine exklusive und lebenslange Partnerschaft sein sollte. Dies dokumentieren vor allem Grabinschriften, in denen Frauen als «nur einmal verheiratete» (*univira* oder *univiria*) gerühmt werden.[28]

Öffentliche Kritik an Frauentauschmanövern wie dem oben geschilderten blieb daher nicht aus: Cicero erwähnt in seiner Korrespondenz mehrfach, dass Heiratsallianzen dieser Art Anstoß erregten und für Gerede in Rom sorgten; und es war ihm ein dringendes Anliegen, dieses zum Verstummen zu bringen.[29] Leider erfahren wir nicht, ob und auf welche Weise dieses gelingen konnte.

Die Bedeutung der Mitgift. Im Zuge der Eheschließungen spielte auch das Anliegen, ökonomische Ressourcen zu bündeln, eine Rolle. Besondere Bedeutung kam dabei der Mitgift (*dos*) zu, in Form von Grundbesitz, Immobilien, Sklaven und – vor allem – Geld. Ge-

rade aus der Zeit des 1. Jh.s v. Chr. ist bezeugt, dass von der Braut-
familie an den Ehemann oder dessen Vater große Summen Geldes
transferiert wurden.[30] Es ist davon auszugehen, dass die Mitgiften,
welche innerhalb der Elite der späten Republik vergeben wurden,
«bei einigen Hunderttausend bis einer Million Sesterzen» lagen.[31]
Zwar mögen gegebene Mitgiften weder den gänzlichen Ruin noch
erhaltene einen glanzvollen Reichtum zur Folge gehabt haben, doch
bestand ihr besonderer Wert wohl darin, dass sie – in barer Münze
ausgezahlt – den Empfänger mit ‹flüssigen Mitteln› ausstattete, was
in einer Gesellschaft, in der Vermögen hauptsächlich auf Landbesitz
beruhte, extrem hilfreich sein konnte.[32] Üblich war es, die Mitgift in
Raten zu bezahlen, was auch als Zeichen dafür zu werten ist, dass es
den Angehörigen der Elite nicht immer leicht fiel, diese Mittel bereitzustellen.[33]

Ähnlich wie im klassischen Athen wurde die Mitgift an den Bräutigam gezahlt, der damit auch wirtschaften konnte, und musste im
Falle der Scheidung wieder zurückgegeben werden.[34] Eigentlich
sollte die Mitgift wohl dazu dienen, den Lebensunterhalt der Ehefrau zu sichern, was aber nicht immer der Fall war.

Die eheliche Partnerschaft. Während sich die äußeren Rahmenbedingungen von Eheschließungen in der Zeit der ausgehenden Republik noch recht gut rekonstruieren lassen, gibt es kaum Quellen,
die über das partnerschaftliche Miteinander der Eheleute berichten.
Gleichwohl sind auch in diesem Bereich in den letzten Jahren einige
Untersuchungen unternommen worden, etwa von Suzanne Dixon,
die sich insbesondere der Thematisierung ehelicher Sexualität und
Erotik im antiken Schrifttum gewidmet hat. Erwähnungen liebes-
kranker Ehemänner in verschiedenen literarischen Texten und überlieferte Praktiken von Liebesmagie legen ihr zufolge den Schluss
nahe, dass es durchaus auch leidenschaftliche Liebe zwischen Eheleuten geben konnte, auch wenn bei den Eheschließungen andere
Interessen im Vordergrund standen.[35] Drei Beispiele sollen nun ausführlicher erörtert werden, die den Blick auf das partnerschaftliche
Zusammenleben der Ehepartner lenken.

Die Ehe von Julia und Pompeius in der Darstellung Plutarchs.
Plutarch berichtet über den Politiker Pompeius, dass dieser im Jahre
59 ganz offenkundig aus politischem Kalkül Julia, die einzige Tochter Caesars, heiratete.[36] Dieser sei er aber dann so ergeben gewesen,
dass er sein politisches Engagement schleifen ließ, seine Heere und
Provinzen befreundeten Legaten übergab und sich mit seiner Frau
ein schönes Leben auf seinen Gütern machte, indem er «bald hier,
bald dort in den lieblichsten Gegenden Italiens lebte».[37] Dabei be-
ruft sich Plutarch auf Stadtklatsch: Pompeius sei durch seine Liebe
zu Julia «ganz schlapp» geworden.[38] Auch für Plutarch scheint gerade in der Zärtlichkeit, die Julia dem Pompeius entgegenbrachte,
die Gefahr zu liegen, dass der Mann verweichliche. Die zärtliche
Zuneigung der jungen Julia führt Plutarch auf die gefällige Art des
Pompeius zurück und vor allem auf dessen Treue, die der Biograph
als Besonderheit hervorhebt.

Während die enge Bindung an seine Frau dem Pompeius in Rom
den Ruf eines Weichlings einbrachte, avancierte Julia – möglicherweise gerade wegen ihrer romantischen Gattenliebe («es war viel
von der großen Zärtlichkeit der jungen Frau die Rede») – zum Liebling des Volkes. Mehrere Autoren berichten von ihrem Tod im Jahre
54 v. Chr., der sie unmittelbar nach der Geburt ihrer Tochter ereilte
und in dessen Folge das Volk von Rom die ursprünglich von Pompeius auf seinem Gut geplante Beisetzung verhinderte, indem man
sie «mit Gewalt zum Marsfeld brachte», sozusagen ein Staatsbegräbnis erzwang.[39] Ein politischer Hintergrund dafür war, dass man
in Rom fürchtete, das Bündnis zwischen Caesar und Pompeius
könne zerbrechen und ein Bürgerkrieg ausbrechen. Dies macht wiederum deutlich, welchen Wert man der durch die Frau bekräftigten
Allianz beimaß.[40] Zugleich war das erzwungene Staatsbegräbnis
eine Demonstration des Volkes für den abwesenden Caesar, der sich
mit dem ganz ungewöhnlichen Versprechen von Gladiatorenspielen
mit Festschmaus bedankte.[41]

Gerade die Anspielungen auf den städtischen Klatsch im Bericht
des Plutarch lassen vermuten, dass in Rom eheliche Zuneigung nicht
für selbstverständlich gehalten wurde und dass für Männer und
Frauen diesbezüglich ganz unterschiedliche Wertmaßstäbe galten.
Während die zärtliche Hingabe einer Frau gegenüber ihrem Gatten

ihr Ansehen mehrte, war es verpönt, wenn ein Mann sich zu ausgiebig seiner Frau widmete, da er in den Ruf kam, emotional oder sexuell von ihr abhängig zu sein oder gar ihretwegen den Dienst an der *res publica* zu vernachlässigen.[42]

Die Ehen Ciceros im Spiegel seiner Briefe. Die erhaltene Korrespondenz Ciceros, die er mit Angehörigen seiner Familie und mit Freunden geführt hat, gewährt sehr persönliche Einblicke in seinen Ehealltag.[43] Cicero (106–43 v. Chr.) war weder Patrizier noch *nobilis* (d. h. Angehöriger des Amtsadels), sondern galt in Rom als ein Neuling (*homo novus*), der zu Beginn seiner Laufbahn kaum über gute Verbindungen und einflussreiche Patrone verfügte.[44] Seine Heirat mit Terentia aus dem vornehmen Geschlecht der Terentii, kurz bevor er sich zum ersten Mal um ein öffentliches Amt bewarb, dürfte sein Ansehen durchaus gehoben haben.[45] Zwei Kinder gingen aus dieser Ehe hervor: die Tochter Tullia und der jüngere Marcus. Terentia verfolgte durchaus das politische Handeln ihrer Zeitgenossen und brachte sich auf ihre Weise ein.[46] Als Cicero im Jahre 58 v. Chr. ins Exil nach Griechenland gehen musste, nutzte Terentia in Rom ihre persönlichen Beziehungen, um sich für die Rückkehr des Gatten einzusetzen.

In der umfangreichen Korrespondenz Ciceros sind 24 Briefe an seine Frau adressiert, die im Laufe von gut zehn Jahren (zwischen 58 und 47 v. Chr.) verfasst worden sind, als Cicero aus unterschiedlichen Gründen wiederholt für längere Zeit nicht in Rom war.[47] Gerade die frühen Briefe, die Cicero aus der Verbannung schrieb, zeugen von großem persönlichem Respekt, den er seiner Frau zunächst entgegenbrachte, auch von Zuneigung. Cicero nennt seine Frau liebevoll «mein Leben», «mein Licht» und «mein Verlangen».[48] Allerdings weicht der zärtliche Ton in den Jahren nach Beginn des Bürgerkrieges einem nüchternen, und schließlich finden sich in Briefen Ciceros an seinen Freund Atticus deutliche Hinweise auf finanzielle Unstimmigkeiten der Eheleute, Cicero unterstellt seiner Frau gar Unterschlagung.[49] Schließlich ging die Ehe mit handfesten Streitigkeiten um den Besitz auseinander,[50] und Terentia forderte ihre Mitgift in der Höhe von 400 000 Sesterzen zurück.[51] Kurz nach der Trennung starb die Tochter.

Abb. 11   Bildnis einer unbekannten jungen Römerin aus der späten
Republik oder dem frühen Prinzipat. Rom, Vatikanische Museen 1418,
Museo Chiaramonti 552
Individualisierte, weibliche Porträts sind seit der Zeit der späten Republik
überliefert und schmückten vornehmlich Gräber oder waren in Häusern
aufgestellt. Die dargestellten Frauen tragen oft ‹Modefrisuren›, die vor
allem durch den möglichen Vergleich mit Bildnissen auf Münzen Hinweise
für die Datierung liefern. Die feinen Haare des Mädchens sind in eng am
Kopf anliegenden Strähnen nach hinten geführt und am Hinterkopf zu
einem Knoten gebunden.

Wenig später entschloss sich Cicero, erneut zu heiraten; sein Freundeskreis sondierte den Markt der heiratsfähigen Römerinnen und unterbreitete ihm immer wieder neue Vorschläge. Im November 46 v. Chr. schreibt Cicero an Atticus: «Pompeius Magnus' Tochter kommt, wie ich dich schon habe wissen lassen, unter den gegenwärtigen Umständen nicht für mich infrage; die andere, von der du sprichst, kennst du ja wohl; ich habe so etwas Abscheuliches noch nicht gesehen [...]».[52] So wird deutlich, dass bei der Wahl der Braut neben politischen und finanziellen Aspekten auch ihr Ansehen, Aussehen und Alter sowie die Zahl ihrer vorangegangenen Ehen die Attraktivität bestimmten. Cicero heiratete schließlich im Alter von 60 Jahren die wesentlich jüngere Publilia, eine Tochter aus einer ritterlichen Familie, deren umfangreiches Erbe er zuvor als Treuhänder verwaltet hatte, ganz offensichtlich aus dem Interesse heraus, seine finanziellen Verhältnisse zu sanieren.[53] Die Ehe trug Cicero wegen des großen Altersunterschieds Spott ein, und er mied das junge Mädchen, weil sie seine Trauer um die Tochter nicht genügend teilte; nach kurzer Zeit trennte sich Cicero wieder von ihr.[54]

Das Leben Tullias.   Auch die in den Briefen Ciceros erhaltenen Bemerkungen über seine Tochter sind aufschlussreich für Bedingungen, die das Leben einer Frau der Elite in der späten Republik prägen konnten. Tullia wurde kurz nach der Heirat ihrer Eltern (wohl zwischen 79 und 76 v. Chr.) geboren.[55] Als sie etwa 17 Jahre alt war, wurde sie in erster Ehe mit C. Calpurnius Piso[56] verheiratet, der nach sechs Ehejahren starb.[57] Tullia war mit etwa 20 Jahren also bereits Witwe. Schon im folgenden Jahr wurde sie erneut verheiratet, mit einem gewissen Furius Crassipes, der einem alten patrizischen Geschlecht entstammte und sich nach nur wenigen Ehejahren, möglicherweise weil sich keine Kinder einstellten, um 50 v. Chr. von ihr scheiden ließ.[58]

Während die ersten beiden Ehen auf Betreiben Ciceros und seines Freundes Atticus zustande gekommen waren, hatten sich die Mutter Terentia und Tullia selbst nach kurzer Zeit um die Anbahnung einer dritten Ehe bemüht. Der von den beiden Frauen auserwählte Partner, Publius Cornelius Dolabella, war erst 19 Jahre alt, also ungefähr zehn Jahre jünger als Tullia, auf die er laut Cicero einen sehr charmanten Eindruck gemacht hatte.[59] Als Angehöriger einer bekannten Familie verfügte er zweifellos über symbolisches Kapital, war aber persönlich verschuldet. Entgegen der Warnungen seiner Freunde stimmte Cicero der Heirat zu – vermutlich, weil er sich der Entscheidung seiner Frau und Tochter nicht widersetzen wollte. In einem Brief an seinen Freund Caelius klingt seine Skepsis gegenüber dieser Heirat an: «Es muss eben gehen, wie es geht. Geschehen ist geschehen, und die Götter mögen ihren Segen dazu geben. Ich hoffe, an meinem Schwiegersohn Freude zu haben […].»[60]

Um die Ehe mit Tullia einzugehen, trennte sich Dolabella von seiner damaligen Frau, die deutlich älter als er war und die er wegen ihres Geldes geheiratet haben soll. Seine Eheschließung mit Tullia erregte in Rom Anstoß, zumal bekannt war, dass er zur selben Zeit Appius Claudius Pulcher vor Gericht zog, mit dem Cicero in guten Beziehungen stand.[61] Hier zeigt sich wiederum, in welchem Maße die Eheschließungen der elitären Familien in der Öffentlichkeit beachtet und im Hinblick auf die ihnen potentiell innewohnenden Bindungskräfte oder ‹politische Aussagen› interpretiert wurden.

Tullia lebte nur wenige Monate in den Jahren 50–49 und 46 v. Chr. mit Dolabella zusammen und war wohl wegen des Lebenswandels ihres Mannes, aber wohl auch aufgrund ihrer persönlichen finanziellen Verhältnisse sehr unglücklich, zumindest in der Wahrnehmung ihres Vaters, der sich verschiedentlich über «die Ärmste» bekümmert äußert. Zwar wissen wir nicht, welchen Lebensstil sich Tullia leisten konnte, ob sie von ihrem Mann außergewöhnlich ‹kurz gehalten› oder ignoriert wurde; doch waren ihre Lebensbedingungen in den Augen des Vaters schlichtweg nicht standesgemäß. Ihr Vater selbst scheint regelmäßige Zahlungen für ihren alltäglichen Bedarf geleistet zu haben, sah sich aber zuweilen – selbst in finanzieller Bedrängnis – dazu außerstande. Ein recht kühler Brief bezeugt, dass ihm in dieser Situation Terentia ausgeholfen hat.[62] Aus den Briefen geht gleichfalls hervor, dass Tullia die meiste Zeit in Gesellschaft ihrer Mutter auf den Gütern des abwesenden Vaters in Formiae und Cumae verbrachte,[63] wo sie im Mai 49 v. Chr. einen Sohn gebar. Voller Freude eröffnet Cicero einen Brief an Atticus mit den Worten: «Meine Tullia hat heute, am 19. Mai, ein Siebenmonatskind zur Welt gebracht; ich bin nur froh, dass sie eine leichte Geburt gehabt hat; der Junge ist überaus zart.»[64] Bald darauf starb das Kind jedoch, Tullia scheint in der Folgezeit gesundheitlich angeschlagen gewesen zu sein.

Mehrfach wird in der Korrespondenz Ciceros die offenbar stadtbekannte Affäre des Dolabella mit einer Frau namens Metella erwähnt, welche für Cicero eine Entehrung seiner Tochter darstellt; auch ist von «sonstigen Ausschweifungen» und «nächtlichen Raubzügen» des Schwiegersohnes die Rede. Darüber hinaus entzündet sich der Unmut Ciceros vor allem an den politischen Aktivitäten Dolabellas, der als Volkstribun des Jahres 47 v. Chr. populistische Gesetzesanträge stellte und damit den Schwiegervater kompromittierte. Und obendrein setzte Dolabella den Schwiegervater finanziell unter Druck, indem er vehement die noch fällige dritte Rate der Mitgift einforderte, deren Bereitstellung Cicero erhebliche Schwierigkeiten bereitete.[65] Als Cicero seine Tochter im Sommer 47 v. Chr. in Brindisi traf, machte er sich große Sorgen um ihren seelischen Zustand,[66] hielt es aber zunächst für wenig ratsam, die Scheidung einzureichen, da Dolabella inzwischen Gefolgsmann Caesars war. Auch hier zeigt sich, in welchem Ausmaß Heiraten und Scheidungen von politischen Erwägungen bestimmt waren.[67] Nachdem Cicero von Caesar begnadigt worden war, lebte Tullia weiter im Haus ihres Vaters, bevor sie im Jahr 46 v. Chr. erneut kurzzeitig zu ihrem Gatten Dolabella zog und bald darauf (inzwischen erneut schwanger) von ihm geschieden wurde.

Im Februar 45 v. Chr. starb Tullia gerade Anfang dreißig an den Folgen der Geburt ihres Sohnes, der kurze Zeit später ebenfalls verstarb. Cicero, den der Tod seiner innig geliebten Tochter sehr erschüttert hat, plante, ihr einen Tempel als Gedenkstätte zu errichten,[68] setzte ihn jedoch nicht um. Er verfasste eine nicht erhaltene Trostschrift (*consolatio*).[69]

Verfolgt man das Leben der Tullia, wie es in den Briefen Ciceros dargestellt wird, kann man sich des Eindruckes nicht erwehren, dass ihr Leben nicht besonders glücklich verlief. Wie Tullia selbst ihr Leben wahrgenommen hat, entzieht sich unserer Kenntnis.

Lassen die Äußerungen über die hier beispielhaft vorgestellten Frauen der römischen Elite und ihre Ehen im antiken Schrifttum auch keine exakte Rekonstruktion ihrer individuellen Lebensumstände zu, können doch im Rahmen eines biographischen Zugangs einige Aspekte herausgestellt werden, die bei einer normative Vorgaben rekonstruierenden Vorgehensweise leicht übersehen werden. Auch lassen sich einige Widersprüche zwischen gesellschaftlichen Idealen und gelebter Alltagswirklichkeit aufzeigen. So widersprach die gängige Praxis der Mehrfachheiraten aus politischem Kalkül dem gesellschaftlichen Ideal, dass eine Frau möglichst nur einmal verheiratet sein sollte (Univirat). Das vor dem Hintergrund der zunehmenden Rivalität innerhalb der Führungselite zu erklärende Bedürfnis von Männern der Elite, politische Allianzen auch über Heiratsverbindungen ihrer Töchter zu veranschaulichen oder gar zu stabilisieren, führte im 1. Jh. v. Chr. in Rom zu einem Wandel der Eheformen (manus-freie Ehe statt manus-Ehe) und wohl auch des Ehealltags: Die Heirat begründete keineswegs immer die dauerhafte Wohn- und Lebensgemeinschaft der Ehepartner; gerade die Verbindungen der Frau zu ihren Eltern konnten enorme Bedeutung für ihre Existenzsicherung haben.

Trotz aller rationalen Erwägungen, die bei einer Eheanbahnung im Vordergrund standen, gibt es Hinweise darauf, dass auch im Rahmen solcher Zweckbündnisse Liebe zwischen den Ehegatten möglich war. Auch dass Schwangerschaften und Geburten für Frauen ein erhebliches Risiko darstellten, wurde deutlich: Sowohl Julia als auch Tullia verstarben, nicht älter als 30 Jahre, an den Folgen einer Geburt.[70] Ganz anders Porcias Tod: Sie beging – angeblich aus politischen Motiven – Selbstmord.[71] Von Terentia dagegen ist überliefert, dass sie 103 Jahre alt geworden sei.[72]

Frauen und Politik in der römischen Republik – Das Beispiel der Clodia Metelli

«Fremdling, was ich sage, ist kurz; bleib stehen und lies:
Hier ist das nicht schöne Grab einer schönen Frau.
Mit Namen nannten die Eltern sie Claudia.
Ihren Gatten hat sie von ganzem Herzen geliebt.
Zwei Kinder brachte sie zur Welt: eines von beiden
Lässt sie auf Erden zurück, eines unter der Erde beigesetzt.
Ihre Rede war anmutig, ihr Gang indes gefällig.
Sie hütete das Haus, spann Wolle.
Ich bin zu Ende, geh!»
(CIL VI 15346. Übers.: Blank-Sangmeister)

Dieses Grabepigramm auf eine verstorbene Frau, wie es sich in ähnlicher Form vielfach findet,[1] benennt einige Tugenden, die zu erfüllen sich römische Matronen[2] zeitlebens idealerweise bemühen sollten: Schönheit, Gattenliebe, Fruchtbarkeit, Anmut, Häuslichkeit und Fleiß. Freilich ist nicht davon auszugehen, dass die hier bestattete Claudia alle diese Tugenden tatsächlich verkörperte, vielmehr artikuliert sich der Anspruch ihrer Angehörigen, sie der Konvention entsprechend zu bestatten und ihr Leben der Nachwelt als eines zu beschreiben, das mit den gängigen Normen in Einklang stand. Über das Leben dieser Frau wissen wir nichts.

Ganz anders liegen die Dinge bei einer Frau gleichen Namens, die im 1. Jh. v. Chr. lebte: Wir wissen nichts über ihren Tod, doch viele Details über ihr Leben unterbreitet Cicero in seiner Verteidigungsrede für seinen Freund Marcus Caelius, mit der er im Rahmen eines Prozesses des Jahres 56 v. Chr. an die Öffentlichkeit trat.[3] Der Angeklagte Caelius wurde bezichtigt, an einem bewaffneten Anschlag auf eine ausländische Gesandtschaft beteiligt gewesen zu sein. Besagte Claudia, in Anlehnung an die vielleicht populistisch motivierte Namensänderung ihres Bruders ‹Clodia› genannt,[4] trat in dem Prozess als Belastungszeugin auf. In seiner Rede stellt Cicero das Tun und Treiben der Clodia in den Mittelpunkt:[5] «Alles dreht sich in diesem Prozess um Clodia, ihr Richter, um eine nicht nur bekannte, sondern auch berüchtigte Frau» (31). Das Szenario, das Cicero im Folgenden von dieser Frau entwirft, mutet wie ein Gegenbild zu dem weiblichen Tugendkatalog des eingangs zitierten Grabepigramms an: Ihren Ehemann habe Clodia ermordet; dass sie (vielleicht) Mutter war, wird ausgeblendet.[6] Statt sich fleißig im Haus zu betätigen, führe Clodia ein ausschweifendes Luxusleben; statt durch Anmut in Gang und Rede falle Clodia auf, weil sie sich wie eine Prostituierte verhalte: «Sie beträgt sich so – nicht nur durch die Art wie sie einhergeht, durch ihren Aufputz, ihre Begleitung, die feurigen Blicke und losen Reden, sondern auch noch durch Umarmungen, Küsse, Strandfeste, Bootspartien, Gastmähler –, dass sie ganz offen als Prostituierte, ja als dreiste Hure erscheint» (49).[7]

Das Bild der Clodia Metelli heute.   Die Charakterisierung Ciceros hat Clodia bis heute berühmt gemacht – als skandalumwobene, politisch ambitionierte Frau.[8] Dabei folgt auch die wissenschaftliche Darstellung der Clodia mitunter recht unkritisch der polemischen Charakteristik Ciceros, wenn etwa ihre vermeintlich fehlende Gattentreue und ihr «sittenloser Lebenswandel» als historische Tatsachen dargestellt werden.[9]

Doch haben sich einige Altertumswissenschaftler/innen anhand der wenigen vorliegenden Anhaltspunkte um eine weniger durch Ciceros Polemik ‹gefärbte› Rekonstruktion der Biographie Clodias bemüht.[10] Mit einiger Gewissheit lässt sich sagen, dass Clodia um 94 v. Chr. als Tochter des Appius Claudius geboren wurde; sie hatte zwei Schwestern, die beide ebenfalls – wie es im Rom der Zeit üblich war – als Zeichen ihrer legitimen Abkunft und Zugehörigkeit zu ihrer Familie die weibliche Form ihres Gentilnamens trugen, also auch Claudia hießen.[11] Verheiratet war sie mit Quintus Caecilius Metellus Celer, der im Jahr 59 v. Chr. starb.[12] Über ihr eigenes Todesdatum liegen keine Informationen vor. Diese mageren Angaben sind alles, was über ihr Leben bekannt ist, wenn man von dem tendenziösen Stadtklatsch, den Schilderungen Ciceros und den Mutmaßungen über ihre Liaison mit dem Dichter Catull einmal absieht.[13]

Aber unter einer veränderten Perspektive ist gerade die Rede Ciceros mit den drastischen Bemerkungen über Clodias Lebensstil aufschlussreich: Sie gewährt Einblick in die damaligen Methoden der forensischen Rhetorik und verrät viel über zeitgebundene Moralvorstellungen und Geschlechterbilder. Im Folgenden soll daher der Frage nachgegangen werden, zu welchem Zweck sich Cicero welcher rhetorischer Schachzüge bediente und wie sie vor dem Hintergrund des politischen Kontextes ihrer Verwendung erklärt werden können. Dabei soll vor allem beleuchtet werden, welche Rückschlüsse sich daraus auf die Einbindung von Frauen in die Politik der ausgehenden römischen Republik ziehen lassen.

Der historische Hintergrund. Zum Zeitpunkt des Prozesses gegen Caelius befand sich das römische Gemeinwesen in einer tiefen Krise. Viele Bauern Italiens und weite Teile der städtischen Bevölkerung waren verarmt. Aber auch die senatorische Führungsschicht sah sich mit wirtschaftlichen Schwierigkeiten konfrontiert, viele hatten sich verschuldet, um ihre politische Karriere oder einen standesgemäßen Lebensstil finanzieren zu können.

Lucius Sergius Catilina beispielsweise hatte sich mehrmals erfolglos um den Konsulat beworben, wollte aber seine politischen Ambitionen nicht aufgeben. Catilina gelang es, Unzufriedene unterschiedlicher sozialer Gruppierungen – darunter Veteranen, Bauern, Angehörige der städtischen *plebs* und Senatoren – unter der Parole des Schuldenerlasses zu vereinen. Er rekrutierte eine ihm persönlich unterstehende Armee, um die Regierung zu stürzen. Die Verschwörung wurde schließlich im Jahr des Konsulates Ciceros aufgedeckt, einige Verschwörer wurden verhaftet und hingerichtet, schließlich wurden die widerständigen Catilinarier im Frühjahr 62 v. Chr. militärisch besiegt.

Aber diese Verschwörung ist nur ein Beispiel für die in jener Zeit gärenden sozialen Probleme, deren Bewältigung immer mit Machtkämpfen der senatorischen Führungsschicht verbunden war. Die mächtigsten Männer der Zeit – Caesar, Pompeius und Crassus – schlossen sich zu einer Koalition (dem «Ersten Triumvirat») zusammen, die auf Truppen gestützt die Politik bestimmte, während die republikanische Ordnung scheinbar unangetastet blieb (60/59 v. Chr.). Als Cicero sich weigerte, mit diesem Dreibund gemeinsame Sache zu machen, erhielt der damalige Volkstribun Clodius, der Bruder der oben erwähnten Clodia und Ciceros persönlicher Feind, freie Hand, Cicero wegen der standrechtlichen Hinrichtung der Catilinarier zur Rechenschaft zu ziehen. Cicero ging, ohne den Prozess abzuwarten, ins Exil nach Griechenland. Auf Ciceros Grundstück in Rom ließ Clodius als Symbol für den Sieg des römischen Volkes über die Willkür des Konsuls einen Tempel der Freiheit errichten. Nach etwa anderthalb Jahren kehrte Cicero zurück und betätigte sich vor allem als Gerichtsredner, so etwa im vorliegenden Fall des Caelius, der wegen Gewaltanwendung und bewaffnetem Aufruhr vor dem zuständigen Gerichtshof angeklagt war.

Der Anklage gegen Caelius. Was man gegen Caelius im Einzelnen vorbrachte, lässt sich nur aus der erhaltenen Verteidigungsrede Ciceros rekonstruieren: Caelius wurde bezichtigt, an einem Attentat auf eine Gesandtschaft aus Alexandria beteiligt gewesen zu sein. Dazu habe er sich Gold geliehen, um Auftragsmörder zu bezahlen. Dieses Gold stamme von Clodia, die im Prozess als Zeugin auftrat und darüber hinaus wohl behauptete, dass Caelius einen Giftanschlag gegen sie verübt habe, nachdem sie seine Mordpläne entdeckt hatte. Zu diesen Anklagepunkten kamen – wie es in der gerichtlichen Praxis der damaligen Zeit üblich war – massive Vorwürfe, die den Charakter und den Lebenswandel des Angeklagten betrafen. Die Ankläger wollten durch umfassende Diffamierungen den Angeklagten herabsetzen und seine prinzipielle Vertrauenswürdigkeit erschüttern.

Die Verteidigung durch Cicero. Daher musste auch die Verteidigung auf diese Anschuldigungen Bezug nehmen und sie – im besten Fall – Punkt für Punkt zurückweisen. Im Falle des Caelius nimmt die Widerlegung der von den Anklägern vorgebrachten Vorwürfe bezüglich des Lebensstils des Angeklagten einen ungewöhnlich breiten Raum ein. Da Caelius relativ jung war und noch keine politischen Ämter bekleidet oder anderweitige Verdienste für die Republik zu verzeichnen hatte, die man ausführlich hätte würdigen können (wie dies Cicero in anderen Prozessen gelang, etwa *Pro Murena*), ist Cicero bestrebt, die Vorwürfe der Kläger als bloße Verleumdungen darzustellen, um die Würde seines Klienten wiederherzustellen. Dies fällt ihm sichtlich schwer, da der Angeklagte offensichtlich als ein Vertreter der ‹Jeunesse dorée› der Hauptstadt galt. Cicero entschuldigt Caelius mit dem Hinweis auf dessen jugendliches Alter,[14] das ihm doch zugestehe, ein wenig ‹über die Stränge zu schlagen›.

Ciceros Rede folgt der konventionellen Form einer Gerichtsrede.[15] In der Einführung spielt er die Tragweite des Prozesses herunter. Im Bericht der dem Prozess vorausgehenden ‹Fakten› gelingt es ihm, die in der Anklage formulierten Vorwürfe anders zu gewichten, so dass er sich im Folgenden vor allem mit Clodia beschäftigen kann, die von Cicero in die Rolle der eigentlichen Anklägerin gedrängt wird, die aus Wut über verschmähte Liebe den Caelius rachsüchtig verfolge.

Rhetorische Techniken. Cicero arbeitet in der Rede mit ausgeklügelten rhetorischen Techniken: So verharmlost er die gegnerischen Argumente durch geschickte Wortwahl, spaltet die gegnerische Argumentation bis zur Unverständlichkeit auf, wiederholt die eigenen Argumente in leichten Variationen.[16] Eine rhetorische Strategie tritt besonders hervor: Cicero inszeniert vor den Richtern ein Theaterstück. Die Tatsache, dass der Prozess ausgerechnet am 4. April des Jahres 56 v. Chr. stattfand, mag ihn dazu inspiriert haben; an diesem Tag begannen nämlich in Rom die Feiertage zu Ehren der Großen Göttermutter (Mater Magna Cybele), die Megalensien, an denen Zirkusspiele und Theateraufführungen stattfanden. Cicero beginnt daher seine Rede auch, indem er sich regelrecht bei den Richtern entschuldigt, dass sie trotz des Festes ihr Amt wahrnehmen müssen. Aber er scheint sie für den verpassten Theaterbesuch entschädigen zu wollen, denn die Protagonisten seiner Rede sind den traditionellen Figuren der Komödie äußerst ähnlich: ein junger Mann aus gutem Hause, der in jugendlichem Schwung wohl mitunter etwas über die Stränge schlägt, gleichwohl aber seinen rechten Weg finden wird. Eine schöne Matrone aus angesehener Familie, die sich dem traditionellen Lebensstil der Frauen ihres Standes entzieht und das

Leben einer Edelprostituierten führt. Es geht um enttäuschte Liebe, feuchtfröhliche Strandparties, um Gold und um Gift. Cicero lässt einen Verstorbenen aus der Unterwelt erscheinen, zitiert Phrasen aus bekannten Theaterstücken, die er mitunter Vaterfiguren in den Mund legt, und lässt naive Sklaven auftreten – alles wie im Theater. Dieses Arrangement verleiht der Rede eine enorme Leichtigkeit und Heiterkeit: Eigentlich geht es um nichts, so die Botschaft an die Richter, als um eine real gewordene Schmierenkomödie (*fabella*: 64); kein Wort von der Gefahr, welche von gewalttätigen Verschwörern für das Gemeinwesen ausgehen könnte; das ‹Politische› wird geschickt ausgeblendet, der Fokus des Redners richtet sich stattdessen auf ‹sex and crime›.

Sexuelle Diffamierung vor Gericht. Zu diesem Zweck nehmen bunte Schilderungen des lockeren Lebenswandels der Clodia (auch des Caelius, der allerdings dabei immer mit dem Hinweis auf sein jugendliches Alter entschuldigt wird) breiten Raum ein. Vor den Richtern werden erotisierende Szenarien entwickelt, von Stelldich-eins mit Liebhabern im Park, von der Gartenanlage der Clodia am Tiber, von der aus sie den jungen Männern beim Baden zuschaut (36); von ihrer Villa in Baiae, in die jeder Lebemann freien Zutritt habe. Dieses die Richter sicherlich faszinierende, heitere, erotisch gefärbte Idyll bildet den Rahmen, um Clodia – eine Frau aus einer angesehenen und schwerreichen Familie – gezielt sexuell zu diffamieren; konkret werden ihr allgemeine Promiskuität (34; 62), prostituiertenhaftes Verhalten (38; 57) und für Frauen unehrenhafte Aktivität gegenüber ihren Liebhabern (66 f.) unterstellt. Eine besondere Rolle spielen sicherlich die gehäuften Hinweise auf ihr angeblich inzestuöses Verhältnis zu ihrem Bruder Clodius (32; 36; 38), dem Erzfeind Ciceros.[17]

Clodia verstößt laut Cicero gegen sämtliche für eine ehrwürdige römische Matrone hinsichtlich der Sexualität geltenden Normen. Es wird ein Bild von Clodia entworfen, das sie als Getriebene ihrer perversen Begierden zeigt, die sie obendrein schamlos an die Öffentlichkeit bringe (35; 47). Ihr Begehren (*libido*) wird mehrfach als der eigentliche Hintergrund des Prozesses benannt, wobei stets gleichzeitig an die Richter appelliert wird, doch dagegen vorzugehen, dass sich die Gerichte mit ‹Weiberlaunen› zu beschäftigen hätten (1; 70; 78). Weiterhin wird Clodia eigenmächtiges Handeln ohne Rücksichtnahme auf die männlichen Autoritäten ihrer Familie unterstellt und vorgeworfen (33 f.; 52; 68). An einer Stelle wird sie gar (in komödiantischer Anspielung) als Feldherrin (*imperatrix*) über eine Schar von ‹Weiberknechten› bezeichnet – was wiederum zeigt, dass in ihrem Umfeld sämtliche Geschlechterhierarchien auf den Kopf gestellt werden, somit die ‹natürliche Ordnung› verdreht wird. Neben diesen Verstößen gegen für Frauen geltende Normen wird ihr auch ganz konkret ein kriminelles Delikt unterstellt: der Giftmord an ihrem Gatten (60) – eine geschickte Inversion des gegnerischen Vorwurfs, der Angeklagte habe seinerseits versucht, Clodia zu vergiften! Darüber hinaus habe sich Clodia auch in einem früheren Gerichtsprozess – wie auch im vorliegenden Fall – als Strippenzieherin hinter den Kulissen betätigt (70). Die pauschale Behauptung: «Es gibt ja nichts, was man sich bei einer Frauensperson dieser Art nicht vorstellen könnte!» (69), verdeutlicht den Zweck all dieser Anschuldigungen: Diese Frau ist höchst suspekt, ihr ist alles zuzutrauen.

Allerdings gehören gerade sexuell diffamierende Anschuldigungen dieser Art zum Standardrepertoire forensischer Invektiven.[18] Auch Cicero wurde zum Beispiel von Gegnern vorgeworfen, mit seiner eigenen Tochter zu schlafen; Caesar wurde bezichtigt, mit dem Ritter Mamurra den als gänzlich verwerflich angesehenen Oralsex zu praktizieren.[19] Wenn Frauen in der Öffentlichkeit angegriffen wurden, konzentrierten sich die Anschuldigungen in der Regel auf die Überschreitung sexueller Normen und den Vorwurf der Unweiblichkeit, welche sich in der Adaption als männlich geltender Verhaltensweisen äußerte. Die forensischen Invektiven gegen Frauen bedienen sich also – ebenso wie die gegen Männer – einer geschlechtsspezifisch angelegten Topik.[20] Nichts deutet indes darauf hin, dass solche Bezichtigungen (darunter Prostitution, Inzest und auch Mord) einen besonders schädigenden Einfluss auf politische Karrieren gehabt oder gar erneute Annäherungen unter den Kontrahenten unmöglich gemacht hätten.[21] Umso erstaunlicher ist es, dass gerade der über Frauen verbreitete Klatsch und die literarischen Diffamierungen das Bild, das in der modernen Geschichtsschreibung von ihnen entworfen wird, so nachhaltig prägen: «Über die sexuelle Invektive des Cicero ist sie [Clodia] auf Dauer in das Gedächtnis nachfolgender Generationen eingegangen: als Giftmörderin, verbitterte Alte, Hure und inzesttreibende Lebedame.»[22] Die Langlebigkeit dieser Bilder ist sicherlich in der enormen Suggestivkraft der forensischen Rhetorik begründet und gleichfalls in der Unmöglichkeit, das verzerrte Bild durch andere Informationsquellen zu relativieren. Oft hängt also das Bild, das sich die Nachwelt von diesen Frauen macht, sehr stark von dieser – in politischen und gerichtlichen Auseinandersetzungen begründeten – Fama ab.[23]

In dem hier behandelten Prozess wurde Caelius freigesprochen und konnte seine politische Karriere fortsetzen. Mit Cicero blieb er freundschaftlich verbunden und führte mit ihm einen regen Briefwechsel. Über das Leben der Clodia nach dem Ende des Prozesses finden sich in den Quellen keine Informationen mehr; unbekannt ist, wann, wo und unter welchen Umständen sie gestorben ist. Niemand weiß, ob sie einen Grabstein mit den üblichen Tugendformeln bekam.

Frauen und Politik.   Im Hinblick auf die oft gestellte Frage nach dem politischen Einfluss der Frauen in der römischen Republik[24] werden ‹Geschichten› wie die über Clodia unterschiedlich interpretiert: Während einige meinen, dass Frauen wie Clodia durchaus politischen Einfluss ausüben konnten, meinen andere, dass der ihr unterstellte Machtanspruch nichts anderes bezeugt als die Intention ihres Kontrahenten, sie eben dadurch zu verunglimpfen. Ob Clodia selbst den Anspruch hatte, in der Politik ihrer Zeit ‹mitzumischen›, ist im konkreten Fall schwer zu rekonstruieren, unwahrscheinlich ist es nicht.[25] Allerdings sollte man im Hinblick auf die Gesellschaft der römischen Republik und der frühen Kaiserzeit nicht von einer allzu starren Trennung von Politik und Privatleben ausgehen. Es erweist sich als unsinnig, den Bereich des Politischen als eine klar definierte Sphäre zu fassen, in dem sich nur die Inhaber politischer Ämter und/oder die Mitglieder der staatlichen Institutionen bewegen. Auch ist ‹politische Macht› oder ‹Einfluss› nicht nur an verrechtlichte, amtliche oder offizielle Instanzen gebunden, sondern auch und vor allem in der Mitgliedschaft in sozialen Gefügen (in Rom insbesondere Familien und Klientelgruppen), in der Teilnahme an Kommunikationsprozessen[26] und rituellen Handlungen, in der Verfügung über personelle und materielle Ressourcen begründet.[27] Und daran hatten in der römischen Republik sowohl Männer als auch Frauen der Elite teil; beide Geschlechter hatten somit Möglichkeiten, Einfluss auszuüben, der schließlich in der politischen Macht männlicher Akteure sichtbar wurde. Der Einfluss der Frauen tritt aus verschiedenen Gründen in der antiken Überlieferung weniger deutlich hervor. Nur für Männer war auf der offiziellen gesellschaftlichen Bühne – um einen bereits in der Antike gezogenen Vergleich zu bemühen – die Rolle der Akteure vorgesehen:[28] Nur Männer konnten Ämter innehaben, in denen sie relevante Entscheidungen trafen; sie führten die Kriege. Die antiken Autoren – insbesondere die Geschichtsschreiber – interessieren sich vor allem für jene Handlungen, welche auf der politischen Bühne Roms stattfinden; selten gelingt anhand der Äußerungen eines antiken Autors ein Blick ‹hinter die Kulissen›, also ein Einblick in jene Strategien und Maßnahmen, die (von beiden Geschlechtern) getroffen wurden, um dem ‹Spiel› eine bestimmte Richtung zu geben, und die daher nicht weniger politische Relevanz haben als die Geschehnisse auf der Bühne selbst.

Hingegen vermitteln Zeugnisse, welche sich weniger um eine kohärente Darstellung politischer Entwicklungen bemühen, wie die Briefe Ciceros an seinen Freund Atticus, ein anderes Bild. Da wird zum Beispiel erwähnt, dass Frauen (bei allen handelt es sich um Angehörige der Elite) bei einer äußerst ernsthaften politischen Lagebesprechung – nicht nur anwesend sind und diese kommentieren, sondern die Dinge selbst in die Hand nehmen: Über Servilia, die Mutter des Caesarmörders Brutus, heißt es ganz lapidar, sie werde veranlassen, dass ein bestimmter Senatsbeschluss revidiert werde.[29] Für Cicero scheint dies eine Selbstverständlichkeit zu sein; leider liefert er keine weiteren Informationen darüber, auf welche Weise und mit welchen Mitteln Servilia diese Revision herbeizuführen beabsichtigte.

In der antiken Überlieferung finden sich Hinweise auf eine ganze Reihe von Frauen, welche sich in unterschiedlichen Formen in politischen Dingen engagierten.[30] Neben dem bezeugten Engagement in der Vermittlung von Heiratsallianzen[31] lässt sich zeigen, dass zu-

mindest einige Frauen der Elite das politische Geschehen aktiv mitgestalteten: Sempronia, die Frau des Sulla-Anhängers D. Junius
Brutus,[32] stellte ihr Haus für eine konspirative Versammlung zur
Verfügung; jene Priesterin, die im Dienste der Göttin Vesta ein
‹göttliches Zeichen› auf eine bestimmte Weise auslegte, beeinflusste
damit die politischen Geschehnisse im Zusammenhang mit der Catilinarischen Verschwörung.[33]

Mitunter betraten Frauen doch selbst die ‹Bühne› des politischen
Geschehens[34] – wie zum Beispiel Fulvia, die in erster Ehe mit Ciceros Erzfeind Clodius verheiratet war und nach dessen Ermordung
im Jahr 52 v. Chr. durch ihr öffentliches Auftreten und Wehklagen
wesentlich zur Inszenierung des Volkszorns beigetragen hat, der
sich schließlich in der Brandlegung an der Kurie, dem Amtslokal des
Senats, entlud.[35] Zur Zeit ihrer dritten Ehe mit M. Antonius griff sie
massiv in das politische Tagesgeschehen ein: Konkret führte sie Verhandlungen um die Rückerstattung eroberter Gebiete, um die Ge-
nehmigung von Triumphen, beteiligte sich an den von den Triumvirn veranlassten Proskriptionen (denen unter anderem Cicero zum
Opfer fiel) und begleitete während des Perusinischen Krieges ihren
Mann ins Feldlager. Bei der Charakterisierung Fulvias als grausamer
‹Furie›, die sich neben ihrem Mann eine einzigartige Machtstellung
verschaffte, ist zu beachten, dass die Berichte über diese Frau auf der
gegen Antonius gerichteten Propaganda Ciceros und Octavians beruhen bzw. die Perspektive des über seinen Kontrahenten Antonius
triumphierenden Augustus einnehmen. Vor diesem Hintergrund
wird Fulvia zum Gegenbild der römischen Matrone stilisiert.[36]

Es ist in der Forschung oft betont worden, dass die Einflussmöglichkeiten von Frauen in der römischen Republik immer abhängig
waren von der gesellschaftlichen Position eines zugehörigen Mannes – sei dies nun der Sohn, Ehemann, Bruder oder Vater. Dies ist
zweifellos eine richtige Beobachtung, doch gilt sie im Grunde ge-
nauso für Männer: Auch das Ansehen eines Mannes war maßgeblich – wenn auch abnehmend mit dem eigenem Erfolg im *cursus
honorum* – davon geprägt, wessen Sohn, Schwiegersohn etc. er war.
Und ob die Frauen, über deren politisches Agieren wir informiert
sind, vorwiegend als «Sprachrohr» ihrer Männer (Gardner) oder als

deren «Stellvertreter» (Dettenhofer)[37] agierten, gar von Männern instrumentalisiert wurden oder aber ‹eigene› Interessen vertraten, lässt sich in der Regel nicht rekonstruieren.

Auch fehlt uns wahrscheinlich der Sinn dafür, zu ermessen, welche Ziele ein Mensch verfolgen konnte, von dem (anders als in den heutigen westlichen Gesellschaften) eben keine Individualität erwartet wurde, sondern vielmehr die Einnahme eines bestimmten ‹Platzes› im sozialen Gefüge. Aber gerade diesbezüglich zeigt sich eine weitere Schwierigkeit, den Einfluss von Frauen auf die Politik in Rom richtig einzuschätzen. Denn die im antiken Schrifttum vorgenommenen Bewertungen des Einflusses von Frauen variieren je nach dem Standpunkt im sozialen Gefüge, aus dem heraus eine Frau handelte. Wurde einer Mutter, die zum Wohl ihrer Söhne agierte, wohl auch einer Schwester, die sich zugunsten ihres Bruders engagierte, beträchtliches Engagement zugestanden, hatte eine Gattin zugunsten ihres Mannes subtilere Formen der Förderung zu wählen, wollte sie nicht gegen die ungeschriebenen Gesetze der Schicklichkeit verstoßen. Eine Ehefrau, die sich massiv in den Handlungsbereich ihres Mannes einbrachte, war schnell als unweiblich oder gar männlich verschrien.[38] Und das Schreckensszenario einer ‹Weiberherrschaft›, welche man schon darin zu erkennen glaubte, wenn Frauen auch nur dieselben Rechte wie Männern zugestanden würden, wird in verschiedenen Kontexten entworfen und jeweils als Stadium des äußersten Verfalls der Sitten eingeschätzt.[39] Darüber hinaus sind die Bewertungen, welche die antiken Autoren jeweils bezüglich des von ihnen beschriebenen Handelns von Frauen vornehmen, deutlich von der jeweiligen Intention der Texte geprägt.

Lässt sich somit der politische Einfluss von Frauen der Elite in der römischen Republik schwerlich summarisch als ‹groß› oder ‹gering› beschreiben, so zeigt das hier ausführlich behandelte Beispiel der Clodia, dass diese sehr wohl in die Politik involviert war, nicht nur, indem sie als Gegenstand von politisch motivierten, gerichtlichen Auseinandersetzungen diffamiert wurde, sondern auch ganz konkret, weil sie Teil der politisch wirksam agierenden Elite[40] und ihrer Selbstdarstellung war, in deren Kommunikationsprozesse und Rituale sie ebenso eingebunden war wie in deren Allianzen und Feindschaften.

Frauenbilder in der römischen Kaiserzeit –
Das Beispiel Messalina

«[...] hör, was ein Claudius erduldete. Wenn die Gattin gemerkt hatte, dass ihr Mann schlief, wagte sie, die kaiserliche Hure (meretrix Augusta), nachts den Kapuzenmantel anzulegen und die Matte dem Ehebett im Palast vorzuziehen, und verließ ihn, nur von einer einzigen Sklavin begleitet. Ihr schwarzes Haar aber verbarg eine blonde Perücke, und so betrat sie das von einem alten Flickenvorhang warmgehaltene Bordell und die leere und ihr gehörende Kammer. Da bot sie sich an, nackt mit vergoldeten Brustwarzen, den Namen Lycisca vortäuschend, und zeigte den Leib, der dich, edler Britannicus, getragen hatte: schmeichelnd empfing sie die Besucher und verlangte Bezahlung. Wenn dann der Bordellwirt schon seine Mädchen entließ, ging sie betrübt weg und, was sie doch noch konnte, schloss als letzte die Kammer, noch immer glühend von der Brunst [...], und, erschöpft von den Männern jedoch nicht befriedigt, zog sie davon, durch geschwärzte Wangen hässlich und von dem Qualm der Lampe schmutzig trug sie den Gestank des Bordells zum kaiserlichen Lager.»
(Juvenal 6, 115–132. Übers.: Adamietz)

Eine recht bizarr anmutende Szene wird uns hier vor Augen geführt: die Ehefrau des Kaisers Claudius (gemeint ist Messalina) schleicht sich verkleidet aus dem ehelichen Schlafgemach auf dem Palatin, um sich in einem armseligen, zugigen Bordell unter falschem Namen die ganze Nacht in unersättlicher Begierde als Hure zu betätigen, und anschließend – in jeder Hinsicht beschmutzt – in den kaiserlichen Palast zurückzukehren. Dieses Szenario ist eines von vielen, welche Juvenal in seiner 6. Satire entwickelt, um einen fiktiven Adressaten, den heiratswilligen Postumus, vor der Ehe, genauer: vor den Ehefrauen zu warnen. Lüstern, heimtückisch und durchtrieben seien sie allesamt; die Keuschheit (*pudicitia*) – so heißt es gleich zu Beginn der Satire – war in Rom allein in grauer Vorzeit

Abb. 12   Titelseite der Illustrierten Film-Bühne mit Werbung für den Film «Messalina» (Maria Felix), Regie: C. Gallone, Italien 1951

heimisch, als die Römer noch in den Bergen lebten und sich von Eicheln statt von Getreide ernährten. Im Rom der Gegenwart und der unmittelbaren Vergangenheit jedoch sind die Matronen verkommen – auf dem Lande ebenso wie in der Stadt, wo sie Schauspielern und Gladiatoren nachstellen; sowohl im einfachen Volk als auch in den oberen Kreisen der Senatorenschaft, ja selbst in der kaiserlichen Familie.

Auch wenn dieser Text deutlich darauf abzielt, aktuell wahrgenommene Problemfelder scharfsinnig und äußerst bissig zu kommentieren, wäre es verfehlt, in Juvenal einen weiteren moralistischen Vorkämpfer der traditionellen Sittenstrenge zu sehen; vielmehr ist dieser Text Bestandteil einer gehobenen Unterhaltungskultur, die humorvoll, aber nicht ohne massive Kritik gerade den Verfechtern der altrömischen Tugend deren Doppelmoral vorhält. Würde man die Schilderung des Bordellganges der Messalina ‹für bare Münze nehmen›, wäre das etwa so, als wenn heute die Äußerungen eines Polit-Kabarettisten zur Grundlage der Biographie einer Spitzenpolitikerin gemacht würden. Und doch ist Messalina – vor allem aufgrund der Schilderung Juvenals – als kaiserliche Hure in die Weltgeschichte eingegangen.[1]

Auch andere antike Autoren haben zur Entstehung des Bildes von Messalina als Nymphomanin beigetragen.[2] Der Geschichtsschreiber Tacitus zum Beispiel gibt an, dass sie allein aufgrund lustvoller Willkür (*lascivia*) mit dem römischen Staat ihr Spiel getrieben habe;[3] neben zahlreichen Liebesabenteuern werden ihr aber auch Intrigen und Morde zugeschrieben, welche sie nicht unbedingt aus politischem Kalkül, sondern vielmehr aus Eifersucht oder aus Rache für erfahrene Zurückweisung angestrengt habe.[4] Letztlich habe ihr Leben dann aufgrund ihrer Begierden ein trauriges Ende genommen. Bevor auf die Darstellung Messalinas bei Tacitus ausführlicher eingegangen wird, soll der historische Rahmen dargestellt werden, in den die Ausführungen einzuordnen sind.

Der historische Rahmen. Die Epochenbezeichnung ‹Römische Kaiserzeit› mag die Vorstellung einer verfassungsmäßig verankerten Monarchie evozieren, doch war die Machtstellung gerade der Kaiser in den ersten beiden Jahrhunderten n. Chr. alles andere als eindeutig definiert oder allgemein akzeptiert.[5] Die von Augustus geschaffene Staatsform monarchischen Charakters, die gleichwohl auf den über- kommenen Rechtsstrukturen der römischen Republik ruhte, wird gemeinhin als Prinzipat bezeichnet, womit die Vorrangstellung des durch Herkunft und Leistung einflussreichsten Mannes des Ge- meindewesens (*princeps*) als zentrales Charakteristikum der Ord- nung hervorgehoben wird. Gerade in der Anfangszeit des Prinzi- pates wurde seitens der Herrscher sehr stark darauf geachtet, dass die Gesellschaftsordnung als eine durch Konsens getragene angese- hen werden konnte. Doch wurde die Rolle des Herrschers und des Herrscherhauses nach und nach ausgestaltet, wobei gerade jene nicht formalrechtlich fassbaren Aspekte, die die Machtstellung des *princeps* Augustus begründeten (die er selbst als seine *auctoritas* um- schrieb) ein zentrales Problem darstellten.

Zum Zeitpunkt seines Todes hatte Augustus zwar die juristisch definierten Kompetenzen und sein immenses Vermögen seinem Stiefsohn Tiberius übergeben können, nicht jedoch sein Ansehen und seine Autorität. So kam es bereits zu Beginn der Regierung des Tiberius im Jahr 14 n. Chr. zu Rebellionen der Soldaten, hinzu tra- ten außenpolitische Schwierigkeiten, Konflikte mit dem Senat und in den rivalisierenden Fraktionen der Herrscherfamilie. Als folgen- reich erwies sich auch die seitens des Tiberius vorgenommene Stär- kung der Prätorianer,[6] die ein entscheidender Machtfaktor wurden. Als Tiberius im Jahr 37 n. Chr. starb, hinterließ er zwar einen gut gefüllten Staatsschatz, aber niemanden, der die Position des *princeps* einnehmen konnte. Schließlich gelang es seinem Enkel Gaius Cali- gula, der sich laut den antiken Geschichtsschreibern im Laufe seiner Herrschaft zu einem Monster in Menschengestalt entwickelte, mit Hilfe eines Staatsstreiches, die Vormachtstellung zu übernehmen.

Als Caligula 41 n. Chr. durch Offiziere der Prätorianergarde ge- tötet wurde, diskutierte man im Senat von Rom noch die mögliche Wiedererrichtung der Republik. Doch die Prätorianer ergriffen die Initiative und proklamierten den von antiken Autoren als sprach- behindert, körperlich gehandicapt sowie psychisch äußerst labil beschriebenen Claudius – einen Onkel Caligulas – zum Kaiser, was ihnen durch ansehnliche Geldmittel vergolten wurde. Obwohl der Senat Claudius nach der Akklamation durch die Prätorianer zunächst ablehnend gegenüberstand, gelang es Claudius schließlich, durch erfolgreiche Verhandlungen eine Zusammenarbeit zu ermöglichen. Claudius wird von den Geschichtsschreibern als sehr schwacher Herrscher dargestellt, unter dessen Regierung erstmalig einige Freigelassene des kaiserlichen Haushaltes einen entscheidenden Einfluss auf den *princeps* und seine Geschäfte nehmen konnten.[7] Trotzdem konnten unter seiner Herrschaft wichtige Leistungen im Bereich der Infrastruktur und des Militärischen verzeichnet werden: Die Getreideversorgung Roms wurde optimiert, es wurden zwei Aquädukte vollendet und mit dem Bau eines großen Hafens an der Tibermündung (Ostia) begonnen. In Italien und vielen Provinzen wurden Straßenbauten initiiert. Militärischen Ruhm erwarb Claudius durch die Okkupation Britanniens.

Zum Zeitpunkt seiner Machtübernahme war Claudius in dritter Ehe mit Valeria Messalina verheiratet.[8] Sie stammte aus einer angesehenen Familie und war entfernt mit Augustus verwandt; geboren wurde sie etwa 25 n. Chr.[9] Demnach wäre sie mit etwa 15 Jahren die Gattin des etwa 30 Jahre älteren Claudius geworden, mit dem sie zwei Kinder hatte: Octavia (geboren 40 n. Chr.) und Britannicus, der kurze Zeit nach dem Herrschaftsantritt geboren wurde (Anfang des Jahres 41 n. Chr.).[10]

Die antiken Autoren berichten von zahlreichen machtpolitischen Intrigen, an denen sie maßgeblich beteiligt gewesen sein soll.[11] Im Jahr 48 n. Chr. war sie in einen Skandal verwickelt, der für sie tödlich ausging. Zu dieser Zeit sei sie, obwohl bereits mit dem Kaiser Claudius verheiratet, für «den schönsten der römischen Jugend entflammt», den sie um jeden Preis als Liebhaber und schließlich als Ehemann gewinnen wollte. Verschiedene antike Autoren (keiner davon jedoch ein Zeitzeuge)[12] berichten von dieser Affäre, jeweils mit unterschiedlichen Akzentsetzungen,[13] jedoch übereinstimmend darin, dass sie den Kaiser Claudius als äußerst hilflose und labile Persönlichkeit vorführen. Gerade der Bericht des Tacitus gibt Aufschluss darüber, wie die Machtverhältnisse im Kaiserhaus jener Zeit und die Position der Kaiserfrau Messalina eingeschätzt wurden. Dieser Bericht des Tacitus soll im Folgenden näher untersucht werden. Einführend sind einige Bemerkungen zu Leben und Werk des Tacitus vorauszuschicken.

Tacitus. Cornelius Tacitus (ca. 55–116/120 n. Chr.) durchlief erfolgreich die senatorische Ämterlaufbahn; seine Werke publizierte er allesamt – wahrscheinlich aus politischen Erwägungen – erst nach der Ermordung Domitians im Jahr 96 n. Chr.[14] Die für die hier behandelte Thematik besonders wichtigen *Annalen* behandeln die Zeit vom Regierungsantritt des Tiberius (14 n. Chr.) bis zum Tode Neros im Jahr 68 n. Chr. In seiner Einleitung betont Tacitus, dass er ohne Zorn und Eifer (*sine ira et studio* [ann. 1, 3]) über die Taten der Kaiser berichten möchte, was bisherige ihm bekannte Autoren versäumt hätten: Zu Lebzeiten der Herrscher habe man aus Furcht vor Repressalien davon Abstand genommen, die wahre Geschichte aufzuschreiben, nach deren Tod aber habe «frischer Hass» die Autoren geleitet.

Die programmatische Ankündigung des Tacitus lässt eine neutrale oder zumindest ausgewogene Berichterstattung erwarten. Diese leistet er jedoch keineswegs: Seine Kritik am Prinzipat ist im Werk deutlich erkennbar. Tacitus kritisiert einerseits die ‹schlechten› Kaiser, die ihre Macht missbrauchen, andererseits die Senatoren, die aus Feigheit vorhandene Handlungsspielräume nicht ausnutzen und durch Schmeichelei das Risiko erhöhen, dass der Kaiser durch die Macht korrumpiert wird. Ziel des Tacitus ist es, vor allem der Senatorenschaft Orientierung im Hinblick auf gutes und richtiges politisches Handeln zu geben. Tacitus reiht sich in die Tradition der senatorischen Geschichtsschreibung ein, die ein sehr personenorientiertes Geschichtsbild vermittelt. So beschränkt sich auch Tacitus in seiner Darstellung auf die ‹Hauptdarsteller der politischen Bühne› Roms, deren Verhalten nach festen Normen beurteilt wird, indem er Tugenden und Laster, Erfolg und Scheitern herausarbeitet.[15]

Der Skandal des Jahres 48 n. Chr. im Urteil des Tacitus. Wie stellt Tacitus die Ereignisse um die Heiratsaffäre der Messalina im 11. Buch seiner Annalen dar? Die Affäre bot ihm sowohl in politischer wie auch moralischer Hinsicht ‹Stoff›, den er sorgsam literarisch ausgestaltete.[16] Sein ausführlicher Bericht ähnelt einer Tragödie. Drei Hauptpersonen bestimmen den Gang der Handlung: Messalina, Claudius und dessen Freigelassener Narcissus.[17] Diesen werden bestimmte Rollen zugeschrieben: Messalina tritt als Schurkin auf, deren Schändlichkeit, Verschwendungssucht, Überheblichkeit und von Begierde korrumpierter Geist herausgestellt werden. Claudius wird als Hasenfuß charakterisiert: ängstlich, lenkbar, seiner Gattin hörig (*uxori devinctus*) und zum Schluss gänzlich debil. Die Paraderolle aber kommt dem Freigelassenen Narcissus zu, der Entscheidungen trifft, sie ausführt, sich Kompetenzen erschließt[18] und schließlich anstelle des Kaisers selbst agiert, der immer mehr in die Rolle eines stummen Komparsen gedrängt wird. Tacitus stellt deutlich heraus, dass eben darin das eigentliche Skandalon der Affäre liegt.

Zusätzliche Dramatik erhält der Bericht durch Dialoge, welche die Handlung vorantreiben und teils in indirekter Rede, teilweise aber auch wörtlich wiedergegeben werden. Auch die szenenartige Aneinanderreihung von Handlungsabläufen erinnert an antike Dramen: Im Wechsel werden Situation und Handlungen Messalinas und die des Claudius schlaglichtartig beleuchtet. Tacitus inszeniert die Ereignisse so, dass Kaiser Claudius als Wachsfigur in den Händen jener Menschen seiner Umgebung erscheint, die ihrem Status nach in keiner Weise befugt seien, einen solchen Einfluss auf den Kaiser auszuüben.

Die Idee, die ehebrecherische Affäre Messalinas mit dem designierten Konsul Silius in Form einer feierlichen Eheschließung zu verfestigen, kam laut Tacitus von Silius[19] selbst: Über die Heirat mit Messalina wollte er sich zum Machthaber aufschwingen; Tacitus spielt darauf an, dass Silius sogar plante, den Kaiser zu ermorden (26, 2).[20] Messalina habe er unveränderten Einfluss zugesichert und die Adoption ihres Sohnes Britannicus vorgeschlagen (26, 2; 28, 1). Messalina habe dieses Angebot zunächst aus Angst, später von Silius abgeschoben zu werden, «mit Zurückhaltung» aufgenommen, doch habe schließlich ihre Schändlichkeit (*infamia*) den Ausschlag gegeben, um der feierlichen Hochzeit, die einem Komplott gegen den Kaiser gleichkam, zuzustimmen (26, 3).

Die politische Dimension der Affäre tritt im Folgenden zugunsten einer Fokussierung auf die Leidenschaft als Motiv der Akteure in den Hintergrund: Dieser Kunstgriff gestattet es Tacitus, nun das Hauptaugenmerk von dem Putschisten Silius auf Messalina zu lenken. Die Ehebrecher warteten nur noch eine günstige Gelegenheit ab, und als Claudius nach Ostia reiste, um dort eine Opferhandlung vorzunehmen, wurde Hochzeit gehalten. Im Bericht über die Feierlichkeiten meldet sich der Geschichtsschreiber selbst zu Wort:

> *«Ich weiß wohl, es wird unglaublich klingen: irgendwelche Menschen hätten sich so sicher gefühlt in einer Stadt, die alles weiß und nichts verschweigt, und schon gar der designierte Konsul mit der Gattin des Kaisers, dass sie am vorbestimmten Tag, unter Beiziehung von Zeugen, die gegenzeichnen sollten, wie eben zum Zweck einer förmlichen Eheschließung zusammenkamen und dass jene die Worte der Trauzeugen hörte, sich in den Brautschleier hüllte, vor den Göttern opferte; dass man Platz nahm unter den geladenen Gästen, Küsse und Umarmungen tauschte, schließlich die Nacht verbrachte in der Freiheit von Eheleuten. Aber nichts ist erfunden um einer Wundererzählung willen, vielmehr berichte ich, was ältere Leute gehört und schriftlich festgehalten haben» (27).*

Indem der Geschichtsschreiber seine Zweifel daran artikuliert, dass ihm die Geschichte jemand glauben könnte, betont er die Ungeheuerlichkeit dieser Heirat und der damit verbundenen Ambitionen ihres Gatten.

«Der kaiserliche Hof war erstarrt vor Entsetzen», schreibt Tacitus weiter, «vor allem diejenigen, die Einfluss besaßen», darunter drei Freigelassene des Claudius, die zu seinen engsten Beratern zählten. Diese waren nun in einer heiklen Situation: Sie fühlten sich ihrem ahnungslosen Herrn gegenüber verpflichtet, das äußerst anstößige Benehmen seiner Gattin sowie die politische Brisanz des Aktes anzuzeigen, andererseits fürchteten sie den durch die Heirat gewachsenen Einfluss des neuen Ehemannes und der Messalina, die – wie gesagt wird – schon so viele Hinrichtungen veranlasst habe. Indem Tacitus das Lavieren der Freigelassenen schildert, artikuliert er deutliche Kritik: Es wird vorgeführt, dass diese Menschen keine klaren Verbindlichkeiten kennen, sondern stets ‹ihr Fähnchen nach dem Winde richten›. Nur einer der drei Freigelassenen brachte schließlich den Mut auf, dem Kaiser den Skandal zu melden. Diese eindringliche Warnung bewog den Kaiser aber nicht, die Dinge selbst in die Hand zu nehmen. Er wird als völlig paralysiert dargestellt: «[er] wurde von einer solchen Angst überwältigt, dass er immer wieder fragte, ob er selbst die Herrschaft (*imperium*) noch innehabe, ob Silius noch Privatmann sei» (31, 1).

Die dramengleiche Schilderung lenkt nun die Aufmerksamkeit auf Messalina, die in der Zwischenzeit im Palast ein rauschendes Weinfest veranstaltete, dessen Ausgelassenheit im krassen Gegensatz zur Erstarrung des erniedrigten Kaisers steht: Der Wein fließt in Strömen, Messalina tanzt als rasende Bacchantin, auch ihr neuer Gatte tritt mit Efeu bekränzt im dionysischen Gewand auf (31, 2). Sorglos gibt sich die Gesellschaft im Palast der Orgie hin, allein ein Festteilnehmer, der auf einen sehr hohen Baum geklettert war, prognostizierte den Feiernden bedeutungsvoll – einem von der Mauer schauenden Boten in der attischen Tragödie ähnlich – «ein fürchterliches Unwetter von Ostia her» (31, 3). Laut Tacitus war durch Boten inzwischen in Rom bekannt geworden, dass der Kaiser alles wisse. Messalina habe sich angesichts dieser Situation in die Lucullischen Gärten zurückgezogen, Silius «zu seinen Amtsgeschäften auf das Forum»; weitere nicht näher bezeichnete Teilnehmer der Verschwörung seien allerdings bereits von Soldaten verhaftet worden (32). Der Geschichtsschreiber beschreibt dann abwechselnd die Situation der Messalina und des Claudius: Während Messalina zu Fuß mit den Kindern und einer erbärmlichem Gefolgschaft durch die ganze Stadt läuft, um schließlich – nun auf einem Müllkarren fahrend – dem Kaiser auf der Straße nach Ostia zu begegnen, fährt der Freigelassene im kaiserlichen Wagen, erschleicht sich weit reichende Kompetenzen (insbesondere die Befehlsgewalt über die Prätorianer) und drängt den Kaiser zum Handeln (33 f.). Als sich die Eheleute treffen, kommt es nur zu einem Wortwechsel zwischen Messalina und dem Freigelassenen Narcissus, der auch hier wieder als Sprachrohr des Kaisers agiert, dem Kaiser sogar «auf einer Schreibtafel ein Verzeichnis ihrer Ausschweifungen» überreicht. Die eigens von Messalina mitgebrachte Vestalin erwirkt die Verzögerung des zu erwartenden Standgerichts (34, 3).[21] Von Narcissus vor eine Versammlung der Prätorianer geführt, verliert der Kaiser selbst nur wenige Worte, verfügt allerdings unter dem Druck der lärmenden Kohorten die Hinrichtung von zehn Männern, welche sich der Mitwisserschaft des Komplotts schuldig gemacht hatten, oder denen vorgeworfen wurde, mit Messalina in engem Kontakt gestanden zu haben (35).

Schließlich wird ausgeführt, wie Claudius, im Palast angekommen, nach einem guten Essen «milde gestimmt, schließlich noch vom Wein erhitzt» die Weisung ausgibt, man solle «der Unglücklichen» – «dieses Wort soll er gebraucht haben», entrüstet sich Tacitus – mitteilen, dass er am folgenden Tag ihre Rechtfertigung anhören wolle. Doch jetzt werden die Ereignisse dramatisch beschleunigt: «Narcissus stürzte hinaus und gab den Zenturionen und dem wachhabenden Tribun die Weisung, die Hinrichtung zu vollziehen: so befehle es der Kaiser.» In diesem Ausspruch wird die skandalöse Amtsanmaßung des Narcissus klar aufgezeigt, der eigenmächtig und im klaren Widerspruch zur empfangenen Anweisung die Kaiserfrau zu töten befiehlt. Die bewaffnete Garde trifft Messalina in den Lucullischen Gärten in Begleitung ihrer Mutter an, und Messalina versucht sich selbst zu töten:

> «Jetzt erst gewann sie Klarheit über ihre Lage, nahm den Dolch in die Hand und drückte ihn erfolglos unter Zittern bald an die Kehle, bald an die Brust: da erstach sie der Tribun» (38).

Die gänzliche Handlungsunfähigkeit des Kaisers wird abschließend in der Schilderung des Ausbleibens einer Reaktion auf die Nachricht vom Tode seiner Frau zum Ausdruck gebracht:

> «Claudius erhielt bei Tisch die Meldung, Messalina sei ums Leben gekommen, ohne nähere Erläuterung, ob durch eigene oder fremde Hand; und jener fragte nicht, verlangte einen Becher und hielt die Gebräuche beim Trinkgelage ein. Auch an den folgenden Tagen gab er kein Anzeichen von Hass oder Freude, Zorn oder Trauer, überhaupt irgendwelcher menschlicher Regung von sich [...] (38, 2 f.).

Die genaue Betrachtung dieser Passsage hat gezeigt, dass es Tacitus vor allem darum ging, die Handlungsunfähigkeit des Kaisers aufzuzeigen. Diese offenbart sich am deutlichsten darin, dass nicht er, sondern sein Freigelassener die entscheidenden Aktionen ausführt.

Die gesamte Darstellung der Regierungszeit des Kaisers Claudius verfolgt den Aufstieg und Fall seiner Freigelassenen.[22] Dass der Kaiser darüber hinaus als Abhängiger seiner Frau charakterisiert wird, unterstreicht seine Schwäche. Das Messalina-Bild des Tacitus hat durchaus mehrere Facetten: Sie agiert einerseits sehr rational, andererseits gänzlich lustbestimmt und willkürlich, in jedem Fall jedoch zerstörerisch.[23] Tacitus hält sowohl den Einfluss der Freigelassenen als auch den der Frau für hoch problematisch und mit der kaiserlichen Autorität unvereinbar.[24]

Über den Charakter und die konkreten Lebensbedingungen der historischen Person Messalina lässt sich anhand dieser Überlieferung wenig aussagen. Ob die pikanten Geschichten von ihren Exzessen bereits von Zeitzeugen kolportiert wurden oder erst später (etwa von der folgenden Ehefrau des Claudius) gezielt in Umlauf gesetzt wurden, um Messalinas Ruf zu schädigen,[25] lässt sich ebenso wenig beantworten wie die Frage nach dem denkbaren ‹wahren Kern› solcher Geschichten. Die moderne Geschichtsschreibung akzeptiert oder verwirft Annahmen je nach dem Bild, das sich die jeweiligen Historiker/innen von der römischen Kaiserzeit und dem Alltag im Kaiserhof machen und erkennt in Messalina das Opfer einer Diffamierungskampagne, eine impulsive und emotionale junge Frau,[26] eine Lebedame mit ausgeprägten sexuellen Vorlieben oder eine um den Machtanspruch ihres Sohnes mit allen Mitteln kämpfende Matrone.[27]

Sieht man von den tendenziösen Bemerkungen über Messalina ab, stellt der Bericht des Tacitus über die Affäre des Jahres 48 n. Chr. das Netzwerk der sozialen Beziehungen, in das ein Kaiser wie Claudius eingebunden war, als heiklen Punkt im Rahmen der Stabilisierung der Macht des *princeps* dar. Tacitus erkennt, dass dieses Netz einerseits nötig war, um die Machtstellung zu halten, es andererseits aber auch Gefahren barg, die von Personen ausgingen, welche die Autorität des *princeps* infrage stellten oder unterliefen. Die traditionellen Sozialnormen reichten nicht (und vielleicht schon lange nicht mehr), um allen am sozialen Netzwerk beteiligten Personen eine eindeutige Position darin zuzuweisen. Neue ‹Spielregeln›, die Umgangsweisen und Sanktionsmittel, bildeten sich erst im Laufe des Prinzipates heraus. Gerade die Kämpfe um Erbfolgeregelungen und der damit intendierten Dynastiebildung im frühen Prinzipat belegen, dass dies ein äußerst konfliktreicher Prozess war. In diesen Prozess waren die Frauen des Kaiserhauses maßgeblich involviert, deren Stellung im Folgenden näher beleuchtet werden soll.

Ehrenrechte der Frauen des Kaiserhauses und Faktoren der Macht. Dass die Integration der Frauen in das Herrschaftssystem von den *principes* selbst befördert wurde, verdeutlichen die unzähligen Auszeichnungen und Ehrungen, die den weiblichen Mitgliedern des Kaiserhauses zuteil wurden. Bereits Augustus gab darin ein prägendes Beispiel. 35 v. Chr. verlieh er seiner Schwester Octavia und seiner Gattin Livia das Recht, Standbilder auf öffentlichen Plätzen errichtet zu bekommen.[28] Öffentlichkeitswirksam war auch die Prägung von Münzen des Reiches wie der Provinzen mit dem Bildnis der Frauen des Kaiserhauses[29] sowie die Benennung von Städten und Ansiedlungen nach ihren Namen (Liviopolis, Iulias, Colonia Agrippinensis). Im Theater waren für die Kaiserfrauen besondere Plätze reserviert. Auch hatten einige die Gelegenheit, besondere Netzwerke auszubilden: Aus der antiken Überlieferung geht hervor, dass zumindest Livia und Agrippina die Jüngere in ihrem eigenen Namen Empfänge veranstalteten, deren Teilnehmer in den öffentlich ausgehängten Mitteilungen des Kaiserhauses (*acta diurna*) namentlich verzeichnet waren.[30] Weitere Privilegien bezogen sich auf den Rechtsstatus der kaiserlichen Frauen: Augustus erteilte seiner Schwester und seiner Frau das Recht, ihre Angelegenheiten ohne Vormund regeln zu dürfen (was vor allem Unabhängigkeit in Geschäftsangelegenheiten implizierte) und dieselbe Sicherheit und Unverletzlichkeit wie die Volkstribunen (*sacrosanctitas*) zu genießen.[31] Die Verleihung des Augusta-Titels an Livia, ihre Adoption in die julische Familie durch das Testament des Augustus sowie ihre Ernennung zur Priesterin des nach seinem Tode ‹vergöttlichten› Augustus waren neuartige Schritte, die das Ansehen ihres Sohnes Tiberius als Nachfolger stützen sollten.[32]

Gerade im kultischen Bereich wurden neue Möglichkeiten erschlossen, welche dazu beitrugen, die besondere Rolle der Kaiserfrauen zu veranschaulichen. Nach hellenistischem Vorbild wurden seit augusteischer Zeit Frauen der *domus Augusta* vor allem im griechischen Osten, aber auch in Italien und den Westprovinzen schon zu Lebzeiten an weibliche Gottheiten (Demeter, Hera bzw. Ceres, Juno) oder personifizierte Tugenden (Pietas, Concordia, Fecunditas) angeglichen oder mit ihnen identifiziert und auf diese Weise statuarisch dargestellt.[33] Nach ihrem Tod konnten Kaiserfrauen auf Antrag des Kaisers durch Senatsbeschluss vergöttlicht werden: 42 n. Chr. veranlasste Livias Enkel Claudius am Jahrestag ihrer Hochzeit mit Augustus ihre Vergöttlichung (*consecratio*) als Diva Julia Augusta, um seine familiären Wurzeln zu betonen und daraus einen Legitimationsgewinn zu ziehen.

Insgesamt können diese Privilegien als Einbindung der Frauen in die offizielle Herrscherrepräsentation verstanden werden, wobei sie jeweils nicht als Personen, sondern in ihrer spezifischen Funktion mit bestimmten prestigeträchtigen Ehrungen ausgestattet wurden. Inwieweit ihnen diese Funktionen Macht oder Einflussmöglichkeiten bescherten, lässt sich nicht pauschal ermessen.[34] Die ‹Macht› der Kaiserinnen lässt sich wohl vor allem jenseits offizieller Funktionen aufspüren: Dabei kam der Verfügung über finanzielle Mittel, welche sich in Form von ‹Zuwendungen› und Stiftungen politisch instrumentalisieren ließen, große Bedeutung zu.[35] Dies gilt ebenso für die ‹Nähe zum Kaiser›, durch die die Frauen am Kaiserhof über wichtige Informationen verfügten sowie über die Möglichkeit, einzelne Personen oder Gruppen zu befördern oder auszugrenzen.

Zu untersuchen ist im Einzelfall, ob Macht und Einfluss einer Frau an die Nähe zum amtierenden Kaiser gebunden waren, oder ob sich die Macht der Frau über den Tod des kaiserlichen Vaters, Ehemannes oder Sohnes hinaus verstetigen ließ – im Sinne eines ‹dynastischen Charismas›.[36] Und schließlich ist insbesondere dem jeweiligen Blickwinkel der Quellen bei der Einschätzung der Machtverhältnisse besondere Beachtung zu schenken: Denn wenn etwa in den Kaiserviten Suetons ‹politische› Aktivitäten von Frauen des Kaiserhauses keine Erwähnung finden, kann dies auch bedeuten, dass es bloß nicht im Interesse dieses Autors lag, sie darzustellen.[37] Eine Inschrift aus der Regierungszeit des Tiberius bezeugt hingegen, dass der Senat der vom Kaiser vermittelten Auffassung seiner Mutter Livia in einer juristischen Streitfrage zustimmte und dokumentiert somit durchaus ‹politisches› Durchsetzungsvermögen einer Frau des Kaiserhauses.[38]

Negative und positive Frauenbilder. Dass sich die Kaiserfrauen auch aus eigenem Antrieb heraus im Sinne persönlicher Interessen oder: im Sinne eines Machtanspruchs ihrer Söhne an machtpolitischen Prozessen beteiligten, wird in der antiken Überlieferung oft unterstellt. Doch ist der historische Gehalt dieser Nachrichten schwierig einzuschätzen, zumal die Methoden machtpolitischen Handelns von Frauen und deren Motivation auffällig stereotyp beschrieben werden: Erotische Verführung, Intrigen, Verschwörungen und vor allem Giftmord[39] werden als typisch weibliche Methoden der Machtpolitik vorgeführt, die Motivation wird dabei selten explizit als politische ausgewiesen, sondern in der Regel auf charakterliche Verderbtheit (Verschwendungssucht, Begierde, Sittenlosigkeit) zurückgeführt.[40] Gleichzeitig wird diesen Frauen vorgeworfen, dass sie gegen die für sie geltenden Verhaltensregeln verstoßen oder gar zu Männern mutieren.[41] Solche Zuschreibungen erfolgen häufig im Kontext der Bemühungen antiker Autoren, gerade die mit den diskreditierten Frauen verbundenen Männer (meist ihre Söhne) als schwache Herrscher abzuwerten. Andererseits wurden Frauen im Umfeld als ‹gut› wahrgenommener Herrscher auch traditionell positiv bewertete Eigenschaften attestiert.[42]

Eine der wichtigsten weiblichen Tugenden war *pudicitia*, die ostentative Schamhaftigkeit und Zurückhaltung von Begierden, vor allem aber sexuelle Treue gegenüber dem Gatten implizierte.[43] Seit der Zeit der Republik galt diese spezifisch weibliche Tugend als Grundpfeiler des geordneten Gemeinwesens. So verwundert es nicht, dass antike Beschreibungen sittlich-politischer Verfallserscheinungen immer wieder mit der behaupteten Unkeuschheit der Ehefrauen einhergehen. Dieses Ideal, das zu Zeiten der Republik an alle römischen Matronen herangetragen wurde, sollte in der römischen Kaiserzeit zuallererst von der Frau des Kaisers verkörpert werden, der damit eine Leitbildfunktion zukam. Überlieferte Tugendkataloge stellen die *pudicitia* der Kaiserfrauen ins Zentrum,[44] kaiserliche Münzprägungen nehmen auf den Kult der Pudicitia Bezug,[45] einzelne Herrscherinnen werden mit der personifizierten Pudicitia in Verbindung gebracht.[46] Wenn verschiedenen Kaiserinnen in der antiken Überlieferung Ehebruch, Promiskuität oder – wie im Falle Messalinas – Prostitution unterstellt wird, geht es den Autoren auch

immer darum, den Verstoß gegen die Kardinaltugend der Kaiserfrauen herauszustellen.

Die Auslöschung der Erinnerung. Sind auch die Einzelheiten, die
Tacitus und andere Autoren über den Tod der Messalina berichten,
historisch fragwürdig, darf als gesichert angenommen werden, dass
Messalina nach ihrem Tod der *damnatio memoriae* verfiel: Per
Senatsbeschluss wurde verfügt, ihre Standbilder von öffentlichen
Plätzen sowie aus privaten Häusern zu entfernen und ihren Namen
aus Inschriften zu tilgen.[47] Dieses Verfahren bildet gewissermaßen
das Gegenstück zu der offiziell beschlossenen «Vergöttlichung»
(*consecratio*) eines Mitgliedes des Kaiserhauses. Die offizielle Verurteilung erfolgte im Rahmen eines Hochverrats- und Ehrminde-
rungsverfahrens, wie es auch gegen gewöhnliche römische Amtsträ-
ger möglich war. Neuere Untersuchungen zur *damnatio memoriae*
haben darauf hingewiesen, dass damit eigentlich weniger das tat-
sächliche Auslöschen der offiziellen Erinnerung intendiert gewesen
sei, vielmehr durch die sichtbare Tilgung des Namens aus Inschriften
gerade das Augenmerk auf die erfolgte Ächtung der Person gerichtet wurde.

Christliche Märtyrerinnen zwischen Verfolgung und kultischer Verehrung

*«Doch die Heilige sammelte wie ein tüchtiger Kämpfer immer neue
Kräfte aus ihrem Bekenntnis. Ihre Kräftigung, ihre Erholung und das
schmerzstillende Mittel in ihren Leiden waren die Worte: ‹Ich bin eine
Christin, und bei uns geschieht nichts Böses.›»*
(Eusebios, Kirchengeschichte V, 1, 19. Übers.: Haeuser)

Der Bischof von Caesarea, Eusebios, geht in seiner zu Beginn
des 4. Jh.s verfassten Kirchengeschichte ausführlich auf die Verfolgungen ein, die seine Glaubensgenossen im Laufe der Jahrhunderte
nach der Kreuzigung Jesu erlitten hatten. Trotz brutaler Folter und
im Angesicht eines schmerzvollen Todes hätten viele ihren Glauben nicht verleugnet, sondern gerade aus diesem die Kraft gewonnen, das ihnen zugefügte Leid zu überwinden. Das angeführte Zitat
ist einem bei Eusebios überlieferten Bericht über die grausame
Hinrichtung einer jungen Christin namens Blandina entnommen.
In ihrem Todeskampf wird diese Frau als tapferer Athlet mit scheinbar übermenschlichen Kräften vorgeführt. Dieses Bild ist ungewöhnlich, galten doch Frauen dem römischen Verständnis nach
eher als das schwache Geschlecht, dem man einen wankelmütigen
Geist und körperliche Schwäche attestierte.[1] Im Folgenden steht
die Frage im Zentrum, welche Bedeutung den Frauen im Rahmen
des Diskurses über das Martyrium beigemessen wurde. Vorangestellt sei eine kurze Einführung in die historischen Rahmenbedingungen.

Das Christentum zwischen Toleranz und Verfolgung.   Innerhalb
von knapp hundert Jahren entwickelte sich das Christentum, das
seinen Ursprung im Wirken eines einfachen Handwerkersohnes
ohne jegliche theologische Ausbildung in den Dörfern Galiläas ge-

nommen hatte, zu einer Religion, die außer in Palästina in den drei großen Metropolen des Römischen Reiches (Rom, Antiochia und Alexandria) sowie in den Städten der kleinasiatischen Westküste, wenig später auch in den Städten Nordafrikas, an Rhône, Rhein und Mosel sowie der Schwarzmeerküste zahlreiche Anhänger hatte, die sogar bereit waren, für ihren Glauben zu sterben.[2] Die Haltung des römischen Reiches zum Christentum war in den ersten drei Jahrhunderten ambivalent: Die Anhänger der christlichen Religion profitierten von der römischen Toleranz gegenüber fremden Kulten, dennoch gaben die Praktiken der christlichen Gemeindemitglieder vielen Römern Anlass zu Verunglimpfungen. So führte die Tatsache, dass sich die Christen untereinander als Brüder und Schwestern bezeichneten, zu der Beschuldigung, sie würden Inzest und Unzucht betreiben; in den Ritualen des christlichen Abendmahls glaubte man Hinweise auf praktizierten Kannibalismus zu erkennen; allgemein warf man den Christen vor, aufrührerisch zu sein, dubiose magische Praktiken auszuüben und die Teilnahme an den traditionellen Kulten zu verweigern.[3] Die teils unterschwelligen, teils explizit formulierten Vorwürfe gegen die Anhänger der christlichen Religion entluden sich auch in gerichtlichen Anzeigen und gewaltsamen Ausschreitungen.[4]

Das früheste Zeugnis für eine gezielte Verfolgung der Christen Roms unter Kaiser Nero im Jahr 64 n. Chr. ist ein Bericht des Tacitus (ann. 15, 44), der allerdings mehr als 40 Jahre nach den Geschehnissen verfasst wurde. Tacitus deutet die Christenverfolgung als gezielte Maßnahme des Kaisers, um die Christen für den Brand Roms verantwortlich zu machen und den Gerüchten entgegenzuwirken, dass er diesen selbst veranlasst habe. Erstmalig werden hier öffentlich inszenierte Hinrichtungen beschrieben: Die Verurteilten ließ man – in Tierfelle gekleidet – von Hunden zerfleischen, kreuzigen oder als ‹lebende Fackeln› in Neros Park verbrennen. Obwohl Tacitus sich mit deutlicher Abscheu gegenüber den brutalen Hinrichtungen äußert, hält er die Christen dennoch für strafwürdig, da sie «schreckliche und schändliche religiöse Bräuche» pflegten.

Auch andere Quellen bezeugen, dass die Christen immer wieder Repressalien ausgesetzt waren oder vor Gericht gezogen wurden. Bezeichnend für die Unsicherheit, die seitens der römischen Obrigkeit im frühen 2. Jh. n. Chr. im Umgang mit den Christen bestand, sind einige Passagen aus dem Briefwechsel des Plinius, Statthalter der kleinasiatischen Provinz Bithynien-Pontus, der sich an den Kaiser Trajan um Rat wandte, wie er mit den als Christen denunzierten Menschen zu verfahren habe; insbesondere die hohe Zahl der zum Teil anonym eingereichten Anklagen machte dem Statthalter zu schaffen.[5] Auch hätten sich die Angeklagten – abgesehen von dem verweigerten Kaiseropfer – keiner Straftat schuldig gemacht: «Ich habe nichts anderes gefunden als einen verworrenen, maßlosen Aberglauben.»[6] Bisher habe er die angezeigten Personen vorgeladen und sie gefragt, ob sie Christen seien: «Die es bejahten, habe ich ein zweites und drittes Mal gefragt, wobei ich ihnen die Todesstrafe androhte; die dabei blieben, habe ich abzuführen befohlen.» Die Antwort, welche der Kaiser dem Statthalter zukommen ließ, bestätigt dessen Verfahrensweise, untersagt jedoch die Verurteilung anonym Angezeigter und schob somit einer willkürlichen Denunziationspraxis einen Riegel vor.

Es ist also davon auszugehen, dass das einfache Bekenntnis, ein Christ zu sein, mit dem Tode geahndet werden konnte, sofern eine Anklage vorlag, und die als ‹Aberglauben› eingeschätzte religiöse Überzeugung der Christen mit Argwohn betrachtet wurde, weil sie nicht den bekannten Formen der Religiosität entsprach.[7] Systematische, von den Behörden veranlasste Verfolgungen hat es nach Ausweis der Quellen bis in die erste Hälfte des 3. Jh.s n. Chr. nicht gegeben; wie viele Menschen jedoch im Rahmen lokaler Ausschreitungen gegenüber christlichen Gemeinden oder infolge gerichtlicher Todesurteile starben, ist nicht festzustellen.[8]

Seit der Mitte des 3. Jh.s änderte sich die Situation: Im Jahr 249 n. Chr. erließ Kaiser Decius ein Edikt, das alle Reichsbewohner zum Opfer für die Staatsgötter verpflichtete. Auch wenn diese Maßnahme nicht speziell gegen die Christen gerichtet war, waren diese hauptsächlich davon betroffen.[9] Es folgte 257/258 n. Chr. eine umfassende und direkt gegen Christen gerichtete Verfolgung unter Kaiser Valerian, welche sich auf das Verbot gottesdienstlicher Versammlungen, die Inhabe klerikaler Ämter und weitere Bestimmungen bezog.[10]

Eine letzte große Christenverfolgung fand in den Jahren 303–

311 n. Chr. unter Kaiser Diokletian statt;[11] sie zielte auf die systematische Zerstörung kirchlicher Gebäude, Organisationen und ihrer Führungsschichten ab, wurde allerdings nicht im gesamten Reich umgesetzt. Im Jahr 311 n. Chr. veränderte sich die Situation zugunsten der Christen: Kaiser Galerius erließ ein Toleranzedikt, das auch den Christen die Ausübung ihrer Religion gestattete. Sie durften «ihre Versammlungsstätten wieder herrichten», unter der Bedingung, dass sie in keiner Weise gegen die bestehende Ordnung handeln.[12] Das von mittelalterlichen Theologen geprägte Schlagwort von der ‹konstantinischen Wende› wird inzwischen nur mit Vorsicht verwendet, da es die strikte Teilung der antiken Christentumsgeschichte in eine ‹vorkonstantinische Epoche› der Verfolgungen und in eine ‹nachkonstantinische Epoche› zunächst verfolgungsfreier Zustände, in der dann das Christentum als ‹Staatskirche› etabliert wurde, suggeriert.[13] Richtig ist, dass sich unter Konstantin zwar entscheidende Veränderungen des rechtlichen Status der christlichen Religion ergaben, doch begann diese Entwicklung schon früher. Sein Sohn Konstantius II. untersagte schließlich 341 n. Chr. «den Wahnsinn der [heidnischen] Opfer» und befahl einige Zeit darauf, Zuwiderhandlungen mit dem Schwert zu ahnden sowie die «heidnischen» Tempel zu schließen. Ende Februar 380 n. Chr. erklärte Kaiser Theodosius I. schließlich das Christentum zur Staatsreligion.

Das Martyrium.   Verleumdungen und Verfolgungen zählten seit der Entstehung der neuen Religion zu den Erfahrungen der Christen, die zu ertragen ihrem Selbstverständnis entsprach.[14] Bereits im Neuen Testament wird darauf verwiesen, dass ein wahrer Christ für seinen Glauben – in Anlehnung an die Passion Christi – auch Leid und Schmerz zu ertragen habe. Im 2. Jh. n. Chr. entstand der Begriff des Märtyrers, mit dem ein für seinen Glauben Hingerichteter bezeichnet wird. Dieser gilt als Zeuge (*martys*), sein Sterben als Zeugnis (*martyrion* oder *martyria*).[15] Den christlichen Berichten zufolge verteidigten die Märtyrer ihren Glauben standhaft vor Gericht, ließen sich auch durch Folter nicht von ihrem Bekenntnis abbringen und erlitten insbesondere aufgrund der Verweigerung des Kaiseropfers den Tod, indem sie enthauptet, verbrannt oder, zum Kampf in der Arena verurteilt, von wilden Tieren getötet wurden. Gerade

Abb. 13   Der Ausschnitt aus einem Mosaik (2. Jh. n. Chr.) aus Zliten/Nord-afrika zeigt eine Hinrichtung in der Arena. Dargestellt sind zwei Männer, die an Pfähle gebunden von großen Raubkatzen angegriffen werden, und zwei ‹Dompteure›, die die wilden Tiere auf die Verurteilten hetzen.

diese Form der Hinrichtung, welche der gerichtlichen Verurteilung (*ad bestias*) folgte, galt als typische Todesart der Märtyrer; nach dem römischen Rechtsverständnis der Kaiserzeit war sie für Schwerverbrecher, Tempelschänder und Brandstifter vorgesehen. Während die Verurteilten somit aus römischer Sicht eine extreme Degradierung erfuhren, galt das Martyrium aus christlicher Sicht als höchste Tugend, es war Ausweis unmittelbarer Gottesnähe und garantierte die sofortige Aufnahme in den Himmel.[16]

Der Bischof Ignatius von Antiochia, der in der ersten Hälfte des 2. Jh.s n. Chr. in Rom das Martyrium erlitt, verfasste vor seinem Tod einen Brief an seine Glaubensgenossen in Rom, in dem er sie regelrecht darum bat, nicht etwa seine Begnadigung zu erwirken und dabei auf die Vorbildhaftigkeit der Passion Christi abhob.[17] Christliche Autoren stellen mitunter heraus, dass die Menge der Zuschauer, die den grausigen Hinrichtungen beiwohnte, von der inneren Stärke der Märtyrer so beeindruckt gewesen sei, dass einige zum Christentum konvertierten. Nichtchristliche Autoren äußern sich hingegen eher irritiert über die christliche Standhaftigkeit, die als Unbelehrbarkeit, Halsstarrigkeit, ja auch als Indiz für die Dummheit der Christen gedeutet wird.[18]

Aber nicht alle Verfolgten erwarben den Status eines Märtyrers.

Einigen blieb die «Würde eines öffentlichen Todes» (Brown) versagt; wenn sie im Vorfeld der Verurteilung starben. Nach Ausweis eines christlichen Autors verhungerten im Jahr 250 n. Chr. dreizehn Personen, darunter vier Frauen, im Gefängnis von Rom, ohne dass sie Gelegenheit bekamen, als Märtyrer in Erscheinung zu treten.[19] Manche überlebten die Schikanen und Torturen, waren aber durch Folter, Verstümmelungen und Zwangsarbeit gezeichnet. Sie galten als «Bekenner» (confessores) und genossen hohes Ansehen in den Gemeinden.[20] Andere fielen unter dem Druck der Befragung oder Folter von ihrem Glauben ab und leisteten die geforderten Opfer an die ‹heidnische› Religion, andere entzogen sich durch Tricks oder ‹gute Beziehungen› dem Opferzwang. Diese wurden aus christlicher Sicht als «Gefallene» (lapsi) bezeichnet. Im Zuge der Verfolgungen des 3. Jh.s n. Chr. wurde es zu einem innerkirchlichen Problem, wie mit «Gefallenen», welche später dennoch in der Gemeinde verbleiben wollten, zu verfahren sei.[21] Gerade die «Bekenner» nahmen sich verschiedentlich das Recht, mittels sogenannter Friedensbriefe die Abgefallenen wieder in die Gemeinden aufzunehmen.[22]

Seit dem ausgehenden 2. Jh. n. Chr. wurden die Märtyrer kultisch verehrt: Ihre sterblichen Überreste wurden bestattet und die Ruhestätten mitunter baulich ausgestaltet. Den Märtyrern wurde insbesondere eine vermittelnde Funktion zu Gott attestiert; man besuchte ihre Reliquien, um durch sie Beistand, Heilung oder Bewahrung zu erflehen.[23] Später wurden Wallfahrten zu den einzelnen Reliquien unternommen. In Karthago begann man zur Zeit des Bischofs Cyprian (Mitte 3. Jh. n. Chr.), einen Kalender der Todestage von Märtyrern zu führen; Martyriumsberichte wurden im Gottesdienst verlesen. Die heidnische Umwelt nahm irritiert zur Kenntnis, wie die Christen ihre Märtyrer verehrten. Gegen Ende des 4. Jh.s n. Chr. wundert sich ein kleinasiatischer Redner darüber:

«Sie sammelten die Knochen und Schädel von Leuten, die bei mannigfaltigen Verbrechen zur Hinrichtung geführt worden waren, Menschen, die die städtischen Gerichtshöfe bestraft haben, erklärten sie zu Göttern, trieben sich bei den Knochen herum und dachten, besser zu werden, da sie sich an den

Gräbern verunreinigten. ‹Märtyrer› wurden sie genannt und ‹Diakone› und ‹Botschafter› der Gebete zu den Göttern.»[24]

Zeitgleich mit der bezeugten Märtyrerverehrung beginnt um die Mitte des 2. Jh.s n. Chr. die sogenannte Märtyrerliteratur. Früheste Beispiele sind zwei griechische Sendschreiben verfolgter Gemeinden in Kleinasien und Gallien, welche die Verhaftung und Hinrichtung von Christen schildern.[25] Auch wenn diese Texte auf historische Ereignisse Bezug nehmen und mitunter den Charakter von Prozessprotokollen haben, sind die Texte doch allesamt literarisch ausgestaltet,[26] zumal sie auch für den liturgischen Gebrauch in den Gemeinden bestimmt waren und demzufolge besonders auf die Tugend und Standhaftigkeit des Märtyrers sowie den Zusammenhalt der Gemeinde abheben.

Das Martyrium der Blandina. Zu den Märtyrern zählte auch eine Reihe von Frauen.[27] In einem der ältesten überlieferten Martyriumsberichte wird das Leiden einer Sklavin namens Blandina besonders gewürdigt. Es handelt sich um ein Schreiben, das überlebende Christen einer Verfolgung in Lyon und Vienne im Jahr 177 n. Chr. an Gemeinden in Kleinasien gerichtet hatten; ausführliche Auszüge davon sind in der *Kirchengeschichte* des Eusebios aus dem frühen 4. Jh. n. Chr. erhalten.[28] Im Folgenden soll die Frage im Zentrum stehen, wie das Martyrium der Blandina literarisch ausgestaltet wird.

Beschrieben wird die sich steigernde Abfolge von Qualen, denen die Christen ausgesetzt wurden: Die Verfolgung der Christen in Lyon und Vienne hatte nach dem von Eusebios zitierten Sendschreiben mit spontanen Übergriffen – Beschimpfungen, Schlägen, Steinwürfen – und allgemeinen Repressalien begonnen: «Man versperrte uns nicht nur die Wohnungen, die Bäder und den Markt; ja, es durfte sich überhaupt keiner mehr von uns vor ihnen irgendwo blicken lassen» (Eus. HE 5, 1, 5 f.). Es folgten ordentliche Prozesse, Inhaftierungen und schließlich Verurteilungen und Hinrichtungen. Mit dem Hinweis auf den Tod einiger Inhaftierter wird bereits das Gefängnis als unmenschlicher Ort beschrieben; im Zuge der Verhandlung seien die bekennenden Christen gefoltert und schließlich dem Tierkampf in der Arena ausgesetzt worden; wer diesen überlebte, wurde hinge-richtet. Ist auch an der Historizität der Ausschreitungen und an der dabei an den Tag gelegten Brutalität nicht zu zweifeln, tritt in der Darstellung dennoch das Prinzip der Steigerung als literarisches Stilmittel deutlich hervor, das zur Stilisierung der Märtyrer zu ‹Übermenschen› dient, während ihre Verfolger sogar die Bestien der Arena in ihrer Blutrünstigkeit übertreffen.

Blandina kommt bei den geschilderten Verfolgung eine beson-dere Rolle zu, wobei zunächst auf ihre Folter während des Gerichts-verfahrens, sodann auf ihre Hinrichtung in der Arena eingegangen wird. Bewundernd schildert der Autor des Briefes, wie standhaft sich Blandina gegenüber den Qualen der Folterer erwies. Ihre Lei-densfähigkeit habe dazu geführt

> «dass die, welche sie vom Morgen bis zum Abend nacheinander auf alle mögliche Weise folterten, müde wurden und entmutigt und sich für besiegt erklärten, da ihre Mittel erschöpft seien. Sie wunderten sich, dass sie am Leben geblieben war, obwohl ihr ganzer Körper zerschunden und zerfleischt wurde; sie bekann-ten, dass eine einzige Folter zum Tod hätte führen können, erst recht so viele von größter Grausamkeit.»
> (Eus. HE 5, 1, 18)

Bereits hier wird die wundersame Stärke Blandinas sehr deutlich herausgearbeitet, die in ihrer Beharrlichkeit gar einen Rollenwech-sel erzwingt – die Folterknechte sind müde und entmutigt, Blandina aber lebendig und zuversichtlich. Auch wird die Folter wie ein ath-letischer Kampf zwischen Opfer und Folterknechten dargestellt, in dem Blandina den Sieg davonträgt. Später wird Blandina in der Si-tuation des Tierkampfes beschrieben:

> «Blandina wurde an einem Pfahl aufgehängt, um eine Beute der losgelassenen Tiere zu werden. Sie machte den Kämpfern, die sie in Kreuzesform hängen sahen und die sie unentwegt beten hörten, viel Mut – weil sie durch ihre Schwester bei diesem Kampf mit ihren leiblichen Augen jenen, der für sie gekreuzigt war, vor sich sahen [...]. An diesem Tag rührte keines der Tiere

sie an; sie wurde wieder vom Pfosten losgebunden und in das
Gefängnis zurückgebracht, bewahrt für einen weiteren Kampf.»
(Eus. HE 5, 1, 41 f. Übers.: Jensen)

Die Bemerkung, dass keines der Tiere sich an Blandina verging,
stellt ihre Besonderheit deutlich heraus: Sie scheint von einer schüt-
zenden Aura umgeben. Gleichfalls steigert diese Schilderung auch
die Grausamkeiten und damit die Leidensfähigkeit der Blandina, die
auf den Sieg Jesu über den Tod und das Böse verweise.[29]
Schließlich wird ihr Todeskampf ausführlich beschrieben. Blandina wird hier zu einer Mutterfigur stilisiert, die ihren gefolterten
Kindern in den Tod folgt.[30] Freilich geht es dabei um ‹geistige Mutterschaft›, die der Märtyrerin das Profil einer Leitfigur verleiht.

«Am letzten Tag der Kampfspiele […] durchlief auch sie alle
Kämpfe ihrer Kinder und eilte ihnen nach, voll Freude und
Heiterkeit, als würde sie nicht den Tieren vorgeworfen, sondern
zu einer Hochzeit geladen. Nach den Peitschenhieben, den
wilden Tieren und dem glühenden Rost wurde sie schließlich in
einem Netz einem Stier ausgeliefert. Sie wurde lange Zeit von
dem Tier herumgeschleudert, aber sie spürte nicht mehr, was ihr
geschah: In ihr war nur noch die Hoffnung und die Erwartung
dessen, woran sie geglaubt hatte, und die Verbindung mit
Christus; so wurde schließlich auch sie getötet.»
(Eus. HE 5, 1, 53–56. Übers.: nach Jensen)

Aus heutiger Sicht befremdet es, wie drastisch die Torturen beschrieben werden. Dabei wird der Fokus der Betrachter eindeutig
auf die leidenden Opfer, nicht auf die Folterer gelegt. Die gesamte
Beschreibung zielt darauf ab, im Ausmaß der Qual auch das Ausmaß des Ruhmes der Märtyrer zu erkennen. Es mag darüber hinaus
mit der Rezeption der Texte im Rahmen der Liturgien zu tun haben,
dass man auf eine – aus heutiger Sicht – recht blutrünstige Schilderung verfiel, evozierte diese doch besonders plastische und einpräg-
same Bilder. Auffällig dabei ist, dass die überhöhte Figur der Blandina sowohl mit männlichen wie auch mit weiblichen Metaphern
gestaltet wird: Sie wird als «wahrer Athlet» (Eus. HE 5, 1, 19) und

als «edle Mutter» (Eus. HE 5, 1, 55) bezeichnet;[31] die unterschiedlichen Bilder verbindet eines: Sie alle veranschaulichen den Ruhm Christi.

Warum aber misst der Autor dem Leiden dieser Frau, die zudem als eine junge und körperlich schwache[32] Sklavin beschrieben wird (also als eine in der sozialen Ordnung der Zeit auf der untersten Stufe stehende Person), diese große Aufmerksamkeit bei? Die Antwort gibt der Autor selbst, als er mit der Schilderung von Blandinas Tortur beginnt:

> *«An ihr zeigte Christus, dass das, was den Menschen wertlos, gering und verächtlich erscheint, von Gott mit hohen Ehren ausgezeichnet wird, weil sich die Liebe zu Gott nicht der äußeren Erscheinung rühmt, sondern sich in Kraft erweist.»* (Eus. HE 5, 1, 17)

Er beschwört somit ein Ideal der christlichen Gemeinschaft herauf, das der Apostel Paulus der Gemeinde in Galatien vermitteln wollte: «Es gibt nicht mehr Juden und Griechen, nicht Sklaven und Freie, nicht Mann und Frau; denn ihr alle seid ‹einer› in Christus Jesus» (Gal. 3, 28).

Mit den Berichten über das Leiden der Märtyrinnen wurden Leitbilder gerade für die Frauen der christlichen Gemeinden geschaffen. Texte dieser Art dienten als Exempla, die zeigten, wie die ihrer Natur nach ‹schwachen Frauen› kraft des Glaubens zu ‹mannhafter Tugend› gelangten.

Der Bericht über das Martyrium der Perpetua. Der wohl berühmteste und in der Forschung am meisten behandelte Bericht über das Martyrium zweier Frauen ist die *Passion der Perpetua und Felicitas*.[33] Im Zentrum steht die erst in der Haft getaufte Matrone Perpetua (möglicherweise eine römische Bürgerin),[34] während Felicitas, bei der es sich vielleicht um eine Sklavin handelt,[35] eher am Rande erwähnt wird. Dieser in lateinischer Sprache verfasste Passionsbericht ist wohl bald nach den geschilderten Ereignissen der Hinrichtung von mindestens sechs Christen und Christinnen im Jahr 203 n. Chr. in Karthago entstanden.[36] Die Frage der Autorschaft ist umstritten; möglicherweise haben an der Abfassung des Textes verschiedene Autoren mitgewirkt, so suggeriert es zumindest der Text, der nach einer kurzen Einleitung eines anonymen ‹Redaktors› (Pass. 1–2) einen Bericht folgen lässt, der die Form eines autobiographischen Tagebuches der Perpetua hat, in dem nicht nur ihre Erlebnisse während der Inhaftierung, sondern auch vier Traumvisionen festgehalten sind (Pass. 3–10).[37] Am Schluss schildert der ‹Redaktor› die Hinrichtung der Protagonistinnen Perpetua und Felicitas aus der Perspektive eines Augenzeugen, der immer auch sinnstiftende Kommentare einstreut (Pass. 14–21). Gerade wegen der ‹autobiographischen Tagebuchpassagen› hat der Text in der Forschung besondere Aufmerksamkeit erregt: Vielen gilt er als «das älteste erhaltene Selbstzeugnis einer Frau aus der frühen Kirche»,[38] andere haben die Autorschaft Perpetuas bezweifelt.[39]

Die Frage, ob es sich tatsächlich um ein weibliches Selbstzeugnis handelt, lässt sich zwar nicht sicher beantworten; doch hat – wer auch immer den Text schrieb – besondere Mühe darauf verwendet, im Teil des ‹Tagebuchs› spezifische Probleme, die sich gerade für eine Christin in der Verteidigung ihres Glaubens ergeben konnten, herauszustellen. Ob es sich bei der Schilderung dieser Probleme nun um persönlich erlebte oder nur potentiell vorstellbare handelt, ist für die Beurteilung des Textes unerheblich, der vielmehr auf die Möglichkeiten seiner Rezeption hin beurteilt werden sollte.

In einfacher, lebendiger Sprache werden die unmenschlichen Bedingungen der Inhaftierung im finsteren Kerker,[40] die Sorge Perpetuas um ihren noch nicht abgestillten Säugling sowie die Ängste vor der Hinrichtung geschildert. Besonders interessant sind die Konflikte Perpetuas mit dem Vater, der mehrmals Kontakt mit ihr aufnimmt und in dessen Obhut sich der Säugling befindet. Perpetuas Vater war kein Christ, was für Perpetua innere Konflikte mit sich bringt: «Ich war traurig wegen meines Vaters, weil er allein von meiner ganzen Familie sich über mein Leiden nicht würde freuen können» (Pass. 5, 6).

Die Bemühungen des Vaters, seine geliebte Tochter vor dem Martyrium zu retten, werden von Perpetua ausführlich und in Varianten beschrieben. Beim ersten Versuch, sie vom Glauben abzubringen, hat der Vater einen Zornesausbruch. Bei seinem zweiten

Besuch appelliert er an sie, keine Schande über die Familie zu bringen. Schließlich ‹unterwirft› sich der Vater gar in demutsvoller Geste, indem er vor ihr niederkniet, ihre Hände küsst und sie Herrin (*domina*) nennt. Beim Prozess schließlich wird sein Appell an die mütterlichen Gefühle der Perpetua vorgeführt: Der Vater erscheint mit dem Baby auf dem Arm und ruft: «Bring das Opfer dar – hab Mitleid mit deinem Kind!» (Pass. 6, 2). Schließlich erfährt der Vater sogar eine entehrende Behandlung, als er zur großen Erschütterung von Perpetua vom Gerichtsdiener geschlagen wird: «Es war, als sei ich selbst geschlagen worden, so sehr schmerzte mich sein unglückliches Alter» (Pass. 6, 5). Der Vater von Perpetuas Kind dagegen wird gar nicht erwähnt, was damit erklärt werden könnte, dass auch er kein Christ war und sich vielleicht wegen des Bekenntnisses seiner Frau von ihr geschieden hatte. Perpetua entschied sich jedenfalls durch ihr Verhalten gegen ihre sozialen Verpflichtungen zugunsten ihres Glaubens.

Dieser Martyriumsbericht stellt den Rezipienten, bei denen es sich um Angehörige der kathargischen Gemeinde handelte, denen der Text bei der Märtyrergedenkfeier verlesen wurde, eine Frau vor Augen, die erst im Laufe der Zeit ihrer Inhaftierung lernt, «Gefangenschaft und Hinrichtung als ihre Bestimmung anzunehmen», was insbesondere in den geschilderten Visionen abzulesen ist, welche Bilder der paganen Vorstellungswelt mit christlich-biblischen Motiven vermengen. Visionen zu empfangen zählte in der damaligen Zeit zu den besonderen Segnungen, die der Heilige Geist den Märtyrern verlieh.[41]

Das Tagebuch, in dem die Ängste und Sorgen der frisch bekehrten Christin so plastisch geschildert werden, steht in einem gewissen Kontrast zu der Rahmenerzählung des ‹Redaktors›, der Perpetua als starke und unbeugsame Bekennerin vorführt und ihr die Züge einer Heldin verleiht. Diese Spannung zwischen der innere Zweifel und Ängste offenbarenden ‹Innensicht› der Gefolterten und der glorifizierenden Außensicht des ‹Betrachters› können als ‹didaktisches Mittel› verstanden werden, die den Mitgliedern der Gemeinde dazu verhelfen konnten, empfundene Ambivalenzen zwischen der Verehrung der Märtyrer einerseits und eigenen Ängsten vor einem persönlichen Martyrium andererseits zugunsten eines mutigen Bekenntnisses zu überwinden. Ähnlich wie in dem oben behandelten Bericht des Martyriums der Blandina erscheint auch hier die ihrer Natur nach ‹schwache Frau› als Exemplum ‹mannhafter Tugend›,[42] wodurch der Text ein breites Publikum ansprechen konnte. Wahrscheinlich hat sich diese Schrift mit ihrem Fokus auf spezifisch weibliche Belange, wie sie gerade in der Sorge um das eigene Kind[43] und die Familie zum Ausdruck kommen, vor allem an weibliche Mitglieder der Gemeinde mit nicht-christlichem Familienhintergrund gerichtet, denen Perpetua vor allem Beispiel sein konnte, um innere Zerrissenheit und Konflikte mit der Familie zu bewältigen.

Das Christentum – eine Religion der Frauen? Nicht dem Christentum anhängende antike Autoren betonen verschiedentlich – durchaus abschätzig –, dass diese Religion vor allem bei den Frauen sehr beliebt war,[44] und moderne Untersuchungen haben diesen Eindruck bestätigt. Zahlreiche Hinweise bei den christlichen Autoren lassen ebenfalls den Schluss zu, dass Frauen unter den Anhängern des Christentums deutlich in der Überzahl waren.[45] Bedingt durch die für die damalige Zeit ungewöhnliche ‹Frauenakzeptanz› Jesu[46] seien Frauen gerade im frühen Christentum an der Propagierung der neuen Religion und an der Arbeit in den Gemeinden – in Verkündigung, Gebet und Prophetie – maßgeblich beteiligt gewesen, ungeachtet des berühmten Paulus-Wortes, dass die Frau in der Gemeinde zu schweigen habe.[47] Gerade aufgrund ihrer Funktion als Vorsteherinnen des Hauses hätten Frauen sich als Katalysatoren der Glaubensverbreitung erwiesen: Wenn eine *matrona* Christin wurde, konnte man davon ausgehen, dass auch ihre Kinder und die Sklaven mit der christlichen Lehre bekannt wurden.[48]

Die Auffassung, dass der Einfluss der Frauen im Zuge der Institutionalisierung der Kirche zurückgegangen sei, zumal diese in der Großkirche außer dem Amt der Diakonin niemals Leitungsämter und nur in Ausnahmefällen sakramentale Funktionen innegehabt hätten, wird nach wie vor vertreten,[49] während auch verschiedentlich in Betracht gezogen wird, dass gerade die zahlreich nachweisbaren Verbote kirchlich-amtlicher Betätigung von Frauen seit dem 3. Jh. n. Chr. eher als Indiz für gegenteilige Praktiken zu bewerten seien.[50] So geht Ute Eisen davon aus, dass Frauen durchaus *«aktiv an der Ausbreitung und Gestaltung der Kirche des ersten Jahrtausends beteiligt [waren]: Sie waren Apostelinnen, Prophetinnen, Lehrerinnen, Presbyterinnern, eingesetzte Witwen, Diakonninnen, Bischöfinnen und Ökonominnen. Sie verkündeten das Evangelium, sie redeten prophetisch in Zungen, sie missionierten, sie beteten, sie standen der Mahlfeier vor, sie brachen das Brot und sie reichten den Kelch, sie tauften, sie lehrten, sie bildeten Theologie, sie waren in der Armen- und Krankenfürsorge sowie in der Verwaltung und im Begräbniswesen tätig.»*[51]

Spätestens seit dem 2. Jh. n. Chr. eröffnete die christliche Asketsebewegung für Frauen die bisher kaum wahrnehmbare Option, ohne Mann außerhalb der Ehe leben zu können.[52]

Eine umfassende Darstellung der Positionen von Frauen in den Gemeinden der frühen Christen wie auch in den Familien – in denen Ehepartner oft nicht beide dem Christentum angehörten –[53], sollte hier nicht erfolgen. Bei der Darstellung der Christenverfolgung ist zu beachten, dass die zur Verfügung stehenden Zeugnisse zum überwiegenden Teil von christlichen Autoren stammen, die den geisterfüllten Heroismus der Märtyrer in den Vordergrund stellen. Der größte Teil des erhaltenen Materials stammt von führenden Männern der Kirche und ist im Kontext der innerkirchlichen Debatten zu interpretieren. Viele Fragen, die ein moderner Mensch gerne stellen würde, lassen sich auf dieser Quellengrundlage nicht beantworten. Peter Brown umschreibt diesen Sachverhalt mit einem schönen Bild: «Das Alltagsleben von Christen ist eine in Dunkel gehüllte Landschaft, die hier und da durch die Blitze eines polemischen Feuerwerks erhellt wird, das in großer Höhe explodierte.»[54]

Die spätantike Kaisergattin Theodora

«Sobald sie [Theodora] erwachsen und reif war, ging sie gleich unter die Schauspielerinnen und wurde eine gewöhnliche Hetäre, eine ‹Hetäre zu Fuß› wie die Alten sagten. Sie konnte je weder Flöte blasen noch Laute schlagen, nicht einmal als Tänzerin war sie ausgebildet, sie musste vielmehr ihre Schönheit allein unter Einsatz aller körperlichen Reize dem Nächstbesten hingeben.»
(Prokop, Geheimgeschichte 9, 11–12. Übers.: Veh)

«Das Werk ist eine gute Leistung, entspricht aber doch nicht der Schönheit Ihrer Majestät; denn für einen Menschen ist es völlig unmöglich, Ihre würdevolle Erscheinung in Wort oder Bild wiederzugeben.»
(Prokop, Über die Bauten 1, 11, 9. Übers.: Veh)

In beiden Zitaten aus zwei unterschiedlichen Werken ihres Zeitgenossen Prokop wird die Schönheit der Theodora herausgestellt, aber auf wie unterschiedliche Weise! Im ersten Zitat äußert sich Prokop geradezu angewidert darüber, dass die Schönheit der Theodora nicht etwa auf kultiviertem Auftreten, sondern allein auf ihren körperlichen Reizen, welche sie auf ihre ‹Kunden› beim Sex ausübte, beruht habe. Hingegen versichert er im zweiten Zitat angesichts einer Statue der Kaisergattin, dass kein menschlicher Künstler imstande sei, die würdevolle und erhabene Schönheit der Theodora auch nur annähernd bildnerisch umzusetzen. Wie ist die Schmähung Theodoras als Prostituierte einerseits, wie ihre huldvolle Verehrung als Kaisergattin andererseits – noch dazu aus dem Munde ein und derselben Person – zu verstehen?

Die oströmische Kaisergattin Theodora (die Frau Justinians I., die von etwa 500 bis 548 n. Chr. lebte) hat vor allem wegen ihres geradezu märchenhaft erscheinenden gesellschaftlichen Aufstiegs von einer Schauspielerin und Prostituierten zur frommen Kaiserin Aufsehen erregt, auch wegen der erheblichen Macht, die sie als Kaiserin in diversen Bereichen der Politik auszuüben schien. Beide Aspekte dieses Bildes der Kaiserin müssen im Kontext ihrer Überlieferung erklärt werden.[1]

Leben und Werk Prokops. Die Werke des zeitgenössischen Geschichtsschreibers Prokop (um 500–etwa 560 n. Chr.) sind die Hauptquelle für die historische Beschäftigung mit Theodora.[2] Prokop wurde in Caesarea, in Palästina, wohl als Sohn einer christlichen Familie geboren.[3] Er verfügte über eine gehobene Bildung, was seine Kenntnisse der Werke der klassischen griechischen Literatur (insbesondere des Herodot und des Thukydides) dokumentieren, und erweist sich als rhetorisch und juristisch versiert. Spätestens seit 530 n. Chr. diente er als Berater des Feldherrn Belisarios und begleitete ihn auf diversen Feldzügen; weitere Ämter sind nicht bezeugt. Drei in griechischer Sprache verfasste Werke sind von Prokop überliefert: Sein *Bericht über die Kriege* im Zeitalter Justinians, an denen der Autor zum Teil selbst teilgenommen hat, umfasst eine Schilderungen der Kriege gegen die Perser, gegen die Vandalen in Afrika und gegen die Ostgoten in Italien. Sein Werk *Über die Bauten* behandelt die von Justinian errichteten Kirchenbauten, Befestigungen und Wasserleitungen, die als Beitrag zur umfassenden Restauration des Reiches gepriesen werden.

Das dritte Werk Prokops ist die *Geheimgeschichte.* Dabei handelt es sich um eine gegen Justinian, seine Gattin Theodora und zum Teil auch gegen den Feldherrn Belisarios gerichtete Schmähschrift, die von Prokop wohl noch zu Lebzeiten des Kaisers verfasst wurde.[4] Prokops Absicht, die Schrift aus Furcht vor Repressalien erst nach dem Tod Justinians zu veröffentlichen, klingt in der Einleitung an; doch starb der Autor selbst noch vor dem Kaiser. Der Sache nach handelt es sich um eine umfassende Anklage gegen den Kaiser, dem vorgeworfen wird, das Römische Reich durch Kriege und ruinöse Finanzpolitik zugrunde gerichtet zu haben. Insbesondere die von Prokop betriebene Dämonisierung von Justinian und Theodora sowie die pornographisch anmutenden Schilderungen der Jugend Theodoras stellen die Forschung vor die Frage, wie diese Darstellung verstanden werden kann.

Obwohl das von Prokop gebotene Material so tendenziös ist, dass es sich einem biographischen Zugriff letztlich entzieht, gehen viele moderne Historiker davon aus, dass an den pikanten Histörchen über Theodoras Jugend ‹etwas dran sein müsse›.⁵ So wird gemutmaßt, dass Prokop wahrscheinlich Material ausgeschlachtet habe, das ohnehin im Umlauf war: im «Offizierskasino», bei den Zofen der Kaiserin, in den Kneipen der Stadt, in den «geheimen Zirkeln der Unzufriedenen und Abgehalfterten».⁶ Sicher ist die Suggestivkraft, welche die farbenprächtig ausgemalten Anrüchigkeiten und Perversionen Theodoras in der Schilderung des Prokop ausüben, als Grund dafür anzusehen, wenn man Prokop Glauben schenkt. Aber letztlich kann man darüber, was ‹wahrer Kern› und was Ausschmückung des Prokop ist, nur spekulieren. Daher erscheint es geraten, weniger nach dem historischen Gehalt jener Ausführungen des Prokop zu fragen, als nach der Anlage und Funktion dieser Art von Diffamierung.

Die Geheimgeschichte Prokops zählt zur literarischen Gattung der Invektiven, die sich zur Verunglimpfung eines imaginären oder – wie im vorliegenden Fall – konkret benannten Gegners einer Reihe von Mitteln bedienen, zu denen sowohl die Dämonisierung wie auch die pornographische Diffamierung gehören.⁷ Wie dies im Bericht Prokops über Theodoras Jugend umgesetzt wird, soll im Folgenden erörtert werden.

Terror und Armut als Leitmotive in Prokops Geheimgeschichte.
Prokop beginnt seine detaillierten Ausführungen über Justinian und Theodora mit den Worten: «Jetzt will ich berichten, was für Menschen Justinian und Theodora waren und wie sie das Römerreich zerfleischten» (Prok. HA 6, 1). Bereits in diesem Satz offenbart sich seine Intention, das Herrscherpaar als Ursache eines von ihm in der Gegenwart beobachteten Verfalls darzustellen. Die gute, traditionelle Ordnung sei abhanden gekommen, eine Unordnung, eine Verkehrung der Werte an ihre Stelle getreten. Konkret berichtet Prokop von gewaltsamem Bandenterror (7, 15), räuberischer Erpressung in großem Stil (7, 33), von Entführungen und Vergewaltigungen (7, 30). Justinian aber wird teils als Anführer solcher Banden (7, 41), teils als ignoranter Esel dargestellt, der sich nicht um das Chaos im Staat

kümmere (8, 3). An die Macht gekommen, habe er vor allem durch die Verschleuderung öffentlicher Gelder (8, 4) und den Bau unsinniger Küstenanlagen (8, 7 f.) das Volk in die Armut geführt (9, 33). Zwei soziale Probleme werden somit deutlich benannt: Terror und Armut, beide führten – und darin erkennt Prokop das wesentliche Problem – zur Aufhebung traditioneller gesellschaftlicher Hierarchien, die er als ordnungsstiftend erlebt hatte. Wenn er dann auf den Werdegang Theodoras eingeht, geschieht dies in der Absicht, die Zerrüttung der sozialen Ordnung aufzuzeigen, zu demonstrieren, dass mit Theodora eine Person, die an den untersten Rand der sozialen Pyramide gehörte, an die Spitze katapultiert worden war: Ihr Aufstieg ist für ihn zugleich Sinnbild und Ursache der beschriebenen Krise.

Prokop schildert die Kindheit und Jugend der Theodora, über die ihm kaum detaillierte Kenntnisse vorgelegen haben können, sehr plastisch. Laut Prokop stammte Theodora aus einer Schaustellerfamilie: Ihr Vater sei Bärenwärter im Zirkus gewesen, die Mutter habe Theodora und ihre beiden Schwestern schon in jungen Jahren auf die Bühne gebracht, wobei Theodora zunächst bei den akrobatischen Darbietungen ihrer Schwester habe assistieren müssen. Zum besseren Verständnis soll kurz auf das Zirkuswesen der damaligen Zeit eingegangen werden.

Das Zirkuswesen in Konstantinopel zur Zeit Theodoras. Im Hippodrom von Konstantinopel zählten die Wagenrennen zu den Hauptattraktionen. Die Veranstaltungen hatten auch eine politische Funktion: Der Kaiser selbst nahm an den Spielen in einer Loge sitzend teil; hier wurden ihm Wünsche und Begehren des Volkes zugetragen. Der Kaiser unterstützte auch die verschiedenen Clubs,[8] welche das gesamte Inventar und das Personal für die Aufführungen stellten, auch die Wagenlenker, die unterschiedliche Farben trugen und jeweils von großen Anhängerschaften favorisiert wurden. Inwieweit das Bekenntnis der Fans zu der einen oder anderen Farbe auch politisch, religiös oder statusbedingt war, ist nicht klar: Zumindest ließen sich die Gruppierungen wohl politisch instrumentalisieren, und die ‹sportlichen› Rivalitäten gingen oft in gewaltsame Auseinandersetzungen über. Die Wagenrennen zogen sich häufiger über Tage hin, und die Pausen wurden durch Darbietungen verschiedener Schausteller gefüllt: Gaukler, Akrobaten, Zauberkünstler und Tierbändiger traten auf, darüber hinaus wurden sketchartige, teils improvisierte Szenen (Mimen) von Schauspielern vorgeführt.[9] Dass bei diesen Mimen auch Frauen mitwirkten, die teilweise nackt oder nur spärlich bekleidet auftraten, mag zur Attraktivität dieser Schauspiele beigetragen haben. Ehebruchs- und Verführungsszenen, auch komische Verwechslungs- und Betrugsgeschichten oder Mythenparodien waren sehr beliebt; vor allem waren die Mimen für ihre groben Obszönitäten berüchtigt, was vor allem die Kirchenväter anprangerten.[10]

Die Bühnenkünstler und -künstlerinnen zählten (wie auch Prostituierte) zum Stand jener Personen, die nach dem römischen Recht als ehrlos galten. Sie konnten sich vor Gericht nicht selbst vertreten, durften nur unter ihresgleichen heiraten, ihr Erbrecht war beschränkt, männliche Schauspieler durften kein politisches Amt innehaben (Frauen war dies ohnehin verwehrt). Das gesellschaftliche Ansehen dieses Personenkreises war deswegen aber nicht unbedingt niedrig: Neben Gruppen, die für wenig Geld von Theater zu Theater tingelten, gab es auch solche, die wie Stars verehrt wurden, große Gagen bekamen und in den Häusern der Elite als Gäste geladen waren.[11]

Theodoras Diffamierung in Prokops Geheimgeschichte. Der Bericht Prokops über die Jugend Theodoras im Zirkusmilieu enthält eine Reihe von Anekdoten, die wohl dem heutigen Leser ziemlich drastisch erscheinen mögen und vor allem dazu angetan sind, in der geschilderten Figur eine bemitleidenswerte Frau zu erkennen, die von Kindheit an in einem Milieu von materieller Armut, Gewalt und (Zwangs-)Prostitution gelebt zu haben scheint. Prokop aber wollte mit seiner Schilderung kein Mitleid hervorrufen, sondern Abscheu und Entsetzen.

Prokops Charakterisierung der Theodora ist drastisch: Noch bevor Theodora überhaupt geschlechtsreif gewesen sei, habe sie sich auf perverse sexuelle Handlungen eingelassen, indem sie Analverkehr praktizierte. Ihre Erfolge bei den Männern verdanke sie dabei nicht etwa feiner Erotik, wie sie die klassische Hetäre pflegte (9, 11), sondern vor allem ihrer Schamlosigkeit:

«*Man erzählt sich, sie sei [bei einem Trinkgelage] vor den Augen
aller auf den Rand der Liegepolster gesprungen, habe ihre
Kleider hochgerafft und so ohne jede Hemmung ihre Lüsternheit
zur Schau gestellt. Und obwohl sie sich der drei Öffnungen ihres
Körpers bediente, pflegte sie die Natur anzuklagen, die ihre
Brüste nicht weit genug geöffnet habe, als dass sie sich auch noch
damit dem Geschlechtsverkehr hingeben könne.*»
(Prok. HA 9, 17 f.)*

Mit 40 Männern habe sie in einer Nacht geschlafen, ohne ihre Begierde gestillt zu haben. Nie habe sie sich verführen lassen, vielmehr
habe die Initiative stets bei ihr gelegen (9, 15) – ein nach antiker Auffassung äußerst unweibliches Verhalten.

Theodoras Schauspielerexistenz stellt Prokop ebenfalls als skandalös heraus:

«*Sie zog sich wiederholt auch im Theater vor den Augen des ganzen Publikums aus und trat nackt in die Öffentlichkeit. Lediglich
um die Hüfte und Brust trug sie eine Binde [...]. In diesem Aufzug
lag sie rücklings hingestreckt auf dem Boden. Einige Komparsen,
denen diese Aufgabe oblag, streuten über den Schoß Gersten-
körner, und entsprechend abgerichtete Gänse pickten sie mit ihren
Schnäbeln einzeln auf. Theodora aber schämte sich deswegen
nicht im Geringsten, im Gegenteil, man konnte den Eindruck
gewinnen, als wäre sie auch noch besonders stolz darauf.*»
(Prok. HA 9, 20–22, Übers.: nach Veh)*

Die Diffamierungsstrategien Prokops sind geschickt. Zum einen
wendet er den Kunstgriff der rhetorischen Polemik an, ihre Tätigkeit als Mime mit der einer Prostituierten gleichzusetzen. Hans-Georg Beck weist in seiner Theodora-Biographie darauf hin, dass sich
in der Antike mit dem Begriff der Schauspielerin geradezu zwangs-
läufig der Begriff Hure verband, ohne dass diese Gleichsetzung im
Einzelfall immer gerechtfertigt gewesen sei.[12] Stigmatisierte Prokop
Theodora somit als sozial randständig, unterstreicht er ihre Würde-
losigkeit noch dadurch, dass er Theodora als besonders unersätt-
liche Hure charakterisiert.

Zweitens fällt auf, dass der Autor nicht zwischen Theodoras Rolle auf der Bühne und im realen Leben unterscheidet: Wenn er angibt, dass Theodora immer wieder Schläge und Ohrfeigen bekam und diese noch lachend goutierte (Prok. HA 9, 14), so spielt er zweifellos auf Prügelszenen an, die nach Ausweis unserer Quellen zu den beliebtesten Einlagen eines burlesken Mimos gehörten.[13] Dass Gänse aus Theodoras Schoß Körner gepickt hätten, stellt er als perverse sexuelle Praxis dar und verschweigt, dass eine solche Darbietung als Teil einer mimischen Mythenparodie aufzufassen ist, in der wohl Jupiters Begattung der Danae in Gestalt eines goldenen Regens sowie Jupiters Verkehr mit Leda in Gestalt eines Schwanes nachgeahmt wurde.[14]

All dies dient ihm dazu, zu unterstreichen, dass eine solche Frau niemals eine ideale Ehefrau sein konnte – und schon gar nicht die eines Kaisers![15]

Das Kaiserpaar als dämonisches Duo bei Prokop. Ein zentraler Punkt in der Argumentation Prokops ist seine Annahme, dass es sich sowohl bei Justinian als auch bei Theodora eigentlich um Dämonen gehandelt habe:[16]

> «*Sie berieten sich erst miteinander, wie sie alle Geschlechter und Werke der Menschen möglichst einfach und schnell vernichten könnten, dann nahmen sie Menschengestalt an und suchten als ‹Menschendämonen› die ganze Erde heim. Beweisen könnte uns dies neben vielem anderen auch die furchtbare Gewalt ihres Tuns.*»
> (Prok. HA 12, 14–15)

Erscheint bereits diese Annahme aus heutiger Sicht äußerst befremdlich, muten die angeblich auf den Bericht von Augenzeugen zurückgehenden Gespenstervisionen noch sonderbarer an. Ein Diener des Kaisers habe gesehen, wie sich eines Nachts der Kopf des Kaisers vom Körper getrennt habe, der allein im Palast umhergestreift sei; ein anderer will beobachtet haben, dass das Gesicht des Kaisers plötzlich jegliche Konturen verloren habe und nur noch als formloser Fleischklumpen zu erkennen gewesen sei (12, 20–23).

Dass Prokop den Berichten derartige Beachtung beimisst, mag zwei Gründe gehabt haben: Zum einen war der Dämonenglaube in jener Zeit sowohl bei Christen wie auch bei Heiden weit verbreitet; zum anderen dient das Bild des Dämons bei Prokop vor allem dazu, die Unmenschlichkeit des Herrscherpaares herauszustellen – ein Zweigespann im Dienste von Habgier und Mordlust. Weisen beide teilweise sogar gegensätzliche Denk- und Handlungsmuster auf,[17] so ergänzen diese sich doch komplementär und fügen sich zu einem schrecklichen Ganzen: Während Theodora übermäßig viel esse, trinke und schlafe, ruhe der Kaiser kaum und käme auch fast ohne Nahrung aus; während sich der Kaiser seinen Untertanen gegenüber äußerst zugänglich zeige, sei Theodora stets abweisend. Und während die Kaiserin für ihre Unnachgiebigkeit und Beharrlichkeit bekannt sei, habe der Kaiser stets wankelmütig und unzuverlässig gehandelt.[18] Gemeinsam agierte das Paar als *Duo infernal*,[19] um durch Konfiskationen in allen gesellschaftlichen Gruppen, bei denen ‹etwas zu holen› war, und Willkürjustiz das Reich zugrunde zu richten.

Prokops Darstellung auf eine Ansammlung skandalöser Geschichten um das Herrscherpaar zu reduzieren wäre verfehlt.[20] Nach eigenem Bekunden richtet er sich mit seiner Schrift an all jene, «die vielleicht einmal durch Gewaltherrscher Ähnliches erleiden». Diesen solle das Buch von Nutzen sein und Trost spenden «mit dem Gedanken, dass es nicht allein ihnen so übel erging» (Prok. HA 1, 9 f.). Seine Zielgruppe sind somit die Opfer einer zukünftigen Gewaltherrschaft; als Opfer von Gewaltherrschaft nimmt er sich auch selbst wahr. Da er in seinem Werk wiederholt darauf abhebt, wie die Herrschaft des Kaiserpaares die soziale Rangordnung innerhalb der Gesellschaft durcheinander gebracht[21] und das gesamte Volk in die Armut geführt habe, steht zu vermuten, dass er sich persönlich degradiert und um sein Vermögen gebracht wahrgenommen hat.[22]

Theodoras Stellung am Kaiserhaus. Ob Theodoras Jugend so skandalös war, wie Prokop in seiner *Geheimgeschichte* behauptet, entzieht sich unserer Kenntnis. Dass die Kaiserin ursprünglich tatsächlich Schauspielerin war, gilt in der Forschung als erwiesen; unklar ist, unter welchen Bedingungen sie die Aufmerksamkeit Justinians erregte, der sie trotz Einsprüchen der Aristokratie 525 n. Chr.

heiratete und zu diesem Zweck das Eheverbot zwischen Senatoren und Schauspielerinnen aufhob.[23] Justinian verlieh ihr kurz nach seiner Ernennung zum Augustus den Ehrentitel Augusta.

Verschiedene spätantike Autoren betonen den Einfluss, den Theodora auf die Regierungsgeschäfte genommen haben soll; die ihr zugeschriebenen Maßnahmen, zum Beispiel die Berufung, Beeinflussung oder Ausschaltung politisch mächtiger Personen, sind jedoch wiederum aus der polemischen Darstellung Prokops herausgesponnen und daher historisch fragwürdig.[24] Dennoch lässt sich ihre starke Stellung innerhalb des Kaiserhauses insgesamt wohl kaum bezweifeln, die sich allerdings in eine gewisse Tradition fügt.[25] Die gewichtige Rolle Theodoras kommt etwa darin zum Ausdruck, dass im Hofzeremoniell von Besuchern verlangt wurde, sich mit ausgestreckten Händen und Füßen zu Boden zu werfen und die Füße des Kaiserpaares zu küssen; zuvor hatte nur dem Kaiser eine Ehrenbezeugung in Form eines Kniefalls zugestanden.[26] Hohe Provinzbeamte mussten nunmehr den Treueid auf Kaiser und Kaiserin leisten.[27] Im Bereich der ‹Religionspolitik› protegierte sie im Gegensatz zu ihrem Gatten (oft erfolgreich) die Anhänger der monophysitischen Glaubensrichtung.[28] Auch gründete sie wohl ein Kloster zur Aufnahme umkehrwilliger Prostituierter.[29] Das Bild von der machtvollen Herrscherin Theodora ist allerdings besonders geprägt durch eine Episode im Zusammenhang mit dem Nika-Aufstand,[30] der zu den spektakulärsten Ereignissen während der Herrschaft Justinians und zu den bekanntesten Erhebungen gegen einen römischen Kaiser zählt.[31]

Eine Rede Theodoras als Zeichen ihrer Macht? Im Jahr 532 n. Chr. brach in Konstantinopel eine Revolte gegen Justinian los, die sich über mehrere Tage hinzog: Äußerer Anlass war das rigorose Vorgehen eines Stadtpräfekten gegen randalierende Angehörige der Zirkusparteien, das zu tumultartigen Zuständen in der Stadt führte, in deren Verlauf die Residenz des Präfekten angezündet wurde und das Feuer auf den Kaiserpalast und die Hagia Sophia übergriff. Zwar kam Justinian der Forderung nach, den Präfekten und weitere hohe Beamte abzusetzen, doch wurde zwischenzeitlich ein Gegenkaiser ausgerufen, auch die Palastwache meuterte. Die Revolte konnte erst

*Abb. 14   Theodora und Justinian bei einem sakralen Zeremoniell
(Apsismosaik aus San Vitale / Ravenna, um 540 n. Chr.)
Das Mosaik zeigt Theodora in purpurnem Kaisermantel, mit Juwelen-
kragen, Kronhaube, Pendilien und Diadem in Begleitung ihres Gatten und
Gefolges.*

durch gewaltsames Vorgehen des Herrschers beendet werden, indem angeblich über 30 000 Aufständische, die im Hippodrom ein-
gekesselt worden waren, hingerichtet wurden. Über diese Ereignisse
berichten mehrere Quellen, die im Wesentlichen die Perspektive
von Beobachtern der städtischen Tumulte einnehmen.[32] Demgegenüber liefert Prokop in seiner Geschichte des Perserkrieges eine recht
knappe Beschreibung des Aufstandes,[33] welche vor allem die seitens
des Hofes beteiligten Akteure und ihre Handlungsmotive sowie die
Geschehnisse im Innern des Palastes, wo sich der Kaiser im Verlaufe
des Aufstandes eingeschlossen habe, in den Vordergrund rückt. Es
ist allerdings nicht davon auszugehen, dass der Autor selbst diesem
‹inner circle› angehörte.[34] Stellt sich Prokop durch die Anlage des
Berichtes als besonders gut informierter Gewährsmann dar, dem

intime Kenntnisse über die Situation des Kaiserpaares vorlagen, erweist sich seine theatralische Schilderung der Vorgänge im Palast bei genauerer Betrachtung als ein fein ausgearbeitetes literarisches Kunstwerk,[35] das deutliche Kritik am Herrscherpaar enthält. Insbesondere die der Theodora in den Mund gelegte ‹Rede› macht dies deutlich und soll daher ausführlicher erläutert werden.

Während vor den Toren seines Palastes der Aufstand wütete, habe der Kaiser den Entschluss getroffen, zu fliehen. Doch in dieser Situation habe sich, wie Prokop berichtet, Theodora mit folgenden Worten an den Kaiser gewandt:

> «*Ob eine Frau vor Männern kühn auftreten oder vor Zauderern sich aufspielen darf, lässt sich meiner Ansicht nach am allerwenigsten klären, und niemand weiß, ob man es so oder anders halten soll. Wenn sich nämlich das Staatswesen in äußerster Gefahr befindet, gibt es offensichtlich nur eine wichtige Aufgabe: die drängenden Nöte möglichst gut zu meistern. Ich bin der Auffassung, dass Flucht, mag sie auch zur Rettung führen, gerade im jetzigen Augenblick Nachteile bringt; denn wie ein Mensch, einmal geboren, dem Tode nicht entrinnen kann, so muss jedem, der einmal den Kaiserpurpur trug, ein Flüchtlingsdasein unerträglich erscheinen. Niemals möchte ich daher dieses Purpurkleid verlieren und auch jenen Tag nicht erleben, da diejenigen, die vor mich treten, mich nicht mehr als Herrin ansprechen. Mein Kaiser, wenn du dich in Sicherheit bringen willst, so macht dies keine Schwierigkeiten. Wir verfügen ja über viel Geld, und dort ist das Meer, und hier sind die Schiffe. Überlege aber, ob du nach glücklicher Rettung am liebsten den Tod für das Leben eintauschen würdest! Mir jedenfalls gefällt ein altes Wort, dass das Kaisertum ein schönes Totenkleid ist.*»
> (*Prok. BP 1, 24, 33–37. Übers.: nach Veh*)

Diese der Kaiserin in den Mund gelegte Rede ist oft als Indiz für ihr Selbstbewusstsein und ihre Macht angesehen worden. Hans-Georg Beck etwa erkennt in dieser Rede «Mut und Entschlossenheit bis zum Äußersten; sie beweist, daß diese Frau inzwischen längst in ihre Rolle als Kaiserin hineingewachsen ist. Sie steht groß

und imponierend in der Männerrunde.»[36] Die hier beobachtete
‹Größe› der Kaiserin wird in der Tat durch die sorgfältige, rhetorisch geschickte Komposition der Rede evoziert; aber wird Theodora in ihrem Auftritt wirklich positiv charakterisiert? Die Rede
beginnt mit der höchst bescheiden und zurückhaltend anmutenden
Frage, ob eine Frau überhaupt unter Männern das Wort ergreifen
dürfe, verweist dann auf den Ausnahmezustand, der den Redebei-
trag rechtfertige, und endet in dem klaren Bekenntnis, dass sie
lieber als Kaiserin sterben als unter Verlust der Kaiserwürde fliehen möchte. Dabei wird sehr deutlich herausgestellt, dass die Kaiserin fest entschlossen ist, diesen Weg auch ohne den Gatten zu
gehen, ihn im Stich zu lassen. Dieses Verhalten dürften die Zeitgenossen Prokops wohl kaum als Zeichen wahrer Größe gedeutet
haben.

Ferner hat Mischa Meier nachgewiesen, dass der Ausspruch von
der «Kaiserwürde als schönem Leichentuch» eine gewisse Signal-
wirkung zumindest auf die gebildeten Leser des Geschichtswerkes
gehabt haben dürfte: handelt es sich dabei doch um eine Formulierung, die bereits im klassischen Griechenland geprägt[37] und in der
Folgezeit zum geflügelten Wort geworden war; allerdings war in
dem alten Sprichwort noch von der «Tyrannis als schönem Leichentuch» die Rede gewesen. Prokop vermied jedoch diesen in seiner
Zeit eindeutig negativ geprägten Ausdruck[38] und ersetzte ihn durch
den neutralen der *basileia* (eigentlich Königswürde). Der gebildete
Leser Prokops konnte die Anspielung sicher verstehen: Die Herrschaft des Kaiserpaares wurde mit einer Tyrannis gleichgesetzt! In
seiner *Geheimgeschichte* spricht Prokop im Übrigen ganz offen von
Justinian als einem Tyrannen.[39]

Die Rede der Theodora ist ganz offensichtlich von Prokop konzipiert worden, um den übermäßigen Machtwillen, den er ihr attestiert, zu veranschaulichen, was nicht gerade für die Historizität dieser Schilderung spricht. Wahrscheinlich wollte Prokop damit nicht
nur an Theodora Kritik üben, sondern auch Justinian als Schwäch-
ling vorführen, der sich von einer Frau Leben und schließlich Herrschaft retten lässt.[40]

Die Macht Theodoras im historischen Kontext. Theodora starb im Alter von etwa 50 Jahren im Jahr 548 n. Chr. an einer Krankheit. Sie wurde in der Apostelkirche, der Grabstätte der Kaiser Ostroms, in Konstantinopel beigesetzt. Justinian starb erst 17 Jahre später. Bis zu seinem Tod wurde sie als seine Gattin geehrt; er besuchte ihr Grab im Rahmen offizieller Unternehmungen und leistete Eide bei ihrem Namen.[41]

Was bleibt von dem Bild Theodoras, wenn man es in den historischen Kontext einordnet? Ihr Aufstieg von der Bühne zum Thron war Aufsehen erregend; doch auch andere Kaiserinnen und Kaiser kamen aus den unteren gesellschaftlichen Rängen; man mag dies als ein Zeichen für die soziale Mobilität jener Zeit werten.[42] Wie außergewöhnlich war die Macht Theodoras, die von Prokop so eindrücklich herausgestellt wird? Gerade das Hofzeremoniell legt den Schluss nahe, dass Justinian die Rolle Theodoras als Partnerin des Kaisers systematisch inszenierte, aber auch dafür gab es durchaus Vorbilder. Bereits seit dem 1. Jh. konnten die Gattinnen eines Kaisers Ehrentitel erhalten.[43] In der auf Kontinuität bedachten Dynastie der Severer (193–235 n. Chr.) nahmen die Kaiserfrauen im Rahmen einer allgemeinen Intensivierung der kaiserlichen Selbstdarstellung einen zentralen Platz in der Repräsentation ein, was wiederum ihre Ehrentitel deutlich machen.[44]

Mit dem Ende der severischen Dynastie setzte eine fast 50-jährige Phase ein, die gewöhnlich als ‹Krise des 3. Jh.s› bezeichnet wird. Diese Bezeichnung ist insofern problematisch, als im Reich keineswegs ein allgemeiner wirtschaftlicher Niedergang zu konstatieren ist, wohl aber im Hinblick auf eine ‹Krise der kaiserlichen Autorität› gerechtfertigt, da die einzelnen Personen, die das Kaisertum innehatten, sich nur für kurze Zeit behaupten konnten. Die Repräsentation der Kaiserfrauen spielte wohl auch in dieser Zeit eine wichtige Rolle, aufgrund fehlender Quellen sind großteils nur ihre Namen von Münzen und Inschriften bekannt. In der theodosianischen Dynastie (379–457/455 n. Chr.) ist die exponierte Stellung der Frauen daran ablesbar, dass sie häufiger als zuvor auf Münzen abgebildet werden.[45] Variierte demnach die Einbindung der Frauen in die Repräsentation des Kaiserhauses im Laufe der Zeit, dürfte die faktische Macht einer Frau am Kaiserhof jeweils maßgeblich dadurch bestimmt gewesen sein, wie viel Einfluss sie im Umfeld des Kaisers aushandeln konnte bzw. ihr zugestanden wurde. Dies galt nicht nur für Ehefrauen, sondern auch für Mütter und Töchter von Kaisern.[46] Aus dynastischen Zufällen konnte sich für die Frauen des Kaiserhauses zuweilen ein Machtzuwachs ergeben, wie z. B. für Pulcheria, die als Schwester für ihren jüngeren, zum Zeitpunkt der Herrschaftsübernahme unmündigen Bruder Theodosius II. über Jahre die Geschäfte führte.[47]

Im Rahmen der Bemühungen der römischen Kaiser, ihre Herrschaft auf ihre Söhne übergehen zu lassen, kam den Kaiserfrauen als Gebärerinnen legitimer Thronerben eine besondere Bedeutung zu. Falls es beim Tod eines Kaisers keinen Thronerben gab, konnte die dynastische Legitimation des neuen Kandidaten auch darin bestehen, dass die Witwe oder Tochter des vorherigen Kaisers ihn vorschlug oder heiratete, den Frauen also die Funktion zukam, die Macht zu übertragen.[48] Theodora blieb diese Art der Beeinflussung versagt, da sie weder Thronerben gebar noch ihren Gatten überlebte.

In zweierlei Hinsicht wirkte sich die Etablierung des Christentums auf die Rolle der Kaiserfrauen aus: Die kaiserliche Förderung des Christentums schuf für Kaiserfrauen ein neues, wirkungsmächtiges Betätigungsfeld als Stifterinnen.[49] Ferner bot das Christentum, das bei seinen Anhängern immer ein persönliches Bekenntnis voraussetzte, auch Frauen die Möglichkeit, durch eine vorbildliche christliche Lebensführung besondere Beachtung zu finden.[50] Beides kann das Beispiel der Helena (um 250–ca. 330 n. Chr.), der Mutter Konstantins, veranschaulichen. Legenden zufolge hatte sie aufgrund wundersamer Hinweise das Kreuz Jesu in Jerusalem entdeckt und nach Konstantinopel überführt. Sie ging als Förderin des christlichen Glaubens und Gründerin von Kirchen und Klöstern in die Geschichte ein. Für die weiblichen Mitglieder des Kaiserhauses der Spätantike hatte sie eine Vorbildfunktion.[51] Sie rückte die persönliche Frömmigkeit der Kaiserfrauen in den Blick, die in Glaubensfragen dezidierte Ansichten vertreten konnten und letztlich auch die Kirchenpolitik sowie damit zusammenhängende Personalentscheidungen mitbestimmten.[52] Auffällig ist, dass die verschiedentlich in den Quellen bezeugten eigenständigen Positionen im Hinblick auf religiöse Fragen und auch die diesbezügliche Einflussnahme von Kaiserfrauen auf ihre Männer kaum prinzipiell missbilligt wurden.[53]

Die herausgehobene Stellung einiger spätantiker Kaiserfrauen implizierte indessen keineswegs eine individuelle Freiheit: «Es gab eine klar definierte, geschlechtsspezifische Rolle für die Kaiserin. Sie hatte sich zwar gegenüber früheren Zeiten markant geändert, nicht aber im grundsätzlichen gewandelt.»[54]

Leider ist es nicht möglich, einen realistischen Eindruck vom Leben und Wirken Theodoras zu gewinnen, denn Prokop, der die meisten Informationen überliefert, erweist sich als äußerst voreingenommener Gewährsmann.[55] Allerdings entspringt das Interesse, das Geschichtswissenschaftler und Literaten Theodora entgegengebracht haben, gerade der offenbar so faszinierenden Skandalgeschichte ihrer frühen Jugend, die allein Prokop überliefert.[56] So porträtierte etwa der Historiker und Schriftsteller Felix Dahn in seinem viel gelesenen Roman *Ein Kampf um Rom* (1876) Theodora als verruchte und intrigante Machtpolitikerin. Das Urteil des Schriftstellers Frank Thiess in seinem Roman *Das Reich der Dämonen* (1941) fällt milder aus, da es die ambivalente Würdigung Theodoras durch ihre Zeitgenossen zur Kenntnis nimmt und auf die damit einhergehende Problematik aufmerksam macht: «Wohl läßt sich ihr Bild analysieren, aber ihre Bedeutung als geschichtliche Figur ist damit nicht aufgedeckt.»[57]

Forschungsgeschichte und aktuelle Fragestellungen

Die Beschäftigung mit dem Thema «Frauen der Antike» hat eine lange Tradition.[1] Freilich unterschieden sich stets die Interessen derjenigen, die sich den antiken Frauen widmeten, entsprechend auch ihre Fragestellungen und Methoden, mit denen sie sich dem Gegenstand näherten.

Große Frauengestalten. Dabei erfreuten sich durchweg die großen Frauengestalten der Antike besonderer Beliebtheit, zumal sie bereits im antiken Schrifttum besondere Beachtung fanden. Im 14. Jh. verfasste Giovanni Boccaccio eine Schrift *Über die berühmten Frauen* der heidnisch-christlichen Antike, ein historisch-mythologisches Kompendium, mit dem er durchaus erzieherische Absichten verfolgte, die der Autor in seiner Widmung der Schrift an eine einflussreiche Gräfin seiner Zeit darlegt: In der Reihe der von ihm behandelten, in der Mehrzahl negativ akzentuierten großen Frauen weisen einige durchaus bemerkenswerte Tugenden auf; finden sich Treue, Standhaftigkeit und Keuschheit schon bei heidnischen Frauen, so sind Christinnen seiner Zeit gehalten, diese an Tugend zu übertreffen.[2]

Der moralisierende Ton blieb in der Behandlung großer Frauengestalten vorherrschend, als sich seit dem 19. Jh. Wissenschaftler der Thematik annahmen und vor allem die charakterlichen Merkmale jener Frauen als Motivation für ihr Handeln herauszustellen suchten.[3] Wenn etwa Adolf Stahr über Agrippina die Ältere, die Frau des Kaisers Germanicus, urteilt, dass sie «von so brennendem Durste nach Herrschaft erfüllt [war], daß diese männliche Leidenschaft selbst das Weib und seine Schwächen in ihr untergehen ließ», folgt er exakt der Charakterisierung des Tacitus.[4] Der italienische Historiker und Journalist Gugliemo Ferrero entfaltet im Rahmen seiner Darstellung der *Frauen der Caesaren* (deutsche Übersetzung von 1912) ein Sittengemälde des moralischen Verfalls der Frauen des Kaiserhauses, das seinen «dem frohen Sinnengenuß ergebenen» Zeitgenossen eine Warnung sein soll und sie dazu ermahnt, die Frauen ihrer Zeit von der «Verfehlung des von der Natur gebotenen Schicksals» abzuhalten.[5] Ernst Kornemann suchte in seiner Darstellung *Große Frauen des Altertums* von 1942 ausschließlich Frauen, die «selbständig oder an der Seite großer Staatsmänner und Herrscher politische Geschichte gemacht haben» und gleichzeitig als «Exponenten ihres Volkstums» erfasst werden könnten, zu porträtieren und entwirft dabei ein vom völkischen Denken durchdrungenes Panorama von Frauentypen, das sowohl abschreckende Beispiele triebgesteuerter Intrigantinnen aufweist als auch idealisierte «frauliche Helferinnen» großer Staatsmänner und Heerführer.

Rechtshistorische und kulturgeschichtliche Abhandlungen. Außer den stark biographisch angelegten Studien liegt seit dem ausgehenden 19. Jh. eine Reihe rechtshistorischer und kulturgeschichtlicher Abhandlungen vor, in denen Frauen der Antike immer auch ‹mitbehandelt› werden: In rechtsgeschichtlichen Handbüchern sind es vor allem jene Abschnitte über die Familie, Formen der Eheschließung und das Erbrecht, die Aspekte weiblichen Lebens berühren.[6] In der kulturgeschichtlichen Tradition stehen die antiquarischen Handbücher des 19. Jh.s, in denen das verfügbare Wissen über Sitten und Gebräuche akribisch zusammengetragen wird, wobei gleichfalls zeitgebundene Moralvorstellungen das Gesamturteil prägen.[7] Dabei kommt den Frauen – wie den Realien – gewissermaßen der Status von musealen Objekten zu, was dazu führt, dass sie weitgehend isoliert betrachtet werden, ohne dass ihre Einbindung in die Gesellschaft Beachtung findet. Auch führt die Vorgehensweise des Sammelns aller verfügbaren Belege über Frauen oft dazu, dass die Kontexte der jeweiligen Überlieferung ignoriert werden.

Dass sich gerade in den altertumskundlichen Handbüchern das Konzept einer strikten Trennung zweier Lebensräume abzeichnet, die sich als folgenreich erwies, hat Beate Wagner-Hasel herausgestellt: Die als ‹privat› bezeichnete Sphäre des Hauses, welcher der Bereich «Frauen, Ehe und Familie» zugeordnet wird, wurde getrennt von dem ‹öffentlichen› Bereich der Politik.[8] Für die historische Analyse hatte dies zur Folge, dass die ‹Frauenwelt› – a priori im privaten Bereich angesiedelt – für die Geschichtswissenschaft, in deren Mittelpunkt die politische Geschichte und damit ‹Staatsaktionen von Männern› standen, unwichtig wurde.[9] Ein Perspektivenwechsel erfolgte erst, nachdem sich die ‹Frauengeschichte› etabliert hatte.

Frauengeschichte. Seit Mitte der 60er Jahre des 20. Jh.s gingen von der ‹neuen Frauenbewegung› wichtige Impulse für die wissenschaftliche Beschäftigung mit Frauen aller Epochen aus. Dies war die Geburtsstunde der Women's Studies, der Frauengeschichte. Ziel jener Historikerinnen, die sich als Teil einer politischen Bewegung verstanden, war es zunächst, Frauen in der Geschichte sichtbar zu machen. Dabei ging es weniger um die – seit jeher bekannten, berühmten weiblichen Gestalten, sondern um die breite Masse der Frauen, die oft vergessene Hälfte der Menschheit.

Sarah B. Pomeroys Monographie *Goddesses, Whores, Wives, and Slaves* von 1975 markiert den Beginn einer dezidiert feministischen Altertumswissenschaft mit einer emanzipatorisch-aufklärerischen Stoßrichtung. In Analogie zum modernen Kampf um Emanzipation wurde im Hinblick auf die Antike vor allem die Unterdrückung weiblicher Selbstentfaltung aufgezeigt:[10] der Ausschluss von Frauen aus der politischen Ordnung, ihr Mangel an politischen und ökonomischen Rechten, an Bildung und nicht zuletzt: das Fehlen einer eigenen Stimme. So war Frauengeschichtsschreibung anfangs oft eine «Historiographie des Unglücks von Frauen» (Michelle Perrot).

Auffällig ist dabei, dass viele wissenschaftliche Abhandlungen dieser Zeit nach den Lebensbedingungen oder der Rolle ‹der Frau› in der Vergangenheit fragen: Mit diesem Kollektivsingular sollte eine universelle weibliche Vergangenheit in den Blick genommen werden. Dass damit implizit eine einheitliche ‹historische Erfahrung› von Frauen angenommen wurde, ist inzwischen verschiedentlich kritisiert worden. Wo sich Historiker/innen den Frauen jenseits ihrer vermeintlichen Opferrolle als handelnden Personen zuwenden wollten, gar spezifisch weibliche Formen der Tätigkeit, des Ausdrucks in Gestik und Sprache, der Medien, ja eine ‹weibliche Kultur› untersuchen wollten, stellte sich – wie eingangs schon herausgestellt – vor allem für die Geschichte der Antike das Problem der Quellenlage.

Fast alle aus der Antike überlieferte Texte sind von Männern verfasst, die meisten Kunstwerke von Männern gefertigt worden. Sind da Aussagen über das Leben von Frauen, über ihr Denken und Handeln, überhaupt möglich? Kann nicht nur dargestellt werden, wie sie von Männern wahrgenommen wurden? Es begann einerseits eine geradezu kriminalistische Spurensuche nach ‹Lebenszeichen› von Frauen jenseits der von Männern geschaffenen Überlieferung: Inschriften, in denen Weihungen von Frauen verzeichnet waren, Grabfunde, archäologische Befunde von Wohnarchitektur wurden unter dieser Perspektive erneut gesichtet. Es entstanden sowohl Sammlungen als auch Auswertungen von medizinischen, juristischen und religionsgeschichtlichen Quellen sowie Dokumenten des Alltagslebens, darüber hinaus zahlreiche Aufsatzsammlungen zu einzelnen Aspekten weiblichen Lebens.[11] Dabei wurden auch Frauen ‹sichtbar›, die bislang wenig Beachtung gefunden hatten, etwa Sklavinnen und Freigelassene, und bislang vernachlässigte Themen unter Einbeziehung aller verfügbarer Quellen aufgearbeitet, wie die Arbeit von Frauen.[12] Andererseits widmete sich ein Großteil der Forschung den Repräsentationsweisen des Weiblichen in der antiken Literatur und Kunst, dem ‹männlichen Blick› in der Darstellung des ‹Weiblichen›, aber auch den in den Texten vermuteten, ‹verdeckten› weiblichen Diskursen.[13]

Geschlechtergeschichte. Seit den 80er Jahren des 20. Jh.s setzte auch in der Altertumskunde eine Akzentverschiebung von der Frauengeschichte zur Geschlechtergeschichte ein.[14] Es wurde nun nicht mehr allein nach einer ‹Geschichte der Frauen› gefragt, sondern es sollen auch die kulturellen Hintergründe der Männern und Frauen jeweils zugewiesenen Rollen aufgedeckt werden.[15] ‹Gender›/‹Geschlecht› nimmt als soziale Kategorie den grundlegend kulturell bedingten Charakter geschlechtsspezifischer Unterschiede in den Blick, umstritten ist dabei das Ausmaß des Einflusses der ‹Kultur› auf die Prägung der Geschlechtlichkeit. Damit stand eine Kategorie zur Verfügung, die der Tatsache Rechnung trägt, dass die ungleiche Verteilung von Rechten und Pflichten, Macht und Ohnmacht zwischen dem männlichen und dem weiblichen Geschlecht nicht natürlich gegeben ist, sondern kulturell bestimmt wird und ‹Geschlechterdefinitionen› dem historischen Wandel unterliegen.

Gleichzeitig entstand ein Bewusstsein dafür, dass auch Männer eine geschlechtsspezifische Geschichte haben. Galten Männer bislang als ‹neutrale› Wesen, die das ‹allgemein Menschliche› zu verkörpern schienen, formulierte die sich nun konstituierende ‹Männergeschichte› das Anliegen, Männer ‹als Männer› in den Blick zu nehmen.

Forderungen nach einem neuen Verständnis von ‹allgemeiner Geschichte› wurden laut: Geschlechtergeschichte sollte nicht länger als ein Anbau an das Haus der Geschichtswissenschaft betrachtet werden, sondern eine neue Architektur begründen. Die französische Althistorikerin Pauline Schmitt Pantel fordert beispielsweise dazu auf, «das Männliche und Weibliche gleichermaßen bei jeder historischen Analyse zu berücksichtigen und zu bedenken, dass die Beziehungen zwischen ihnen der Motor der Geschichte sein können».[16]

Innerhalb der historischen Frauen- und Geschlechterforschung wurden die eigenen konzeptuellen Grundlagen kritischer reflektiert. Dass die enge Verknüpfung von politischer Bewegung und Forschung auch ihre Probleme mit sich brachte, wurde erkannt: «Indem als Messlatte […] jene modernen Errungenschaften, die in der Gegenwart von Frauen erkämpft werden mussten, an das Leben von Frauen in der Antike angelegt wurde, geriet Frauengeschichte allzu leicht zur Defizitgeschichte.»[17] Vor diesem Hintergrund konnte die in der älteren Frauengeschichte vertretene ‹Kernthese›, dass Frauen in der Antike generell vom politischen und sozialen Leben ausgeschlossen gewesen seien, modifiziert werden. Die Existenz unterschiedlicher sozialer Räume wurde nicht länger a priori als Ausdruck der Unterdrückung von Frauen interpretiert, angesichts der alleinigen Teilhabe von Männern an politischen Institutionen nicht länger vom «Ausschluss der Frauen» gesprochen.[18]

Von der Anthropologie beeinflusste Forscher/innen hinterfragten die Anwendbarkeit zentraler Ordnungsschemata, die im Rahmen der Rekonstruktion antiker Gesellschaftsordnungen traditionell angewandt wurden (und werden), z. B. die Kategorien ‹privat›/‹öffentlich›, aber auch systematisierende Strukturen wie ‹Recht›, ‹Wirtschaft›, ‹Politik›, mit denen gewisse Grenzziehungen vorausgesetzt werden, die zwar zur Beschreibung westlicher Industriegesellschaften dienlich sein mögen, aber nicht unbedingt für antike Agrargesellschaften.[19] Es konnten soziale Räume und Betätigungsfelder aufgezeigt werden, in denen Frauen in der Antike maßgeblich engagiert waren und deren gesellschaftlicher Stellenwert und politische Bedeutung lange Zeit übersehen worden war.[20] Die Vorstellung einer räumlichen Differenzierung der antiken Lebenswelt nach männlichen und weiblichen Räumen, d. h. einer genusgegliederten Gesellschaft, wurde insbesondere in der Verbindung mit in der Anthropologie entwickelten Modellen mediterraner Gesellschaften postuliert, die auf die Antike angewendet wurden.[21] Mit der Betonung der Unterschiede in den Lebensformen und -räumen von Frauen und Männern gerieten allerdings die Lebensbereiche, in denen beide Geschlechter gemeinsam agierten, aus dem Blick.

Inzwischen lässt sich die Zahl der althistorischen Forschungsbeiträge mit geschlechtergeschichtlichen Fragestellungen kaum mehr überblicken: Zentrale Themen sind nach wie vor Machtverhältnisse, Fragen der Sozialisation und Bildung, Sexualität und Körper, aber auch die Darstellung von Geschlechterverhältnissen bei einzelnen antiken Autoren.[22] Die ‹großen Frauengestalten› werden nicht länger um ihrer ‹Persönlichkeit› willen gewürdigt, sondern im Kontext der jeweiligen gesellschaftlichen Rahmenbedingungen und unter spezifischen Fragestellungen.

Einige gemeinhin als post-strukturalistisch etikettierte Studien,[23] die vorwiegend die Mechanismen der kulturellen Definition der Geschlechter untersuchen,[24] wenden literatur- und kulturwissenschaftliche Methoden auf die historischen Quellen an,[25] mit dem Ziel, den Rahmen zu erfassen, in dem Menschen in der Vergangenheit dachten, redeten und handelten, halten es aber für ausgeschlossen, eine Realität jenseits der Texte erfassen zu können. Die oft sehr voraussetzungsreichen und theoriegesättigten Untersuchungen werden im deutschsprachigen Forschungsraum, wo die auf philologisch-historischer Quellenkritik basierende Rekonstruktion von ‹Realität› dominiert, wenig rezipiert. Aber auch in der angelsächsischen Forschung wurde solchen explizit *gender*-orientierten Ansätzen mitunter vorgeworfen, ‹die Frauen› und ihre realen Lebensbedingungen ebenso aus dem Auge verloren zu haben wie die eigentliche Leitfrage der historischen Frauenforschung:[26] «Warum und wie hat die Unterdrückung der Frauen so lange und in so verschiedenen historischen Milieus angedauert und weshalb dauert sie immer noch an?»[27]

Die Verpflichtung gegenüber einer solchen Leitfrage muss keineswegs ‹Frauenfeindlichkeit› als stets passende Erklärung für die Situation der Frauen in den antiken Gesellschaften anführen. Vielmehr beschäftigen sich gerade die dezidiert ‹realitätszugewandten› Historiker/innen nunmehr gerade mit Grauzonen zwischen Macht und Ohnmacht, analysieren informelle Machtmechanismen und Autoritätsverhältnisse oder befassen sich mit Geschlechterrollen und deren Tausch, indem sie die bekannten Quellen mit neuen Fragen konfrontieren, die etwa aus anderen historischen Kontexten oder ethnologischen Studien abgeleitet werden.

Wenn in diesem Buch eine Darstellung gewählt wurde, die – unter Verzicht auf elaborierte Theorien – einen Kompromiss der beiden zuletzt genannten Forschungsrichtungen intendiert, indem sie einerseits auf die Konstruktion von Frauenbildern in der literarischen Tradition abhebt und gleichzeitig ‹weibliche Lebenswelten› – verstanden als Handlungsspielräume von Frauen und die Formen ihrer sozialen Integration oder Exklusion – exemplarisch rekonstruieren möchte, so deshalb, weil der Blick auf Frauen der Antike nicht unmittelbar historische Realität vorfindet, sondern vorwiegend über Texte vermittelt ist. Wenn auch die Ausführungen antiker Autoren nicht als exakte Spiegelungen des vergangenen Lebens aufzufassen sind, werden von diesen dennoch verschiedentlich – und oft beiläufig – Informationen über soziale Strukturen gegeben, denen ein gewisser ‹Realitätsgehalt› zugesprochen werden kann, zumal wenn unterschiedliche Quellen dieselben Sachverhalte dokumentieren oder keine erhaltenen Zeugnisse dem Befund widersprechen. Die Herausforderung besteht vor allem darin, bei der Interpretation der Quellen die ‹Beurteilungen› von den ‹Beschreibungen› zu trennen und daraus dann wieder eine Geschichte zu machen.

Anmerkungen

Frauen bei Homer – Weibliche Tugenden und Geschlechterkommunikation im archaischen Heldenepos

1 Finley (1992) 75.
2 Vgl. dazu Wagner-Hasel (2000) 381 Anm. 1 mit Literatur. Jüngst dazu Heitman (2005) und Clayton (2004).
3 Dazu Latacz (1987).
4 Auch die in der älteren Forschung häufig traktierte Frage, ob wirklich beide Epen das Werk dieses Dichters sind oder nur eines oder nur Teile davon, kann hier unberücksichtigt bleiben. Vgl. zu dieser Problematik Latacz (1989), insbes. 32–47.
5 Nausikaa wohnt dem Vortrag des Sängers Demodokos bei den Phäaken bei (Hom. Od. 8, 457); auch Penelope hört dem Sänger zu (Hom. Od. 1, 328 ff.). Zu der Frage der weiblichen Zuhörerschaft vgl. Wagner-Hasel (2000) 403 mit Anm. 354. McIntosh Snyder (1989).
6 Zum Beispiel in der Schilderung von Rüstungen wie dem berühmten Eberzahnhelm des Odysseus (Hom. Il. 10, 262–265) ist ein Reflex der Vergangenheit greifbar; dazu ausführlich Patzek (1992).
7 Zum Wesen des Königtums bei Homer zusammenfassend Stein-Hölkeskamp (2000) 56.
8 Dazu ausführlich Zoepffel (1989) 452 ff. Zwischen jungen Mädchen und Jungen wird terminologisch nicht unterschieden – beide sind *paides* (Kinder).
9 Vgl. auch Hom. Il. 15, 661.
10 Vgl. auch Hom. Il. 8, 163.
11 Vgl. auch Hom. Od. 6, 29 f.
12 Dieses Frauenideal wird auch in der *Ilias* von Agamemnon vertreten, als dieser die Vorzüge seiner trojanischen Kriegsgefangenen Chryseis beschreibt: Hom. Il. 1, 115.
13 Hom. Od. 18, 190–197.
14 Wagner-Hasel (2000) 132 ff. 152 ff. und McLachlan (1993) 56 ff.
15 Dazu Zoepffel (1989) 455; 464.
16 Dazu Specht (1989) 94 ff.

17 Dazu Stein-Hölkeskamp (2000) 53 ff.

18 Stein-Hölkeskamp (2000) 48 f. Mit dem Terminus *oikos* bezeichnen die Epen einerseits ganz konkret ein Wohnhaus, andererseits alle zu einem Hauswesen gehörenden Personen und Besitztümer. Töchter verlassen bei ihrer Heirat das väterliche Haus, um bei ihren Ehemännern zu wohnen. Spätestens nach dem Tode des Vaters löst sich die Oikosgemeinschaft der Epen auf. Die Söhne bilden also keine Erbengemeinschaft, sondern teilen die Ländereien und die übrigen Besitztümer unter sich auf und bewohnen jeweils einen eigenen *oikos*. Der *oikos* ist also zugleich soziale und wirtschaftliche Einheit. Diese in *Ilias* und *Odyssee* beschriebenen Verhältnisse entsprechen der Lebensweise in den griechischen Poleis späterer Jahrhunderte, und es kann wohl kein Zweifel daran bestehen, dass sie die gesellschaftliche Realität der Zeit der Verschriftlichung der Texte widerspiegeln.

19 Finley (1992) 132 f., der jedoch die Intensität in der Ehe möglicher Gefühle unterschätzt.

20 Als besonnener Mann, der die Vorrechte der Ehefrau zu wahren weiß, wird Laërtes in der *Odyssee* vorgeführt: Er habe nie die von ihm mit eigenen Mitteln erworbene Eurykleia bedrängt, wenn er ihr auch ansonsten eine der Gemahlin vergleichbare Stellung eingeräumt habe: Hom. Od. 1, 430 f.

21 Finley (1992) 74.

22 Wagner-Hasel (2000) 307. Zur Bedeutung des Webens: Reuthner (2006), Vetter (2005).

23 Hom. Od. 7, 65 ff.

24 Zoepffel (1989) 460 f.

25 Zoepffel (1989) 460.

26 Wickert-Micknat (1982) 118 ff. Zur Gastfreundschaft: Wagner-Hasel (2000).

27 Zu den Göttern Homers: Rösler (2002). Burkert (1989).

28 Hom. Il. 1, 518 ff. 561 ff.

29 Hom. Il. 1, 540 ff. Hom. Il. 14, 153–351.

30 Hom. Il. 6, 433 ff.

31 Vgl. auch Barker (2003).

32 Zoepffel (1989) 463.

33 So zu Recht bereits Finley (1992) 92 gegen Thomson (1974). Kritisch auch bereits Pomeroy (1985).

Sappho von Lesbos und ihr Kreis – Mädchenerziehung und pädagogischer Eros

1 Anhaltspunkte liefern u. a. Strab. 13, 617. Athen. deipn. 13, 599 c–d. Einige Informationen über ihr Leben enthält eine Inschriftenchronik auf Marmortafeln von der Insel Paros (Marmor Parium Ep. 35 f.). Ein Eintrag unter dem Stichwort «Sappho» findet sich auch in dem großen, Suda genannten, byzantinischen Sprach- und Reallexikon aus dem 10. Jh. Diese Zeugnisse finden sich in Übersetzung bei Treu (1991) 111 ff.

2 Angaben bei Treu (1991) 143.

3 Dies geht unter anderem daraus hervor, dass ihr Bruder Larichos – wie Sappho in einem Lied erwähnt (fr. 203 Voigt) – im Speisehaus der Magistrate (Prytaneion) von Mytilene Mundschenk gewesen sein soll, ein sehr ehrenvolles Amt, das nur jungen Aristokraten zuteil wurde.

4 Seit dem 8. Jh. v. Chr. waren Griechen bis an den Rand des westlichen Mittelmeeres aufgebrochen, um dort Kolonien und Handelsniederlassungen zu gründen.

5 Dazu ausführlich Giebel (1980) 123 ff.

6 Treu (1968) 1232 mit Belegen.

7 Latacz (1991) 393. Die hier zitierten Übersetzungen entstammen Latacz (1991).

8 Gronewald – Daniel (2004).

9 Sappho nennt ihr Instrument in einem Lied «helltönenden Schildkröte». Dem Mythos zufolge erfand der Gott Hermes dieses Instrument, dessen Schallkörper aus einem Schildkrötenpanzer bestanden habe. Vgl. Zaminer (2000) mit einem Überblick über die gängigen Musikinstrumente.

10 Wagner-Hasel (1997) 893 f.

11 Die Überführung der Braut ist auch auf zahlreichen griechischen Vasen abgebildet. Vgl. zu den attischen Bildern: Oakley – Sinos (1993).

12 Sappho selbst spricht von zwei Rivalinnen, Andromeda und Gorgo, die wohl ähnliche Kreise führten (fr. 213 Voigt). Calame (1996) 115 mit Anm. 10.

13 Nach dem Modell hellenistischer Kultvereine haben viele Forscher Sappho als Leiterin eines Kultvereines (*thiasos*) angesehen. Da sich diese Bezeichnung jedoch nirgends in den Fragmenten Sapphos findet, scheint es angebrachter, von einer ‹Gruppe› oder einem ‹Kreis› zu sprechen.

14 Calame (1996) 117 mit Anm. 19. Ebd. 120.

15 Suda s.v. Sappho.

16 Dazu Herman (1987). Wagner-Hasel (2000).

17 Alkm. fr. 3 Calame. Dazu Latacz (1991) 327 f.

18 Fr. 94 Voigt. Dazu Latacz (1991) 398. Auch Gegenbilder zur idealisierten Schönheit finden sich in den Gedichten, wenn etwa Sappho ihre Konkurrentin Andromeda beleidigt, indem sie diese als «Bauerntrampel» und «rustikal gekleidet» beschreibt, «ganz ungeübt, das lange Kleid bis zu den Knöcheln hochzuziehen» (Sappho fr. 57 Voigt).

19 Dazu Schneider (1975).

20 Alk. fr. 130 b 17 f. Voigt; Übers.: Treu. Vgl. dazu den Kommentar von Treu (1991) 235 f.

21 Dazu Glei (1993).

22 Winkler (1994) 273.

23 Sappho fr. 47, 130, 48, 49 Voigt. Vgl. auch fr. 1, 19. 16, 4, 94, 21 ff. Voigt. Dazu Calame (1996) 121.

24 Sappho fr. 142; 160 und 126 Voigt. Dazu auch Athen. deipn. 13, 571 c–d. Pollux 4, 43 ff. setzt die Termini, welche für Sapphos Schülerinnen verwendet werden, mit Geliebten (*synerastai*) gleich.

25 Vgl. dazu auch Lanata (1966). Winkler (1994). Greene (1996a) 5.

26 Plut. mor. 751 D und Calame (1996) 118 mit Anm. 22. Latacz (1991) 411.

27 Calame (1996) 120.

28 Calame (1996) 123 mit Anm. 36.

29 Zur Thematik generell Sorkin Rabinowitz (2002).

30 Aristoph. Vesp. 1345.

31 Lukian, dialogi meretricii (Hetärengespräche) 5.

32 Plat. Leg. 1, 636 c. Anth. Pal. 5, 207.

33 Dazu Brooten (1996).

34 Zur Sappho-Rezeption in der nachantiken Zeit vgl. in aller Kürze Giebel (1980) 133 ff. Ausführlich: Green (1996b). DeJean (1989).

Mütter von Männern – Das Bild der Frauen Spartas

1 Heute ist der Name Sparta üblich, die antiken Autoren sprechen häufiger von Lakedaimon. Ich verwende die Bezeichnung Spartaner/Spartanerinnen synonym mit Spartiaten/Spartiatinnen, um damit die freien Bürger Spartas zu bezeichnen, die nicht Periöken und nicht Heloten waren.

2 Die Kenntnisse der Geschichte des antiken Spartas beruhen kaum auf Zeugnissen, die aus Sparta selbst stammen, sondern basieren überwiegend auf Werken athenischer Autoren des 5. und 4. Jh.s v. Chr. oder wesentlich später lebender Schriftsteller. Es kommt hinzu, dass fast aus-

schließlich Informationen über das Leben der gesellschaftlichen Bürgerelite und die Königsfamilien vorliegen.

3 Einen Überblick liefert Baltrusch (1998).

4 Zur Debatte um Historizität und Lebenszeiten Lykurgs vgl. Rebenich (1998) 121 f. unter Anm. 109 mit weiterer Literatur.

5 Zum Kontext dieser «Frauenexkurse» Thommen (1999) 131 ff.

6 Bei der Schrift handelt es sich nicht – wie der Titel vielleicht suggeriert – um eine systematische Beschreibung der politischen Institutionen Spartas. Zur Charakterisierung des Werkes vgl. Rebenich (1998).

7 Plutarch (ca. 46–120 n. Chr.) hebt in der Darstellung der Charaktere, die er in seinen Doppelbiographien behandelt, vor allem auf deren herausragende Eigenschaften und die moralische Bewertung ab. Doch ist ihm die korrekte Wiedergabe der ihm vorliegenden Informationen wichtig. Über Lykurg bekennt er freimütig, man könne nichts sagen, das nicht umstritten wäre (Plut. Lyk. 1, 1).

8 Plat. Prot. 342 d.

9 Aristoph. Lys. 1237 mit Scholion. Vesp. 1246.

10 Belege der Positionen bei Thommen (1999) unter Anm. 7.

11 Dazu Calame (1977). Thommen (1999) 135.

12 Fantham (1994).

13 Der Chor des *Großen Parthenions* Alkmans umfasste elf oder zwölf Mädchen und lag im Wettstreit mit einem anderen Chor. Es könnte sich – wie es im Fall des sapphischen Kreises mit einiger Sicherheit anzunehmen ist – um ein sehr elitäres Phänomen gehandelt haben, so dass wahrscheinlich nur ein geringer Teil der Mädchen in der entsprechenden Altersstufe eine solche Ausbildung bekam.

14 Thommen (1999) 137 mit Belegen.

15 Vgl. auch Plat. Pol. 452 a über die Befremdlichkeit des Anblicks nackter, turnender Frauen.

16 Dass auch die Mädchen eine kollektive Erziehung erhielten, wird in der Forschung verschiedentlich erwogen. Vgl. Hodkinson (2004) 108 mit Literatur. Die ausführlichen literarischen Darstellungen des spartanischen Erziehungssystems (Xen. Lak. pol. 2–3. Plut. Lyk. 16–21; mor. 237–239) werden durch Weihinschriften aus der Zeit zwischen dem 4. Jh. v. Chr. und der römischen Epoche im Heiligtum der Artemis Orthia auf einer Insel im Fluss Eurotas ergänzt. Zum Erziehungssystem ausführlich Kennell (1995).

17 Vgl. Dettenhofer (1993) 67 f. 72 f.

18 Zu den mit Helotinnen gezeugten Kindern von Spartanern (sogenannten *mothakes*) vgl. Baltrusch (1998) 33.

19 Plat. Nom. 806 a. Xen. Lak. Pol. 1, 3 f.

20 Dazu Reuthner (2006) 291 f.

21 Dazu Thommen (1999) 145.

22 Schmitz (2002) 574. Dass für die Königsfamilien grundsätzlich andere Regelungen galten, ist wahrscheinlich.

23 Schmitz (2002) 597 mit Hinweise auf die einschlägigen Quellen unter Anm. 84. Dass die antiken Autoren ein entsprechendes Gesetz, welches in Sparta existiert haben soll, als Gesetz gegen Ehelosigkeit (*nomos agamiou*) bezeichnen, steht der hier favorisierten Deutung nicht entgegen; denn das Wort *gamos* kann auch den vollzogenen Beischlaf bezeichnen, nicht nur die Heirat. Bemerkungen über das ‹Heiratsalter› der Spartaner in verschiedenen Quellen (dazu Thommen [1999] 141) können sich auch auf das geeignete Alter für den ersten Beischlaf beziehen: Für beide Geschlechter wurde wohl ein Alter von ungefähr 20 Jahren für angemessen gehalten.

24 Der Brautraub ist eine für das antike Griechenland verschiedentlich bezeugte Sonderform der Eheschließung, welche den Eltern der Braut (vor allem dem Brautvater) konsequent das Recht entzieht, die Wahl des Partners seiner Tochter (mit) zu bestimmen. Dazu ausführlich Schmitz (2002) 567 ff.

25 Plut. Lyk. 15, 4 ff.

26 Thommen (1999) 140.

27 Pomeroy (1985) 56.

28 Zu den Hochzeitssitten in Athen Hartmann (2002) 77 ff.

29 So Schmitz (2002). Andere deuten den «Hochzeitsritus» als Indiz für eine «Probeehe», die aufgelöst werden konnte, wenn sich kein Nachwuchs einstellte (Pomeroy [1985] 56. Schuller [1995a] 80).

30 Polyb. 12, 6 b. Aristoph. Eccl. 614.

31 So Redfield (1977) 148.

32 Plut. Lyk. 15, 14; Xen. Lak. Pol. VI, 1–2. Dazu Schmitz (2002) 576.

33 Plut. Lyk. 15, 17 f. Dazu Schmitz (2002) 574.

34 Zum Ehebruch in Athen vgl. Hartmann (2002). Schmitz (1997).

35 Plut. Lyk. 27, 3. Dazu Vedder (1988) 188 f. mit Hinweisen auf den epigraphischen Befund.

36 Zu den Schandstrafen, welche nach Xenophon ‹Feiglinge› in Sparta über sich ergehen lassen mussten, vgl. Xen. Lak. Pol. 9, 3–6.

37 Plut. mor. 240 F.

38 Schmitz (2002) 592 f. beschreibt dieses System überzeugend. Er vertritt die Auffassung, dass sich im 5. Jh. v. Chr. in Sparta (wieder) Patrilinearität durchsetzte (594 ff.). Die Fragen nach der Verteilung des Landbesitzes

und die Modalitäten der Übereignung werden in der Forschung allerdings kontrovers diskutiert. Dazu eingehend Hodkinson (2004).

39 Inwiefern die Mitspracherechte der Frauen im *oikos* mit steigendem Vermögen zunehmen konnten, erörtert Hodkinson (2004) 118 ff.

40 Vgl. auch Hodkinson (2004) 127.

41 Vgl. die Bemerkung Plutarchs, dass die Mutter und die Großmutter Agis' IV. (im 3. Jh. v. Chr.) aufgrund ihres Reichtums viele Klienten und Schuldner hatten und dadurch über großen Einfluss in der Polis verfügten: Plut. Ag. 6, 4. Dazu Hodkinson (2004) 113; 122 ff.

42 So vor allem Dettenhofer (1993). Vielfach sind moderne Darstellungen zu den Frauen Spartas darüber hinaus von zeitgenössischen emanzipatorischen Idealen selbstbestimmten weiblichen Lebens geprägt, wenn etwa auf die vermeintliche sexuelle Freizügigkeit der Spartanerinnen abgehoben wird. Solche Akzentuierungen verkennen, dass für die Frauen der Antike gänzlich andere Wertmaßstäbe gegolten haben könnten. Vgl. in diesem Sinne auch Cartledge (1981).

Im Dienste der Stadt – Kultische Aufgaben der Bürgerinnen Athens

1 Die Frage, ob auch Frauen im Theaterpublikum waren, wird in der Forschung kontrovers diskutiert (vgl. zusammenfassend Katz [1998]). Die Quellen werden übersichtlich zusammengestellt und diskutiert bei Pickard-Cambridge (1968) 263 ff. Der Besuch des Theaters scheint Frauen jedenfalls nicht grundsätzlich verwehrt gewesen zu sein. Vermutlich hing es vom Status einer Frau ab, ob sie das Theater besuchte oder nicht. Vor allem für die unverheirateten Bürgerinnen galt es als unschicklich, in der Öffentlichkeit von Männern gesehen zu werden und mit ihnen zu kommunizieren; für ältere Frauen hingegen war dies weniger problematisch; für Metökinnen und Hetären gehörte es zum Alltag.

2 Die Passage aus Aristophanes' *Lysistrate* ist in der Forschung unterschiedlich interpretiert worden: Brelich erkannte in der Auflistung der kultischen Ämter eine Art *cursus honorum* der athenischen Mädchen; seiner Meinung nach handelte es sich dabei um eine ursprünglich von allen, später nur noch in Relikten von Einzelnen ausgeführte Mädcheninitiation (Brelich [1969]). Dieser Auffassung ist in jüngerer Zeit verschiedentlich widersprochen worden (dazu Waldner [2000]). Die Pointe der Aufzählung bei Aristophanes scheint vielmehr darin zu liegen, dass suggeriert wird, eine einzelne Person habe all diese kultischen Tätigkeiten

im Laufe ihrer Jugend ausgeübt, was realiter wahrscheinlich unvorstellbar war.

3 Zum Folgenden vgl. Bruit Zaidman – Schmitt Pantel (1994).

4 De Polignac (1984) 77 ff.

5 Zur Rolle der Priester vgl. Bruit Zaidman – Schmitt Pantel (1994) 50 f.

6 Zentrale Quellen sind bei Kraemer (2004) gesammelt.

7 Vgl. z. B. Pomeroy (1985) 112 ff.

8 Waldner (2000) 55 f.

9 Dazu Parker (2000) 230–232. Grundlegend auch die in dem Sammelband von Neils (1992) zusammengeführten Aufsätze.

10 Die einschlägigen Quellen sind vor allem bei Donnay (1997) gesammelt.

11 Zu den Details ausführlich Reuthner (2006) 295 ff.

12 Zur Deutung als Fruchtbarkeitsritus vor allem Simon. Zur Deutung als Initiationsritus vgl. Burkert (1966).

13 Dazu Reuthner (2006) 302 f.

14 Zum Folgenden grundlegend Waldner (2000).

15 Vgl. dazu Lohmann (1997) 762–764.

16 De Polignac (1984).

17 Sourvinou-Inwood (1988).

18 Diese *Krateriskoi* wurden vor allem von L. Kahil in verschiedenen Aufsätzen behandelt. Vgl. dazu zusammenfassend Waldner (2000) 66.

19 Waldner (2000).

20 Die Quellenlage für die in ganz Griechenland gefeierten Thesmophorienfeste ist äußerst dürftig, gerade weil über die geheimen Riten Stillschweigen gewahrt werden musste. Auch die Forschung vertritt in einzelnen Punkten sehr kontroverse Ansichten. Vgl. dazu grundlegend Burkert (1977) 365–376. Nixon (1995). Waldner (2000) und zum Folgenden vor allem Kron (1992) passim.

21 Zum Mythos: Graf (1997) 420 f.

22 Bei Is. 6, 48 ff. wird ein Gesetz erwähnt, das dies regelte. Leider wird das Gesetz nicht wörtlich zitiert.

23 Vgl. dazu Aristoph. Thesm. 1148 f.

24 Dazu Brumfield (1996).

25 Bremmer (1996).

26 Dazu Parke (1987).

27 Brumfield (1981).

Ehe, Haushaltsführung und Handlungsspielräume von Bürgerinnen im klassischen Athen

1 In Attika (das heißt in der Stadt Athen und dem dazugehörigen Umland) lebten im 4. Jh. v. Chr. ca. 30 000 männliche Bürger, von denen nach modernen Schätzungen weniger als 20 % zu der Gruppe jener Wohlhabenden zählten, die für die Liturgien (Aufwendungen zugunsten der Polis) herangezogen wurden. Den größten Anteil an der Gesamtbevölkerung hatten Menschen ohne Bürgerrecht: männliche und weibliche Metöken sowie Sklavinnen und Sklaven. Dazu Hansen (1995) 87 ff. 108 ff.

2 Vgl. Aristot. pol. 1253 b.

3 Spahn (1980) 546.

4 Vgl. Reeder (1996) 200.

5 Wahrscheinlich wurden allein besonders teure Textilien auf dem Markt zum Verkauf angeboten: Börner (1995) 66.

6 Vgl. Schmitt Pantel (1989) 204.

7 Weitgehend akzeptiert ist in der Forschung die Annahme, dass Mädchen im klassischen Griechenland im Alter von 14–15 (mit Einsetzen der Gebärfähigkeit) als heiratsfähig galten und Männer im Alter von etwa 30 Jahren. Das relativ hohe Heiratsalter der Männer bewirkte einen recht großen Altersabstand zwischen Vater und Sohn. Wenn Männer mit ungefähr 30 Jahren heirateten, waren ihre Väter bereits etwa 60 Jahre alt. Aristoteles, der für Frauen ein Heiratsalter von 18 Jahren, für Männer eines von etwa 37 Jahren für sinnvoll hält (pol. 1334 b 29–1335 a 35) hebt unter anderem darauf ab, dass dies den Autoritätsverhältnissen innerhalb des *oikos* zugute komme.

8 Oakley – Sinos (1993) 11.

9 Hartmann (2002) 88.

10 Reinsberg (1989) 59. Lissarrague (1993) 184–189.

11 Vgl. die bei Lissarrague (1993) 184 f. Abb. 4 und 5 abgebildete attisch-rotfigurige Pyxis aus dem Louvre, um 460 v. Chr.: Apollon und Artemis als Teilnehmer, vielleicht auch Zeus und Hera (?).

12 Zu den Riten: Erdmann (1934) 258 f.

13 Vgl. Rubinstein (1993) 65. Wer seine Eltern vernachlässigte, konnte gerichtlich mit einer «Schriftklage wegen Schlechtbehandlung der Eltern» verfolgt werden und im Fall einer Schuldzuweisung sein Bürgerrecht verlieren. And. 1, 74. Demosth. or. 24, 60, 103–107.

14 Zur Bedeutung des Nachwuchses für die Ausübung des Totenkultes: vgl. z. B. Is. 2, 10. Zum archäologischen Befund: Garland (1985) 106 ff.

15 Demosth. or. 43, 11 f.

16 Vgl. Thukydides 2, 44, 3.

17 Vgl. z. B. Aristoph. Thesm. 318–351.

18 Zum Folgenden vgl. Hartmann (2002) 52 ff.

19 Is. 6, 47.

20 Zur Adoption ausführlich Rubinstein (1993).

21 Is. 2, 6 ff. Dazu Cox (1998) 71 f.

22 Einen rechtlichen Terminus für die Scheidung hat es nicht gegeben. Man sprach vom «verstoßen» (*apopempein*) oder «verlassen» (*apoleipsein*) oder einfach von «Trennung» (*apallage*).

23 Wolff (1968) 630 mit Kommentar zu Plut. Alk. 8.

24 Plut. Alk. 8. Der Wahrheitsgehalt dieser Anekdote ist freilich zweifelhaft. Plutarch dient die Schilderung dazu, einen vermeintlichen Charakterzug des Alkibiades hervorzuheben: seine Neigung, sich nicht um Sitte und Anstand zu kümmern und seine persönlichen Interessen brachial durchzusetzen.

25 Obwohl viele Schwangere an den Komplikationen der Geburt starben, waren Ärzte davon überzeugt, dass eine Schwangerschaft der Gesundheit zuträglich sei, und empfahlen den Frauen, Kinder zu gebären und so ihrer natürlichen Bestimmung nachzukommen. Vor diesem Hintergrund erklärt sich die Gleichsetzung von Kindbett und Schlachtfeld (Eur. Med. 248–251). Vgl. auch King (1998a) insbes. 836. Loraux (1992) 53 ff.

26 Is. 3, 36.

27 Vgl. z. B. Is. 6, 21 f. Is. 8 (passim). Is. 12, 5. Demosth. or. 39 u. 40 passim. Vgl. Watson (1995) 20 ff.

28 Dazu ausführlich Hartmann (2002) 212–235.

29 Dazu Hartmann (2002) 122 f.

30 Töchter erhielten bei der Heirat eine Mitgift, der die Bedeutung eines zu Lebzeiten des Vaters erhaltenen Erbteils zukam. Ansonsten ging der väterliche Besitz beim Tod des Vaters an dessen Söhne. Eine bruderlose Tochter (eine sogenannte Erbtochter – *epikleros*) wurde mitsamt dem Besitz einem Verwandten der männlichen Linie ‹zugesprochen›.

31 Wagner-Hasel (1988). Schnurr-Redford (1996).

32 Vgl. dazu Golden (1990) 122. Brock (1994) 336–346. Scheidel (1990).

33 Aristot. pol. 1300 a 4–9.

34 Dazu auch Spahn (1992) 514.

35 Blok (2004).

36 Zum Gesetz vgl. Is. 10, 10. Vgl. zur Vermögensverwaltung grundlegend Foxhall (1989), welche die Spielräume von Frauen in Bezug auf den Vermögenserwerb und -transfer beschreibt.

37 Hartmann (2007).

38 Erdmann (1934) 34. Modifizierend Hunter (1994) 15 ff.

39 Der Terminus *kyrios* bezeichnet in attischen Gerichtsreden offiziell eingesetzte Fürsprecher für freie Frauen/Bürgerinnen, die keinen Fürsprecher in der Familie hatten, vor allem den einer Erbtochter im Rahmen des offiziellen, vom *Archon eponymos* durchgeführten Verfahrens der *Epidikasia* ‹zugesprochenen› Mann. Darüber hinaus wird derjenige *kyrios* oder *epitropos* genannt, welcher als Fürsprecher für Waisen und Minderjährige eingesetzt wurde. Es zeigt sich somit, dass keineswegs jede Frau zeit ihres Lebens unter einer Vormundschaft stand.

40 Hartmann (2002) 79 ff.

41 Demosth. or. 46,18. Dazu ausführlich Hartmann (2007).

42 Mit dem *Archon eponymos* stand gerade jenen Personen ein Magistrat zur Verfügung, bei denen unklar war, ob sich ein Fürsprecher für sie einsetzen würde: Konkret werden in der *Athenaion politeia* Waisen, Erbtöchter und schwangere Witwen benannt. Gegenüber diesen hatte der *Archon eponymos* das Recht (und vermutlich sogar die Pflicht), «denjenigen, die jemandem aus diesem Personenkreis ein Unrecht zufügen, eine Geldbuße aufzuerlegen oder den Fall bei Gericht einzuführen» (Ath. pol. 56, 7; Übers.: M. Dreher, Stuttgart 1993).

43 Vgl. insbes. Demosth. or. 29 u. 30.

44 In Antiph. 1 wird eine Bürgerin von ihrem Stiefsohn wegen Giftmordes angeklagt und von ihrem Sohn verteidigt. Bei Demosth. or. 57, 8 wird ein Asebieprozess gegen eine Schwester des Lakedaimonios erwähnt, in dem der Ankläger unterlag, weil er nicht genug Stimmen bekam. Die Position der Neaira, gegen die um 340 v. Chr. ein Prozess angestrengt wurde, war geschwächt, weil ihr Bürgerstatus zweifelhaft war. Zu einigen Prozessen gegen Metökinnen vgl. ausführlich Trampedach (2001).

45 Vgl. das von einer Frau angestrengte Verfahren vor einem Schiedsgericht um die Anerkennung einer Vaterschaft, das Demosth. or. 39 und 40 erwähnt. Ein ähnlicher Fall wird bei Is. 12, 9 erwähnt.

46 Pomeroy (1985) 119.

47 Zu den personenkundlichen Fragen im Folgenden Davies (1971) 267 f.

48 And. 1, 124 ff.

Frauengestalten in der attischen Tragödie – Das Beispiel Medea

1 Otten (2005) 103. Der intendierte Bezug auf die athenischen Verhältnisse ist vor allem deswegen wahrscheinlich, weil das, was Medea als typisches Frauenschicksal schildert, gar nicht zu ihrem individuellen Schicksal

passt: So war Medeas Beziehung zu Jason gerade keine arrangierte Ehe, sondern ein Bündnis aus Leidenschaft; als Gatte war Jason auch nicht mit einer Mitgift ‹erkauft› worden, sondern mit einem Liebesdienst.

2 Dass hier insbesondere auf das Hetärenwesen angespielt wird, ist wahrscheinlich. Zu dieser Position in der Forschung: Otten (2005) 112.

3 Eine ausführliche Version der gesamten Geschichte von Jason und den Argonauten sowie Jasons Beziehung zu Medea liegt erst in den *Argonautica* des Apollonios Rhodios, einem Epos des 3. Jh.s v. Chr., vor. Schon in Homers *Odyssee* finden sich allerdings Hinweise auf Geschichten von den Abenteurern, die mit der Argo in fremde Länder schifften: Hom. Od. 12, 70. Seit archaischer Zeit war Medeas Flucht mit Jason aus Kolchis und ihre darauffolgende Heirat Thema der griechischen Dichtung.

4 Die Adaptionen lassen sich kaum überblicken. Vgl. dazu jüngst Stephan (2006).

5 Als Georg Tabori 1984 in seinem Theaterstück *M.*, einer Paraphrase der *Medea* des Euripides, Jason den Kindermord begehen ließ, warfen Kritiker Tabori vor, ein feministisches Rührstück geliefert zu haben: «Eine Medea ohne Mord ist wie ein Sisyphos ohne Stein, ein Siegfried ohne Drachen oder ein Ödipus, der seinen Vater am Leben lässt und keine Lust hat, seine Mutter zu heiraten. Wer Medea den Mord nimmt, verkleinert sie.» Zitiert nach P. Radtke, M – wie Tabori. Erinnerungen eines behinderten Schauspielers, Zürich 1987, 153. Der Vorwurf der Verharmlosung und Verkitschung ist auch Christa Wolf gemacht worden, die in ihrem 1996 erschienenen Roman *Medea. Stimmen* das Stigma der Kindsmörderin, das Medea anhaftet, als Resultat übler Nachrede darstellt.

6 Zur umstrittenen Beurteilung der Figur des Jason in der Forschung, die in Jason größtenteils einen kalten Opportunisten erkennt, zuweilen aber auch einen liebevollen Vater, zusammenfassend Otten (2005) 351 f.

7 Zitat nach Flaig (1998) 41.

8 Zum Folgenden vgl. Csapo – Slater (1995) 104 ff.

9 Während des Peloponnesischen Krieges waren es möglicherweise nur drei Stücke: Pickard-Cambridge (1968) 83.

10 Man kann hochrechnen, dass in Athen im 5. Jh. über tausend Tragödien produziert wurden; allein Euripides schrieb mehr als 70.

11 Hartmann – Schaeffer (2006) mit Literaturangaben.

12 Vgl. Pickard-Cambridge (1968) 90 mit Quellenangaben.

13 In der Anfangsphase wurde auch die Gestaltung von Zeitgeschehnissen erprobt, während sich später der Mythos als Sujet durchsetzte. Vgl. Kuch (1983) 33–35.

14 Aristot. Poet. 1449 b 27. 1453 b 12.

15 Vgl. zur politischen Dimension der Tragödien Kuch (1983). Meier (1988). Flaig (1998). Eine andere Auffassung vertritt Bleicken (1994) 558, der ausführt, dass die Tragödie «zunächst auf den Menschen selbst, auf seine schicksalhafte Verstrickung, nicht auf die besonderen Verhältnisse der Gegenwart gerichtet [ist]».

16 Zur *Medea* liegen zahlreiche Interpretationen vor, die auf sehr unterschiedliche Aspekte abheben. Vgl. dazu Otten (2005) 351 ff. und den Überblick über die Medea-Forschung zwischen 1970 und 2000 von Dubischar (2006), hier 89 ff.

17 Manuwald (2005), hier: 528 ff.

18 Vgl. dazu Jasons Klage 573 ff.: «Es wäre wünschenswert, wenn die Menschen irgendwie auf andere Weise Kinder erzeugen könnten, ohne dass es ein weibliches Geschlecht gäbe.» Dass im damaligen Athen das Problem der zweiten Heirat von Männern, welche vor allem zu Konflikten um das Erbe führte, besonders brisant war, legen auch andere Zeugnisse nahe. Dazu Hartmann (2002) 107.

19 Zu nennen wären etwa Aischylos' Klytaimnestra, Sophokles' Antigone, Elektra und Deianeira, Euripides' Alkestis, Medea und Phaidra.

20 Pomeroy (1985) 139.

21 Vgl. z. B. Bouvrie (1990). Harder (1993). Zeitlin (1994). Foley (2001).

22 Dazu Pomeroy (1985) 139.

23 Schmitt Pantel (1989) 213 f.

24 Foley (2001).

25 Die Ergebnisse zusammengefasst nach Foley (2001) 10 f.

26 Vgl. z. B. Aristoph. Ran. 1043.

27 Aristoph. Thesm. 378 f. 390 ff. Dazu March (1990).

Sklavinnen, Hetären und Konkubinen im klassischen Athen zwischen Ausgrenzung und Integration

1 Wo im Folgenden allgemein von Sklaven die Rede ist, sind Sklaven beiderlei Geschlechts gemeint.

2 Klees (1998) 201. Zur Lokalisierung auf der Agora: Aristoph. Plut. 874 f. Ran. 625. Lys. 1, 18. Isokr. or. 17, 15.

3 Klees (1998) 198.

4 Demosth. or. 48, 16–18, dazu Klees (1998) 197.

5 Dazu ausführlich Klees (1998) 393 ff.

6 Klees (1998) 395

7 Zur Forschungskontroverse ausführlich Klees (1998) 396–409; eine

Übersicht zu den Passagen in den attischen Gerichtsreden, in denen Besitzer zur Folterung ihrer Sklaven aufgefordert werden, die Sklavenfolter angedroht oder ausgeführt wurde, findet sich bei Hunter (1994) 93 f.

8 Flaig (2000) 176. Hansen (1995) 95. Sargent (1974).

9 Zum Folgenden Hunter (1994) 75 f. mit Hinweisen auf weitere Literatur.

10 Klees (1998) 36.

11 Dazu Klees (1998) 59. Tolles (1941) insbes. 8, 43 ff. Golden (1990) 87.

12 Hesychios s.v. *kyklos*. Pollux 7, 11; 3, 78. Harpokration s.v. *kykloi*. Klees (1998) 56. Hansen (1995) 125. Börner (1996) 58–69.

13 Klees (1998) 52.

14 Zu den Namen der Sklaven: Fragiadakis (1988).

15 Dazu Klees (1998) 60.

16 Vgl. Klees (1998) 302 f. Cartledge (1998) 645. Rädle (1969) insbes. 14.

17 Rädle (1969) 19 f. mit Hinweisen auf Quellen, hier: 20. Dazu auch Schiemann (1998) 654. Zur Deutung der Klage *apostasiou* in der Forschung ausführlich Klees (1998) 343 ff.

18 Zu den Aufgaben der Sklaven vgl. die Sammlung einschlägiger Passagen bei Hunter (1994) 78.

19 Demosth. or. 47, 55–56. Vgl. auch Men. Sam. 236–286. Weitere Belege zur herausgehobenen Stellung der Ammen in den Komödien Menanders bei Hunter (1994) 217 Anm. 30.

20 Dazu Henderson (1987) 123.

21 Vgl. IG II² 11647; 9112; 10843; 12242; 12387; 12559; 13065. Hunter (1994) 86 mit Anm. 32. Golden (1990) 147, Anm. 35.

22 Hunter (1994) 76–84.

23 Klees (1998) 165. Interessanterweise empfinden in zwei Fragmenten Menanders auch die Hausherren eine besondere Zuneigung zu den ‹Zofen› ihrer Frauen: bei Menander fr. 438 Edmonds ist von einer für den persönlichen Dienst der Ehefrau gekauften Sklavin die Rede, in die sich der Herr verliebte und die er dann außerhalb des Hauses wie eine Freie hielt. In einem anderen Fragment Menanders ist eine *habra* der Hausherrin erwähnt, die nach deren Tod die Konkubine des Ehemannes wird (Men. fr. 517 Edmonds). Klees nimmt an, dass es sich bei den *habrai* häufig um im Haus, teilweise mit den freien Kindern gemeinsam aufgezogene Frauen handelte, die Griechisch sprachen.

24 Lys. 1, 12. Aristoph. Pax 1138 f. Demosth. or. 24, 197. Xen. oik. 10,12. Plut. mor. 139 B.

25 Die Andeutungen von Verhältnissen zwischen freien Frauen und Sklaven in den Komödien des Aristophanes bezeugen wohl vor allem die vor dem

Hintergrund des geltenden Bürgerrechts zu verstehende notorische Sorge der Bürger Athens, Kinder zweifelhafter Abkunft untergeschoben zu bekommen. Ein Mimiambos des Herodas aus dem 3. Jh. v. Chr. thematisiert die Annäherung einer freien Frau an einen Sklaven: Herodas 5.

26 Xen. oik. 9, 5 f.

27 Xen. oik. 7, 18; 30.

28 Pseudo-Aristototeles, oikonomikos 1, 5, 6 (1344 b 17 f.).

29 Hartmann (2002) 231.

30 Zur Religion der Sklaven allgemein die umfassende Studie von Bömer (1990). Nilsson (1955) 510 ff. Deubner (1932) 153 f. Klees (1998) 114 f. 266 f.

31 Hartmann (2002) 245 ff.

32 Xenarchos bei Athen. deipn. 13, 569 a. Eubulos bei Athen. deipn. 13, 568 e. Zu Solon als Begründer des Bordellwesens: Philemon Phrates bei Athen. deipn. 13, 569 d f. Vgl. dazu Hartmann (2002) 248.

33 Zum Folgenden Hartmann (2002) 133 ff.

34 Zu Aspasia vgl. Hartmann (2002) vor allem 61 f. Anm. 97.

35 Zu Phryne vgl. Hartmann (2002) 168, 169, 180, 192, 207.

36 Demosth. or. 59. Dazu Hartmann (2002) insbes. 191. Brodersen (2004).

37 Is. 2. 3. 4, 10. 6. 8. Demosth. or. 25, 56 f. Demosth. or. 39 u. 40.

38 Zum Folgenden ausführlich Hartmann (2002) 212 ff.

39 Demosth. or. 23, 53. 55.

40 Sophokles: Hegesander bei Athen. deipn. 13, 592 b. Platon: Athen. deipn. 13, 589 c, d. Aristoteles: Athen. deipn. 13, 589 c. Diogenes Laertios 5, 14 ff.

41 Demosth. or. 36, 45. 48, 53. Vgl. dazu ausführlich Klees (1998) 310–313.

42 Vgl. Klees (1998) 312. Hartmann (2002) 232 f. Menander, Epitrepontes 363 (Ü.: Verf.).

43 Demosth. or. 23, 53. Zum Hintergrund des Gesetzes: Ogden (1996) 32–44.

44 Is. 6, 47. Athen. deipn. 13, 577 b.

45 Vgl. Men. Sam. 32 f.: «Bekommt er jenes Mädchen nicht für sich [als Konkubine], so hat er Ärger mit den jüngeren Rivalen» (Ü.: Treu – Treu).

46 Antiph. 1, 14–20.

Die Repräsentation hellenistischer Herrscherinnen –
Das Beispiel Arsinoë II.

1 Zu weiteren Erwähnungen des Ptolemaios vgl. Theokr. 14, 57–70; 15; 17.

2 Zu dem Zusammenhang zwischen moralischen Vorbehalten gegenüber der Geschwisterehe und dem negativen Bild Arsinoës vor allem in der älteren Forschung (bis zur Mitte des 20. Jh.s) ausführlich Müller (2005).

3 Pomeroy (1985) 183.

4 So Kornemann (1998) 133.

5 Zu den Unterschieden bezüglich der Einbindung von Frauen in die Dynastien: Schuller (1995a) 96 f. Schmitt (2005).

6 Zur Quellenproblematik zum Forschungsfeld ‹hellenistische Herrscherinnen› grundlegend Carney (2000) 8 f.

7 Das Werk ist nur in einem Auszug des Justinus aus dem 3. Jh. n. Chr. erhalten.

8 Die Dynastie der Ptolemaier endete, als Augustus nach dem Tod Kleopatras VII. 30 v. Chr. Ägypten zur römischen Provinz machte.

9 Viel ist über Arsinoës Leben in ihrer Zeit am Hof des Lysimachos nicht bekannt. Lysimachos benannte die Stadt Ephesos nach seiner jungen Gattin Arsinoëa. Es ist davon auszugehen, dass Arsinoë über einigen Reichtum verfügte, ob dieser aus den Städten gewonnen war, die ihr unterstellt wurden (sicher bezeugt nur für Herakleia), ist in der Forschung umstritten: Dazu Carney (2000) 174 mit weiterer Literatur und Quellen. Erwähnenswert ist die inschriftlich bezeugte Finanzierung eines großen Rundtempels durch Arsinoë in einem Mysterienheiligtum auf Samothrake, der als ein Weihgeschenk an die dort verehrten ‹Großen Götter› anzusehen ist. Bei dem als Arsinoëum bezeichneten Gebäude, das etwa einen Durchmesser von 20 m aufweist, handelt es sich um den größten bekannten griechischen Rundtempel überhaupt. Das Gebäude diente vielleicht als Versammlungsraum für die Festgesandten oder als Opferstätte. Die Finanzierung solcher Großprojekte durch königliche Frauen war in dieser Zeit ungewöhnlich. Vgl. Carney (2000) 174.

10 Es ist nicht sicher, ob Nikäa zum Zeitpunkt der Eheschließung des Lysimachos mit Arsinoë verstorben war: Carney (2000) 174.

11 Athen. deipn. 13, 577 c-e. Wirth (1985) 28 f.

12 Zum Problem der Mehrehen vgl. Carney (2000) 228. Schmitt (2005) 560.

13 Memnon, Fragmente der griechischen Historiker 434 F 5. 6; Justin 17, 1, 4; Paus. 1, 10, 3.

14 Die Geschichte von der Flucht der Arsinoë weist topische Züge auf: Carney (2000) 307 Anm. 91.

15 Zum ausführlichen Bericht über Intrigen und Morde am Hofe des Ptolemaios Keraunos bei Pompeius Trogus/Justin 17, 2; 24, 2. Dazu Carney (2000) 176.

16 Carney (2000) 177. Die Kinder dieser Frau wurden von Arsinoë II. als Erben anerkannt (Paus. 1, 7, 3).

17 Paus. 1, 7, 1.

18 Vgl. zur Kritik aus griechischer Sicht Plut. mor. 736 E.

19 Athen. deipn. 14, 621 a. Nach Plut. mor. 11 A nur lange Haft.

20 Weber (1993) 260.

21 Diodorus Siculus 1, 27, 1. Paus. 1, 7, 1.

22 Die in der älteren Forschung formulierte Annahme, dass die Geschwisterehe generell eine altägyptische Tradition im Königshaus wie auch im Volk darstellte, gilt heute als überholt. Dazu Müller (2005) 46.

23 Müller (2005) insbes. 47.

24 Zu den militärischen Kampagnen des Ptolemaios II.: Ameling (2001) 534–536.

25 Schuller (1995a) 89. Burton (1995) 153 f.

26 Die Schilderung eines gigantischen Festzuges anlässlich eines Dionysosfestes zur Zeit des Ptolemaios hat sich im *Gelehrtenmahl* des Athenaios erhalten. Die endlos erscheinende Aufzählung der Prozessionsteilnehmer und der von ihnen mitgeführten Utensilien zielt darauf ab, beim Leser ein Bild der Pracht hervorzurufen, welche die Macht des Herrscherpaares veranschaulichte. Unerheblich ist, ob die Angaben realistisch sind, vielmehr kommt es dem Autor darauf an, den ganzen Zug als Superlativ der Präsentation zu beschreiben. Dazu André (1994) 87 ff.

27 Weber (1993) 2.

28 Im Bereich der Festkultur dokumentiert Theokrits berühmte 15. Idylle, welche den Besuch zweier griechischer Frauen bei einem traditionell griechischen Fruchtbarkeitsfest in Alexandria schildert, die Vermischung von Elementen des griechischen Kultes mit dem ägyptischen Osiris-Kult. Arsinoë II. wird als Bewahrerin sowohl traditioneller griechischer Bräuche als auch indigener religiöser Traditionen vorgestellt. Dazu Reed (2000) 319–351.

29 Minas (2005) insbes. 134.

30 Weber (1993) 255 mit weiterer Literatur.

31 Vgl. etwa den Kopf einer Frau, möglicherweise Arsinoë, im Metropolitan Museum New York (38.10).

32 Ob diese Vergöttlichung zu Lebzeiten oder nach dem Tod Arsinoës erfolgte, ist in der Forschung umstritten, zumal ihr genaues Todesdatum

(um 270 v. Chr) nicht gesichert ist. Zum Todesdatum: Müller (2005) mit weiterer Literatur unter Anm. 16.

33 Weber (1993) 256 ff.

34 Umstritten ist, ob dies zu Lebzeiten der Arsinoë oder erst danach geschah. Zur älteren Forschung Kornemann (1998), zur jüngeren Carney (2000) 177 mit Anm. 109.

35 Das Kanephorat der Arsinoë Philadelphos ist 267/266 v. Chr. erstmals belegt; vgl. auch Kall. fr. 228 (Pfeiffer).

36 IG II² 687, 16 ff.

37 Dazu Schmitt (2005) 561.

38 Brunelle (1976) 124. Albersmeier (2002).

39 Schmitt (2005) 559.

40 Vgl. zur Problematik Carney (2000) 177.

41 Vgl. Pfrommer (1999) 59.

Lucretia – Weibliche Tugend im Gründungsmythos der römischen Republik

1 Zur Rezeption vgl. Galinsky (1932). Donaldson (1982). Matthes (2000). Kowalewski (2002) 132 ff.

2 Fögen (2003) 25.

3 Der Name Tarquinier ist die latinisierte Form eines alt-etruskischen Gentilnamens, der auf die etruskische Herkunft der Familie deutet.

4 Da Dionysios von Halikarnassos (Dion. Hal. ant. 4, 64) Fabius Pictor als Quelle nennt, dürfte die Geschichte um 200 v. Chr. bekannt gewesen sein. Prescendi (2000) 217 f.

5 Dion. Hal. ant. 4, 64–76. Zum Bericht des Dionysios und zu seinen Reflexionen über die Gründung der Republik ausführlich Fögen (2003) 21 ff.

6 Ov. fast. 2, 721–852. Dazu ausführlich Prescendi (2000) 217 ff. Lee (1953).

7 Fögen (2003) 23.

8 Dazu kritisch Fögen (2003) 23 f.

9 Burck (1992).

10 Dazu auch Kowalewski (2002).

11 Ov. fast. 2, 755 ff.

12 Dieses Ansinnen wird in der Fassung Ovids nicht erwähnt.

13 Über die Modalitäten der Ahndung des Ehebruchs ist bis zu den Ehegesetzen des Augustus (18. v. Chr.) wenig bekannt; wahrscheinlich oblag es der Entscheidung des Vaters oder des Mannes der Ehebrecherin, wie mit ihr zu verfahren sei. Grundsätzlich hatte der *pater familias* das «Recht

über Leben und Tod» (*ius vitae necisque*) seiner Familienangehörigen. Die entsprechende Regelung im Zwölftafelgesetz (tab. 4, 1) macht wahrscheinlich, dass vor der Ausübung des Tötungsrechtes jeweils ein gerechter Grund (*iusta causa*) festgestellt werden musste. Dieser lag sicher vor, wenn eine Tochter auf frischer Tat beim Ehebruch ertappt wurde, sonst bedurfte es zur Feststellung des Grundes wahrscheinlich eines Hausgerichts unter dem Vorsitz des *pater familias*. Dazu auch Dixon (2001) 49.

14 Vgl. dazu Prescendi (2000) 219 mit Hinweis auf Plin. nat. 14, 140.

15 Dazu Dixon (2001) 47.

16 In der römischen Republik und in der Kaiserzeit konnten Vergewaltiger wahrscheinlich nach den verschiedenen Gesetzen wegen Gewalttätigkeit (*leges de vi*) angeklagt werden. Dazu ausführlich Dixon (2001) 50 ff. Verfolgung und Anklage der Täter oblagen den männlichen Angehörigen der vergewaltigten Frauen. Zum Thema Vergewaltigung: Hartmann (2002b) 40–41.

17 Fögen (2003) 26.

18 Es galt insbesondere als die Aufgabe eines *pater familias*, dafür Sorge zu tragen, dass die Frauen seiner Familie einen keuschen Lebenswandel pflegten. Dazu Späth (2000) 271.

19 Zu den Vestalinnen vgl. Cancik-Lindemaier (2000) insbes. 116.

20 Mette-Dittmann (1991) 34 f.

21 Mette-Dittmann (1991) stellt heraus, dass der Ehemann nach der *lex Iulia* seine Frau grundsätzlich nicht töten darf, anders als nach republikanischem Recht, und interpretiert diesen Entzug des Tötungsrechtes als entscheidenden Bruch mit dem traditionellen Familienrecht (62). Vermutlich trägt diese Regelung dem Sachverhalt Rechnung, dass in der Zeit der ausgehenden Republik und des frühen Prinzipats die meisten Römerinnen eine manus-freie Ehe eingingen und sich daher ohnehin unter der Gewalt des Vaters, nicht des Ehemannes befanden. Zu den Ehegesetzen des Augustus: Kaser (2005) 287 f.

22 Mette-Dittmann (1991) 62 f.

23 Joshel (1992) 122 ff.

Frauen in der römischen Religion

1 Vgl. auch Dion. Hal. ant. 2, 69. Plin. nat. 28, 3, 12 f. Aug. civ. 10, 16, 32 ff. Bei Liv. Ep. 20 wird berichtet, dass eine Vestalin namens Tuccia wohl im Jahr 230 v. Chr. wegen Inzestes verurteilt worden sei. Möglicherweise ist im Zusammenhang mit dieser Erwähnung die Legende entstanden.

2 Warner (2000) 241 ff.

3 Zur römischen Religion einführend Scheid (1988). Rüpke (2001).

4 Zur Verantwortlichkeit der Familienväter für die häuslichen Kulte ausführlich Scheid (1993) 418 f.

5 Im Rahmen des Frauenfestes zu Ehren der «Guten Göttin» (Bona Dea) schlachteten die Frauen eine Sau. Der Vollzug des blutigen Opfers von Frauen ist jedoch außergewöhnlich und kann vielleicht als Ritual der temporären Umkehrung traditioneller Ordnung gedeutet werden.

6 Zum Folgenden grundlegend Latte (1960) 108 ff. Cancik-Lindemaier (1990). Scheid (1993) 421 ff. Cancik-Lindemaier (2000), zur Überlieferung für die Frühzeit insbes. 112.

7 Während es allgemein männliche und weibliche Priester gab, war das Amt jener Spezialisten des religiösen Wissens (der *pontifices* und *augures*) ausschließlich Männern vorbehalten.

8 Zu den Schwierigkeiten, in der frühen römischen Kaiserzeit geeignete Kandidatinnen zu finden, und zur Existenz des Kultes bis in die Spätantike vgl. Cancik-Lindemaier (2000) 116 f.

9 Dion. Hal. ant. 2, 69. Plut. Num. 10, 4–7. Suet. Domitian 8. Tac. ann. 15, 22, 2 (?). Quintus Aurelius Symmachus, epistulae 9, 147 f.

10 Cancik-Lindemaier (2000) 115.

11 Zu diesem Fest grundlegend Weinstock (1930). Es gab weitere Feste, die ausschließlich von den Matronen Roms gefeiert wurden: so das Fest der Mater Matuta im Juni (dazu Latte [1960] 97), das Fest der Bona Dea im Dezember, welches als offizielles ‹Staatsfest› im Haus eines imperiumtragenden Magistrates durch dessen Gattin ausgerichtet und von den Matronen der Elite in Anwesenheit der Vestalinnen gefeiert wurde (Latte [1960] 228 ff.).

12 Die entsprechenden Quellen sind bei Weinstock (1930) angegeben. Mit dem 1. März begann in Rom traditionell das neue Jahr, bevor die Kalenderreform Caesars den 1. Januar festsetzte. Für die Matronalia bezeugte Festelemente können daher auch im Zusammenhang mit den alten Bräuchen des Neujahrsfestes stehen.

13 Prescendi (2000) 127.

14 Vgl. auch Plut. Romulus 21, 1, 30 f.

15 Ein unter Bezugnahme auf den Senatsbeschluss erlassenes Edikt für eine Gemeinde in Süditalien (Bruttium) der amtierenden Konsuln des Jahres 186 v. Chr. ist auf einer Bronzetafel erhalten, die zu den frühesten im Original erhaltenen römischen Rechtsdokumenten zählt: CIL I² 581. Die Deutung ist äußerst umstritten. Dazu Cancik-Lindemaier (1996) mit Übersetzung der Inschrift.

16 Liv. 39, 14, 8. Zur Besonderheit der Vorgehensweise des Senates in diesem Fall Nippel (1997) 70 f.

17 Liv. 39, 18, 7–9. Vgl. Nippel (1997) 67 zu den Nachwirkungen des Beschlusses.

18 Nippel (1997) 72.

19 Nippel (1997) 73.

20 Liv. 39, 18, 5 f. So Scheid (1993) 438 f. in Anlehnung an Pailler (1988). Dazu auch Nippel (1997) 70 mit Anm. 33.

21 Nippel (1997) 71.

22 Scheid (1993).

Familie, Heiratsallianzen und Ehealltag in der späten römischen Republik

1 Cic. fam. 4, 6, 1 f.

2 Zum Folgenden vgl. Krause (2003) 95 f.

3 Erst in der Kaiserzeit wurde die *patria potestas* Gegenstand differenzierter Rechtssatzungen, indem etwa im 4. Jh. n. Chr. das Recht des Vaters über das Leben der Kinder abgeschafft wurde und eine dennoch erfolgte Tötung durch den Vater gerichtlich verfolgt und mit dem Tode bestraft werden konnte. Cod. Theod. 9, 15, 1. Zu den Fällen der Anwendung des Rechtes über Leben und Tod vgl. Gardner (1995) 12. Zur *patria potestas* grundlegend Kaser (2005) 299 f.

4 Der *pater familias* konnte seine Hausgewalt über einzelne Unterworfene schon zu seinen Lebzeiten durch Entlassung aus seiner Gewalt (*emancipatio*) beenden. Dann war das Kind nicht mehr rechtsunfähig (*alieni iuris*), sondern Träger eigener Rechte (*sui iuris*). Umgekehrt konnte ein nicht zur engeren Familie Gehörender durch Adoption in die Gewalt des *pater familias* eintreten. Formal war allein der *pater* Inhaber des Familienvermögens. Es bestand allerdings die Möglichkeit, Kindern und Sklaven ein Sondervermögen (*peculium*) zu überlassen.

5 Frauen, die nicht der persönlichen Herrschaft des Familienvaters oder Ehemannes unterworfen und daher Personen «eigenen Rechts» (*sui iuris*) waren, unterstanden einer Geschlechtsvormundschaft (*tutela mulierum*). Als gesetzlicher Vormund (*tutor legitimus*) waren nach dem Zwölftafelgesetz (tab. 5, 6, ca. 450 v. Chr.) die nächsten männlichen agnatischen Verwandten (Brüder, Onkel von Vaterseite) berufen. Der Tutor einer Frau konnte auch vom Vater testamentarisch oder vom Magistrat bestimmt werden. Die faktische Bedeutung der Tutela nahm im Laufe der

Zeit ab und scheint bereits zur Zeit der späten Republik gering gewesen zu sein. Dazu Kaser (2005) 414 f.; als entscheidender juristischer Schritt in diesem Prozess gilt das «Privileg der Kinder wegen» (*ius liberorum*), welches im Rahmen der Ehegesetze des Augustus (1. Jh. v. Chr.) geregelt wurde: Seitdem waren freigeborene Frauen nach drei, freigelassene nach vier ehelichen Geburten von der Tutela befreit.

6 Dazu Gardner (1995) 163–181. Höbenreich – Rizelli (2003). Kaser (2005) 322 ff.

7 Deißmann (1989) 505.

8 Dazu und zum Folgenden Hölkeskamp (2004) 114.

9 Cic. fam. 4, 5, 3 (4, 5, 3 Kasten); Pro Cael. 33 f.; Val. Max. 8, 13, 5.

10 Als Prototyp eines Vertreters der Elite im aufgezeigten Sinn kann L. Quinctius Cincinnatus gelten: Dazu Hölkeskamp (2004) 115 mit Quellenangaben.

11 Hölkeskamp (2004) 135.

12 Kaser (2005) 282.

13 Treggiari (1997) 896–897. Dixon (1988), insbes. 237 ff. Köves-Zulauf (1990) 90 ff., 217 ff. Auch in Rom bestand die Möglichkeit, Erwachsene zu adoptieren: Von dieser Möglichkeit wurde in der Zeit der Republik vor allem im Interesse der Erhaltung der agnatischen Familie Gebrauch gemacht. Vgl. Kaser (2005) 303 ff.

14 Nach römischem Recht lag das gesetzliche Mindestalter für eine legitime Heirat für Mädchen bei 12, für Jungen bei 14 Jahren (Cod. Iust. 5, 4, 24). Vgl. Wiesehöfer (1998) 257–258.

15 Zur Registrierung von Geburten in der Kaiserzeit: Gardner (1995) 145 ff.

16 Kaser (2005) 284 f.

17 Treggiari (1997) 896–897.

18 Dazu Kunst (2000) 32.

19 Die Eheschließung und der Übergang in die manus-Gewalt sind eigentlich zwei unterschiedliche Rechtsakte, die aber meist zeitgleich erfolgen. In der Forschung werden manus-Ehe und manus-freie-Ehe als zwei Eheformen behandelt. Zu den im Zuge der manus-Ehe üblichen Ritualen Kunst (2000) 45. Zum Folgenden vgl. Krause (2003) 97 ff.

20 Krause (2003) 103.

21 So z. B. Pomeroy (1985) 237. Blank-Sangmeister (2001) 12. Modifizierend Kunst (2000) 35. Kritisch Späth (1994) 168 f.

22 Zu den Eheallianzen vgl. Kunst (2000) 33. Deißmann (1989) hier: 514 f. Hölkeskamp (2004) 133 f. mit Beispielen. Dass Scheidungen in den «niederen Bevölkerungsschichten» weniger häufig waren, postuliert etwa Kajanto (1970) auf der Basis von Grabinschriften.

23 Dazu Kaser (2005) 290. Für die Auflösung der manus-Gewalt waren bestimmte Rituale vorgesehen: Dazu Gardner (1995) 86 f. Etwa ab dem 3. Jh. n. Chr. wurde es üblich, zum Zweck der Scheidung einen Scheidebrief (*libellus repudii*) zu senden.

24 Zu dem sprichwörtlich gewordenen Ausspruch vgl. Cic. Cato 18 u. a.

25 Zum Folgenden Plut. Cat. Min. 24 f. Zu den Quellen Plutarchs ausführlich Späth (2006) 48 ff.

26 Dass die Anekdote mit dem (von Plutarch dementierten) Gerücht in Zusammenhang gebracht werden kann, Hortensius habe den Schritt nur gewagt, weil Cato seine Frau ohnehin habe abschieben wollen, tut hier nichts zur Sache.

27 Während in Athen der Rechtsstatus der Nachkommen an die biologische Vaterschaft geknüpft war, galt in Rom als Vater, wer das Kind anerkannte.

28 Rom: ILS 4984; 8527; 8559; Ostia: ILS 6167; Puteoli: ILS 8442; Africa: ILS 8444. Es gab in Rom auch einen Kult zu Ehren der personifizierten Pudicitia, zu dem allein die Frauen zugelassen waren, die nur einmal geheiratet hatten (Val. Max. 2, 1, 3; Liv. 10, 23, 3–10).

29 Cic. Att. 13, 9, 2 (13, 21, 2 Kasten). Vgl. auch Cic. Att. 13, 10, 3 (13, 22, 3 Kasten).

30 Zur Mitgift grundlegend Kaser (2005) 294 ff. Zum Geldtransfer Dixon (1985) 369.

31 Krause (2003) 107. Zum Vergleich: Der Ritterzensus lag in der Zeit bei 400 000 Sesterzen.

32 Kunst (2000) 34.

33 Gardner (1995) 95. 103. Cic. Att. 11, 25, 2 (11, 21, 2 Kasten); 11, 23, 3 (11, 22, 3 Kasten). Cic. fam. 6, 18, 5 (6, 18, 5 Kasten).

34 Dazu Dixon (1992) 111.

35 Dixon (2003) 111–129.

36 Für Pompeius war diese Heirat die vierte, nach Julias Tod heiratete er erneut und brachte es somit insgesamt auf fünf Ehen. Hölkeskamp (2004) 133 f. mit Schaubild.

37 Plut. Pomp. 53.

38 Plut. Pomp. 48.

39 Plut. Pomp. 53.

40 Plut. Pomp. 53; Cass. Dio 40, 44, 3.

41 Suet. Iul. 26, 2.

42 Allerdings betraf das Ideal des Maßhaltens bezüglich der Begierden nicht nur die Liebe zu Frauen, sondern ebenso andere Leidenschaften wie etwa Weingenuss, kulinarische Schwelgerei und Würfelspiel.

43 Cicero selbst hatte noch zu Lebzeiten eine Veröffentlichung der Briefe intendiert, die dann aber doch erst nach seinem Tod erfolgte. Der gerade in den Briefen an seine Angehörigen oftmals vorherrschende lockere Umgangston lässt darauf schließen, dass die Briefe, wenn auch redaktionell überarbeitet, so doch zur Publikation nicht grundlegend verändert worden sind. Vgl. auch Grebe (2003).

44 Habicht (1990) 14; 26. Als junger Mann war Cicero, nachdem er mit 17 Jahren zur römischen Armee einberufen worden war, als Anwalt in Rom tätig. Vgl. auch Ermete (2003) hier 126 ff.

45 Im Alter von 30 Jahren bewarb er sich zum ersten Mal, wurde zum Quaestor gewählt und diente als solcher (im Jahr 75 v. Chr.) im westlichen Sizilien als Schatzmeister des Statthalters.

46 Laut Plutarch (Plut. Cicero 20, 2) berichtete Terentia im Zuge der Aufdeckung der Catilinarischen Verschwörung (63 v. Chr.) dem amtierenden Konsul Cicero von einem guten Omen, das sich bei einem von den Vestalinnen in ihrem Haus vorgenommenen Opfer ereignet habe und motiviert ihn so zu einem energischen Vorgehen in der für den nächsten Tag anstehenden Senatsverhandlung über die Catilinarier.

47 Cic. fam. 14, 1–24.

48 Cic. fam. 14, 2, 2 (14, 2, 2 Kasten).

49 Cicero äußert sich kritisch im Hinblick auf die Vertrauenswürdigkeit Terentias (Cic. Att. 11, 1, 2 [11, 1, 2 Kasten]). Dazu: Dixon (1992) 103.

50 Vgl. Cic. Att. 11, 24, 3 f. (11, 24, 3 f. Kasten); Plut. Cicero 41. Schuller (1995b) 49.

51 Plut. Cicero 8, 2. Die Streitigkeiten über die Rückgabe der Mitgift fallen Cicero in der Zeit der Trauer über den Tod seiner Tochter mehr als lästig: Cic. Att. 12, 22, 1 (12, 24, 1 Kasten). Zur finanziellen Eigenständigkeit Terentias vgl. ausführlich Dixon (1992) 93 ff.

52 Cic. Att. 12, 11 (12, 11 Kasten). Über eine andere Frau, die auf dem Heiratsmarkt Roms verschoben werden soll, äußert sich Cicero so: «eine alte Vettel, schon mehrfach verheiratet» (Cic. Att. 13, 29, 1 [13, 4, 4 Kasten]).

53 Cic. fam. 4, 14, 1–3.

54 Plut. Cicero 41; Cass. Dio 46, 18, 3 f.

55 Hallett (1984) 140.

56 Zur Verlobung: Cic. Att. 1, 3, 3 (1, 8, 3 Kasten). C. Calpurnius Piso war 67 v. Chr. Konsul und unterstützte im Jahre 63 Ciceros Vorgehen gegen die Catilinarier. 59 v. Chr. suchte er zwischen Caesar und dessen Kollegen Bibulus zu vermitteln; er ist wohl bald darauf gestorben.

57 Cic. Att. 3, 19, 2 (3, 19, 2 Kasten).

58 Er besuchte trotz der Entfremdung Cicero auf dem Gut in Formiae (Cic. Att. 9, 11, 3 (9, 12, 3 Kasten).

59 Cic. Att. 6, 6, 1 (6, 7, 1 Kasten). Zum Folgenden Münzer (1900) 1300 ff.

60 Cic. fam. 2, 15, 2 (2, 15, 2 Kasten).

61 Cic. fam. 3, 12, 3 (3, 12, 3 Kasten); 8, 6, 3 (8, 9, 3 Kasten).

62 Cic. fam. 14, 6; dazu Dixon (1986) 104.

63 Cic. Att. 11, 2, 2 (11, 2, 2 Kasten). 11, 6, 4 (Kasten 11, 7, 4).

64 Cic. Att. 10, 18, 1 (10, 20, 1 Kasten).

65 Cic. Att. 11, 23, 3 (11, 22, 3 Kasten); 11, 25, 2 (11, 21, 2 Kasten).

66 Cic. Att. 11, 21, 2 (11, 26, 2 Kasten); 11, 24, 1 (11, 24, 1 Kasten).

67 Cic. fam. 14, 13 (14, 20 Kasten) u. a.

68 Cic. Att. 12, 12, 1 (12, 22, 1 Kasten). 12, 36,1 (12, 38 Kasten) u. a.

69 Cic. Att. 12, 14, 3 (12, 13, 3 Kasten). Zu Ciceros erstaunlich entspanntem Verhältnis zu Dolabella nach Tullias Tod vgl. Münzer (1900) 1303 f.

70 Zum erheblichen Risiko für Frauen, während der Schwangerschaft, der Entbindung oder im Kindbett zu sterben u. a. Schofield (1986).

71 In der Sammlung denkwürdiger Taten und Worte des Valerius Maximus aus dem 1. Jh. n. Chr. wird Porcia zum Musterbeispiel an Tugend (*exemplum*) erhoben, weil sie aus Liebe zu ihrem Gatten, dem Bekannten Caesarmörder Brutus, den Freitod wählte. Val. Max. 4, 6, 5. Dazu Miltner (1954) 217 f.

72 Nach der Scheidung soll Terentia den Historiker und Cicero-Gegner Sallust, dann M. Valerius Messalla Corvinus geheiratet haben, der unter Augustus Karriere machte und Poeten wie Tibull und Ovid förderte (Hieronymos, contra Iovinianum 1, 48). Zu ihrem Alter: Plin. nat. 7, 158; Val. Max. 8, 13, 6. Grebe (2003) 129.

Frauen und Politik in der römischen Republik – Das Beispiel der Clodia Metelli

1 Zahlreiche Epigramme bezeugen das traditionelle Frauenideal, welches vorsah, dass eine Frau «Wolle spann, fromm, züchtig, ordentlich, rein und häuslich» war (CIL VI 11602 = ILS 8402: *lanifica, pia, pudica, frugi, casta, domiseda*).

2 Die Bezeichnung *matrona* bezieht sich auf verheiratete Frauen der gesellschaftlichen Elite. Obwohl sich der Ausdruck von *mater* (Mutter) herleitet, war es keine Voraussetzung, eigene Kinder zu haben. Die *matrona* stand dem Hause ihres Ehemannes vor und nahm dort an allen Veranstaltungen teil. Zur Zeit der Republik wurden die Matronen Roms als Gruppe

wahrgenommen, die möglicherweise (zumindest in der Sicht antiker Autoren) auch als Kollektiv in Erscheinung trat: So etwa 195 v. Chr. anlässlich der tribunizischen Initiative, die *lex Oppia* aufzuheben (Liv. 34, 1, 5), und 42 v. Chr. gegen die Maßnahmen der Triumvirn (Appian, Bürgerkriege 4, 32–34). Dazu Temporini-Gräfin Vitzthum (2002) 15. Auch Senatsbeschlüsse fassen die Matronen als Kollektiv auf (Liv. 5, 25, 8–9; 27, 37, 7–10). In der Religion hatten die Matronen wichtige Aufgaben bei bestimmten Festen. Vgl. zum Begriff Deißmann-Merten (1997) 1030–1031.

3 M. Tullius Cicero, Pro M. Caelio oratio/Rede für M. Caelius, übers. u. hrsg. von M. Giebel, Stuttgart 1994.

4 Die Familie der Claudier gehörte zu den ältesten patrizischen Geschlechtern Roms. P. Claudius Pulcher trat im Jahr 59 zur *plebs* über, um das Amt des Volkstribuns bekleiden zu können. Bereits seit 61 nannte er sich selbst «Clodius»; umstritten ist, ob dieser Namenswechsel eine politische Implikation im Sinne der Volksfreundlichkeit hat. Ob seine Schwester eigenständig diese Form des Namens annahm oder nur von Cicero und späteren Autoren so genannt wird, ist ebenfalls unklar.

5 Wahrscheinlich ist, dass Crassus als weiterer Verteidiger des Caelius auf den eigentlichen Prozessgegenstand eingegangen ist, dies lassen die Bemerkungen Ciceros im Abschnitt 23 der Rede erkennen.

6 Wiseman (1985) 111 zieht angesichts von Andeutungen in den Briefen Ciceros in Betracht, dass Clodia Metelli mit ihrem Mann Q. Caecilius Metellus eine gemeinsame Tochter namens Caecilia hatte, die mit P. Lentulus Spinther verheiratet war. Dies kann jedoch nicht als gesichert angenommen werden.

7 Damit knüpfte Cicero an das Image der Clodia an, dass sie schon vor dem Prozess hatte: Sie galt in Rom als ‹leicht zu haben› – deshalb hatte sie den Spitznamen «Groschenhure» (*quadrantaria*) (Plut. Cicero 29, 4; dazu auch die Anspielung bei Cic. Cael. 62). Im Jahr 60 macht Cicero bereits einen obszönen Witz, in dem er auf das angebliche inzestuöse Verhältnis des Clodius zu seiner Schwester Clodia anspielt: Vgl. Cic. Att. 2, 1, 5. Beim von Clodius geführten Prozess gegen Milo (Anfang 56 v. Chr.) traten offenbar Sprechchöre der Milo-Anhänger mit gleichen Verunglimpfungen auf. Andererseits hat Clodia dieser Ruf in der feinen Gesellschaft offensichtlich nicht geschadet; Ciceros Freund Atticus hatte kein Problem, in ihrem Haus zu verkehren.

8 Dazu ausführlich Dixon (2001) 133–156.

9 Vgl. z. B. Gundel (1975).

10 Skinner (1983). Wiseman (1985) 15–53. Hillard (1989). Bauman (1992) 69–73. Günther (2000).

11 Während Frauen in der frühen und mittleren Republik Praenomen und Gentilnamen des Vaters trugen, werden Frauen in der späten Republik oft nur mit dem Gentilnamen ihres Vaters mit weiblicher Endung bezeichnet. In der Kaiserzeit wurde es wiederum üblich, auch Vornamen zu vergeben und z.T. neben dem Gentilnamen auch noch Ableitungen des Cognomens von Vater und Mutter zu tragen. Dazu grundlegend Marquardt (1886) 17 f.

12 Die Tatsache, dass sie Clodia Metelli (Frau des Metellus) genannt wird, deutet darauf hin, dass sie mit ihm in einer manus-Ehe verheiratet war. Diese dürfte immerhin etwa 20 Jahre bestanden haben. Unklar ist, ob sie danach noch einmal geheiratet hat. Dazu Dixon (1985) 354 Anm. 1.

13 Die Identifikation der in der Liebeslyrik Catulls besungenen literarischen Figur der Lesbia mit der historischen Person der Clodia Metelli, welche auf einer spekulativen Behauptung des afrikanischen Autors Apuleius (Apologia 10) aus dem 2. Jh. n. Chr. beruht, ist fraglich, da nicht nachzuweisen ist, dass die Elegiker autobiographische Züge tragende Darstellungen von Liebeserfahrungen mit konkreten Personen geliefert haben. Zu den Forschungspositionen ausführlich Dixon (2001) 135 ff.

14 Dixon weist darauf hin, dass das Alter sowohl von Caelius als auch von Clodia nicht sicher rekonstruiert werden kann. Cicero setzt möglicherweise das Alter des Caelius herab, um sein Argument des jugendlichen Leichtsinns betonen zu können, das der Clodia jedoch herauf, um das komische Klischee von der älteren Frau, die sich vergebens um einen jüngeren Liebhaber bemüht, zu bedienen. Dazu Dixon (2001) 143.

15 Vgl. Dixon (2001) 141 f.

16 Dazu Classen (1985). Stroh (1975). Fuhrmann (2003).

17 Ob allerdings die Verteidigungsrede tatsächlich vor allem als Schlag gegen Clodius angelegt war (so Meyer-Zwiffelhoffer [1995] 188 ff.), muss offenbleiben.

18 Vgl. dazu Cic. De orat. 2, 240.

19 Zu Cicero: Ps. Sall. Inv. In Cic. 2, 2. Fufius Calenus bei Dio 46, 18, 6. Zu Caesar: Catull. 29; 57. Suet. Iul. 73.

20 Dies wird – für die republikanische Zeit – zum Beispiel auch sehr deutlich in der Diffamierung der Sempronia (Sall. Cat. 25) und der Fulvia. Dazu unten und ausführlich Schubert (2002). Für die Kaiserzeit lässt sich diese Diffamierung für zahlreiche Kaiserfrauen nachweisen, insbesondere für Messalina und Agrippina die Jüngere. Dazu zusammenfassend Dixon (2001) 149 ff.

21 Dixon (2001) 145. Wenn die von Cicero in der vorliegenden Rede diffamierte Claudia Metelli identisch ist mit jener Claudia, die Cicero in

einem später als der Prozess zu datierenden Brief an Atticus erwähnt, weil er ihr ein Gartengrundstück abkaufen will, um dort eine Gedenkstätte für seine früh verstorbene Tochter Tullia zu erbauen, deutet dies darauf hin, dass beide danach noch in Kontakt standen (Cic. Att. 12, 42, 1 f. [12, 45, 1 f. Kasten]).

22 Günther (2000) 236.

23 Patzek (2000) 218.

24 Münzer (1920) 358 ff. Förtsch (1935) passim. Dettenhofer (1994).

25 Cicero beklagt sich gegenüber Atticus im Jahr 60 v. Chr. über ihre politischen Ambitionen als damalige Gattin des amtierenden Konsuls: Cic. Att. 2, 1, 5.

26 Zur Bedeutung der Gastmähler und der Partizipation der Frauen: Stein-Hölkeskamp (2005) insbes. 199.

27 Zur Rolle der Frauen im Klientelwesen: Dixon (1983). Schuller (1995b) 54 f.

28 Zur Theatermetaphorik in diesem Sinne Hillard (1992). Späth (1994) 196 mit Anm. 113.

29 Servilia trat in dieser Zeit, Juni 44 v. Chr., als Vermittlerin des politischen Willens ihres Sohnes und ihres Schwiegersohnes Cassius, die beide abwesend waren, auf. Vgl. Cic. Ad Att. XV, 12, 1 (XV, 15, 1 Kasten). Zu Servilia ausführlich Dettenhofer (1994) 136 ff. mit weiterer Literatur.

30 Verschiedentlich heben antike Autoren auf die gehobene Ausbildung jener Frauen ab. Vgl. z. B. Plut. Pomp. 55 über Pompeius' Frau Cornelia, die literarische, musische, mathematische und philosophische Kenntnisse gehabt haben soll. Zur Frauenbildung innerhalb der Elite grundlegend Hemelrijk (2004).

31 Zum Einfluss von Frauen auf Eheschließungen vgl. Dixon (1985).

32 Sall. Cat. 40, 5. Zu Sempronia vgl. Förtsch (1935) 82 ff.

33 Zum Engagement Terentias im Bona-Dea-Skandal vgl. Plut. Cicero 20, 5.

34 Zum öffentlichen Protest der reichen Matronen gegen die von ihnen verlangten Abgaben zur Finanzierung des Krieges gegen die Caesarmörder vgl. Dettenhofer (1994) 140 und oben.

35 Zu Fulvia vgl. Münzer (1910) 281–284. Dettenhofer (1994) 138 ff. Schuller (1995b) 52 f. Schubert (2002).

36 Delia (1991). Hesberg-Tonn (1983) 61–65; 77–83.

37 Gegen die Stellvertretertheorie (Dettenhofer [1994]), welche insbesondere die durch Kriege verursachten Verluste an Männern als Grund für das politische Engagement von Frauen annimmt, überzeugend Schubert (2002).

38 Dazu auch Späth (2000) 267.

39 Liv. 34, 11, 2.

40 So geht beispielsweise aus Ciceros Briefen hervor, dass sich Clodia (Cicero nennt sie in Anspielung an die Benennung der Hera bei Homer die «Kuhäugige») ihren Bruder politisch unterstützte, indem sie etwa Briefe übermittelte (Cic. Att. 2, 9, 1) offenbar für den Bruder durch ‹Mundpropaganda› Wahlkampf betrieb (Cic. Att. 2, 12, 2 [2, 10, 2 Kasten]), Gespräche teils persönlich führte (Cic. Att. 2, 14, 1) und teils vermittelte (Cic. Att. 2, 22, 5).

Frauenbilder in der römischen Kaiserzeit –
Das Beispiel Messalina

1 Seit sich im ausgehenden 19. Jh. in Frankreich der Umgang mit sogenannten Kurtisanen im Bürgertum und der Boheme besonderer Beliebtheit erfreute, avancierte die Figur der Messalina zum Prototyp der Frau aus der Oberschicht, die in ihrer Gier nach sexuellen Abenteuern bis in die Gosse hinabsteigt. Messalina wurde in der Malerei dargestellt: vgl. z. B. G. Moreau, Messaline, 1874; Paris, Gustave-Moreau-Museum. Ihr Leben wurde in Romanen (z. B. H. Stadelmann, Messalina. Ein Bild des Lebens aus Roms Imperatorenzeit, Dresden 1924; A. Schirokauer, Messalina, Berlin 1928), in der Oper und schließlich auch im Film (z. B. C. Gallone, Messalina, Frankreich/Italien 1951; teilweise in Form von Toga-Pornos: B. Corbucci, Messalina, Kaiserin und Hure, Italien 1977) behandelt. Gerade ihr vermeintliches Doppelleben als Kaiserin und Hure lieferte den Stoff für eine phantasievolle Ausschmückung.

2 Plin. nat. 10, 172; Tac. ann. 11, 30, 2; Cass. Dio 60, 18, 1–2.

3 Tac. ann. 12, 7, 3.

4 Zu den Intrigen und Morden vgl. Cass. Dio 60, 8, 4–5. 60, 14, 2–4. 60, 18, 3–4; Tac. ann. 13, 32, 3. 11, 1–3; 11, 36, 1; Cass. Dio 60, 29, 6.

5 Zum Folgenden vgl. den Überblick bei Herz (2000).

6 Zu den Prätorianern Campbell (2001).

7 Zur Stellung der kaiserlichen Freigelassenen Herz (2000) 362.

8 Sie war die Tochter des M. Valerius Messalla Barbatus und der Domitia Lepida. Dazu Eck (2002) 117.

9 Dazu Bauman (1992) 260 f. Anm. 11 mit weiterer Literatur.

10 Suet. Claud. 26, 2. 27, 1–4.

11 Dazu Eck (2002) 121 ff.

12 Dazu Mehl (1974) 92 ff. Vgl. auch Cass. Dio Epitome 61, 1–5 (Excerpta Valesiana 225); Suet. Claud. 29, 3; 36. Tac. ann. 11, 12. 11, 25, 5–38.

13 Im Bericht des Tacitus wird die politische Brisanz der Heirat Messalinas mit dem designierten Konsul besonders deutlich herausgestellt und in Betracht gezogen, dass Silius einen Komplott gegen den Kaiser anzetteln wollte. Bei Cassius Dio und Sueton wird der Komplott nur als Befürchtung des Kaisers dargestellt. Dazu Späth (1994) 194 mit Anm. 103 und Hinweisen auf weitere Literatur.

14 Die *Annalen* entstanden etwa in der Zeit zwischen 110 bis 120 n. Chr., sie sind nicht vollständig erhalten. Für seine Darstellung der politischen Ereignisse jener Jahre griff Tacitus auf ältere historiographische Darstellungen, Memoiren und auch mündliche Überlieferung zurück und konsultierte auch das römische Staatsarchiv. Er selbst gibt in seinem Werk selten Auskunft darüber, woher seine Informationen im Einzelnen stammten. Dazu Fuhrmann (1992).

15 Fuhrmann (1992) 981.

16 Tac. ann. 11, 26–38. Die folgenden Angaben im Text in Klammern beziehen sich auf diese Passage; Übersetzung von E. Heller. Vgl. dazu grundlegend Mehl (1974).

17 Zu Narcissus näher Eck (2002) 122.

18 Als besonders skandalös muss die im Bericht geschilderte Übertragung des Kommandos über die Prätorianer an Narcissus empfunden worden sein, denn *liberti* durften zu dieser Zeit nicht im Heer dienen (Eck [2002] 132).

19 Gaius Silius war der designierte Konsul des Jahres 47 n. Chr. Tacitus berichtet im Vorangehenden, dass dieser im Grunde ein Opfer von Messalinas Begierde geworden war, der zuliebe er auch seine Frau verlassen hatte. Von Messalina sei er derart mit Geldmitteln und Ehren überhäuft worden, dass er schon fast wie der *princeps* dastand (Tac. ann. 12, 3).

20 Zu den angedeuteten Mordplänen vgl. Mehl (1974) 62.

21 Die Vestalinnen hatten das Recht, beim Kaiser jederzeit Zutritt zu verlangen und konnten daher als Vermittler instrumentalisiert werden.

22 Das Ende des 11. Buches zeigt Narcissus auf dem Höhepunkt seiner Macht, im 12. Buch folgt sein allmählicher Untergang, und das 13. Buch wird durch die Schilderung seines erzwungenen Todes eröffnet.

23 Dazu Mehl (1974) 64 f.

24 Vgl. in diesem Sinne auch Suet. Claud. 25, 5; 29, 1.

25 Zu der Vermutung, Agrippina habe das Bild ihrer Vorgängerin maßgeblich geprägt, vgl. ausführlich Eck (2002) 120, der dies jedoch für unwahrscheinlich hält.

26 Eck (2002) 133.

27 Levick (1990) 53–67. Meise (1969) 123–169.

28 Vgl. zum Folgenden grundlegend Späth (1994) 187 ff. mit weiterer Literatur. Kunst (2000a) 1 ff. Temporini-Gräfin Vitzthum (2002a) 11 ff.

29 Zur Problematik der Deutung solcher Münzbilder: Alexandridis (2004) 12; 18 ff.

30 Zu den von Kaiserinnen veranstalteten *salutationes*: Wieber-Scariot (1999) 47 mit Anm. 38.

31 Cass. Dio 49, 38, 1. Temporini-Gräfin Vitzthum (2002) 38. Zur politischen Symbolik des Aktes: Alexandridis (2004) 13.

32 Die Verleihung des Augusta-Titels erfolgte zunächst wohl vor allem, um die Vorbildhaftigkeit der Frauen des Kaiserhauses zu dokumentieren, später zur Kennzeichnung der erwartungsgemäß dynastietragenden weiblichen Person. Dazu Alexandridis (2004) 15. Im Fall Messalinas wurde offenbar nach der Geburt ihres Sohnes im Senat der Vorschlag gemacht, den potentiellen Thronfolger ebenso wie die Mutter mit dem Beinamen Augustus bzw. Augusta zu ehren. Angeblich habe Claudius beides unterbunden, so dass Messalina dieser Ehrentitel (im Gegensatz zu der ihr nachfolgenden Ehefrau des Claudius, Julia Agrippina) versagt blieb. Dazu Eck (2002) 120 mit dem Hinweis auf Münzen und Inschriften griechischer Städte, die Messalina dennoch mit diesem Ehrentitel versahen.

33 Hahn (1994). Alexandridis (2004).

34 Zur Frage der Frauenmacht in der römischen Kaiserzeit grundlegend Späth (1994) insbes. 196 ff. Wieber-Scariot (1999) 47 ff. zur Diskussion um ‹Herrschaft› oder ‹Macht› der Kaiserfrauen.

35 Vgl. zu Baustiftungen: Alexandridis (2004) 14 mit Anm. 122 und weiterer Literatur. Zu anderweitigen Stiftungen, welche insbesondere Frauen zugutekamen, ebd. 18.

36 Wieber-Scariot (1999) 49.

37 Dazu Riemer (2000) insbes. 147.

38 Dazu Späth im Beitrag von Dierichs (2000) 244 f.

39 Der Vorwurf des Giftmordes wird gegenüber vielen Frauen des Kaiserhofes artikuliert: Prominente Beispiele sind Livia, Livilla, Messalina, Agrippina und Domitia Longina in der frühen Kaiserzeit, Eusebia und Theodora in der Spätantike. Vgl. auch Schuller (1995b) 64 mit Beispielen.

40 Dies gilt allerdings nicht ausschließlich im Hinblick auf Frauen. Vgl. Schuller (1995b) 67.

41 Temporini-Gräfin Vitzthum (1999).

42 Temporini-Gräfin Vitzthum (2002a) 18. Zur ambivalenten Bewertung Livias, der Frau des Augustus, vgl. Temporini-Gräfin Vitzthum (2002b) 97.

43 Zu weiteren Tugenden der Kaiserfrauen vgl. Alexandridis (2004) 38.

44 Plin. paneg. 83, 4–84, 8. Dazu: Temporini-Gräfin Vitzthum (2002c) 192 f. Fronto, Briefe I 146 ff. (Haines). Dazu: Temporini-Gräfin Vitzthum (2002c) 237 f.

45 Zur Darstellung eines Altares der Pudicitia auf einer Münze Plotinas, der Frau Trajans: Temporini-Gräfin Vitzthum (2002c) 197 ff.

46 So z. B. Otacilia Severa, die Frau des Philippus Arabs. Dazu: Bleckmann (2002) 306. Zu Cornelia Salonina, der Frau des Gallienus: Bleckmann (2002) 311.

47 Dass Messalina der *damnatio memoriae* verfiel, offenbaren Inschriften, aus denen ihr Name getilgt wurde: vgl. CIL VI 918.

Christliche Märtyrerinnen zwischen Verfolgung und kultischer Verehrung

1 Dazu Stahlmann (1996) 52 ff. Dixon (2001) 73–88; bes. 80 f.

2 Zur Ausbreitung des Christentums in den ersten drei Jahrhunderten grundlegend Harnack (1902). Eine flächendeckende Christianisierung des römischen Reiches darf allerdings erst seit dem 4. Jh. n. Chr. angenommen werden. Zusammenfassend Winkelmann (2005) 21 ff. Markschies (1997) 23.

3 Dazu allgemein Winkelmann (2005) 30 ff. 55 ff. Athenagoras schrieb um 177 n. Chr. eine an den Kaiser Marc Aurel und seinen Sohn Commodus gerichtete Verteidigung (*Apologia*), in der er die Christen gegen den Vorwurf des Atheismus verteidigt und die Verdächtigung zurückweist, dass sie in ihren Gottesdiensten Unzucht trieben und ihre Kinder aufäßen. Auch das von dem römischen Rechtsgelehrten Minucius Felix nach seiner Konversion zum Christentum zu Beginn des 3. Jh.s n. Chr. verfasste Religionsgespräch *Octavius* fasst die Vorbehalte zusammen, mit denen man dem Christentum begegnete.

4 Zu den Christenverfolgungen zusammenfassend Flach (1999).

5 Auch Athenag. 34 gibt im 2. Jh. n. Chr. an, dass die Statthalter mit den Prozessen nicht mehr fertig werden.

6 Vgl. dazu Plin. ep. 10, 96.

7 Athenag. 13: «Da sie daher die Frömmigkeit nur nach der Art der Opfer bemessen, so werfen sie uns zwei Dinge vor, nämlich dass wir nicht opfern und nicht an dieselben Götter glauben wie der Staat» (Ü.: Verf.).

8 Hopkins (1998). In Eus. HE 3, 36 wird von einer kurzzeitigen allgemeinen Christenverfolgung unter Trajan in Antiochia berichtet, bei welcher

der Bischof Ignatius gefangengenommen und zum Tod in der Zirkus-
arena Roms verurteilt wurde. Die Märtyrerliteratur verweist auf eine
ganze Reihe von Prozessen, die für die bekennenden Christen tödlich
ausgingen.

9 Zu den Hintergründen des Opferedikts Bleckmann (2006) 57–69.

10 Christen aus dem Adel wurden mit Degradierung, Vermögenseinzug
und bei Beharren auf ihrem Glauben mit der Todesstrafe bedroht; für
christliche Frauen aus dem Adel war Vermögensverlust und Verbannung
vorgesehen; Christen unter den kaiserlichen Hofbeamten wurden zu
Verlust des Vermögens und zur Zwangsarbeit auf den kaiserlichen Do-
mänen verurteilt.

11 Auch in diesem Fall beruhen unsere Kenntnisse auf den Berichten christlicher Autoren. Laktanz (Lact. mort. pers. 34, 1–3) berichtet von weiteren Edikten, welche sich gegen Verstöße der Christen gegen das römische Religionsverständnis und die Tradition richteten, möglicherweise
aber auch gegen innerkirchliche Auseinandersetzungen, von deren Aus-
weitung man Gefahren für die Einheit des Reiches befürchtete. In der
Folge dieser Erlässe habe es zahlreiche Vertreibungen und Kapitalpro-
zesse gegeben.

12 Lact. mort. pers. 34, 4 f.

13 Bekannt ist die Legende von der Bekehrung Kaiser Konstantins: Vor der
Schlacht gegen seinen Rivalen Maxentius im Jahr 312 n. Chr. habe der
Kaiser laut Lactanz ein Bekehrungserlebnis gehabt und seine Soldaten
demzufolge im Zeichen Christi antreten lassen.

14 Im Johannesevangelium heißt es: «Sie werden euch aus den Synagogen
ausstoßen. Ja, es kommt die Stunde, da jeder, der euch getötet hat, meinen wird, er erweise damit Gott einen heiligen Dienst» (Joh. 16, 2). Viele
entsprechende Aussagen finden sich in den anderen Evangelien. Zu den
lokalen Konflikten, aus denen Übergriffe resultierten, Clark (2004) 47 f.

15 Baumeister (1999) 650–651. Nach einer anderen Sicht ist Märtyrer, wer
sich vor Gericht als Christ bekennt (also von seinem Glauben Zeugnis
ablegt), unabhängig von einem möglichen tödlichen Ausgang des Prozesses. Dazu Jensen (2003) 197 mit Hinweisen auf weitere Literatur.

16 Vgl. Winkelmann (2005) 94.

17 Ignatius, Römerbrief 4, 1; 6, 3. Ü.: Zeller (München 1914).

18 Zu den heidnischen Kommentaren zusammenfassend Clark (2004) 43 f.

19 Brown (1994) 156.

20 Winkelmann (2005) 93. Markschies (1997) 123 f. Clark (2004) 49.

21 Winkelmann (2005) 96.

22 Jensen (2002) XXI.

23 Zum Folgenden Markschies (1997) 122 ff.

24 Eunapios, vitae sophistarum (Sophistenleben) 472. Ü.: nach Markschies (1997) 121.

25 Zum Folgenden Habermehl (1999) 652–653. Zu den Editionen vgl. Jensen (2002) 452 f.

26 Zur Struktur dieser Narrative zusammenfassend Clark (2004) 41 f.

27 Vgl. die Übersicht in einer Schautafel bei Jensen (2003) 484.

28 Zum historischen Hintergrund dieser Ereignisse Keresztes (1979).

29 Eus. HE 5, 1, 42.

30 Dabei handelt es sich sicher um eine Anspielung auf das im 2. Makkabäerbuch 7 geschilderte Martyrium einer Mutter, welche bei der vorangehenden Folterung ihrer sieben Söhne zugegen war.

31 Zum Repertoire der Metaphern vgl. Jensen (2003) 250.

32 Dass Blandina für eine Frau ungewöhnlich hart gefoltert wurde, wird im Bericht mehrfach betont: Eus. HE 5, 1, 53; 56; ebenso die Schwäche der Blandina: Vgl. Eus. HE 5, 1, 17; 53.

33 Zur Forschungsliteratur zusammenfassend Jensen (2003) 200 f. mit Anm. 93. 521–524. Habermehl (1992). Habermehl (2000).

34 Der Autor des Textes stellt Perpetua auf folgende Weise vor: «Sie war aus vornehmer Familie, von vorzüglicher Bildung, als Matrone verheiratet. Sie hatte noch ihren Vater und ihre Mutter und zwei Brüder – einer war Taufanwärter (Katechumene) wie sie selbst – sowie einen kleinen Sohn, noch Säugling. Sie war etwa 22 Jahre alt» (Pass. 2).

35 Zur Diskussion um den sozialen Status der Felicitas: Jensen (2003) 205.

36 Die geschilderten Hinrichtungen wurden wohl nicht im Rahmen einer systematischen Christenverfolgung vorgenommen, sondern infolge eines Prozesses gegen sechs Christen (vier Männer und zwei Frauen), die zum Tod in der Arena verurteilt wurden, weil sie das Kaiseropfer verweigerten. Nach Ausweis des Berichtes fand der eigentliche Prozess vor dem Prokurator statt: Die Angeklagten wurden zum Tierkampf verurteilt, der für den Geburtstag des Kaisers festgesetzt wird (Pass. 6). Im Bericht wird erwähnt, dass sich die Zuschauer darüber entrüsteten, dass die beiden Frauen nackt zum Tierkampf antreten sollten, zumal die eine von ihrer unmittelbar vorangegangenen Entbindung gezeichnet, die andere als Stillende zu erkennen war (Pass. 20). Beide Frauen seien daraufhin bekleidet worden.

37 Im Text findet sich weiterhin die Schilderung einer Vision des Lehrers Saturus, eines Mitgefangenen der Perpetua (Pass. 10–13).

38 Jensen (2003) 202.

39 Vgl. zur Forschung Habermehl (1992) 241 ff.

40 Vgl. Pass. 3, 5 f.: «Ich war voll Furcht, denn niemals habe ich solche Dunkelheit erlebt. O schrecklicher Tag: in der Enge war es entsetzlich heiß; die Soldaten drängten alle zusammen. Und vor allem quälte mich die Sorge um das Baby» (Übers.: Jensen).

41 Habermehl (2000) 175.

42 Nach Aussage des Berichtes tötet sich Perpetua schließlich nach unendlichen Qualen selbst, indem sie dem Gladiator die Hand führt: «Perpetua musste noch größeren Schmerz ertragen. Sie schrie auf, als sie an den Rippen getroffen wurde; dann ergriff sie die unsichere Rechte des jungen Gladiatoren und führte das Schwert an ihren Hals. Es war, als ob eine so große Frau, die der unreine Geist fürchtete, nicht hätte getötet werden können, wenn sie selbst es nicht gewollt hätte» (Pass. 21). Dass in diesem Fall das Beispiel der Lucretia Pate gestanden hat, um der literarischen Ausformung der Geschichte eine besondere Note zu verleihen, ist anzunehmen.

43 Felicitas wird als eine Frau vorgestellt, die im achten Monat schwanger ist. Da sie fürchtet, deswegen bei der Verurteilung zurückgestellt zu werden und ihr Martyrium später allein durchstehen zu müssen, betet sie mit ihren Mitgefangenen um eine Frühgeburt, die dann auch erfolgt. Sie bringt ein Mädchen zur Welt, das von einer «Schwester», also einer Mitchristin, adoptiert wird.

44 Vgl. Orig. contra Celsum 3, 44. Plin. ep. 10, 96. Vgl. dazu auch Harnack (1902) 401.

45 Harnack (1902) 395 ff., hier insbes. 407.

46 Dazu Eisen (1996) 23.

47 1. Kor. 14, 34. Das Zitat belegt einen normativen Anspruch, nicht aber dessen Umsetzung. Zu den übrigen Belegen aus der frühchristlichen Literatur vgl. die Zusammenstellung und Diskussion der Zeugnisse bei Harnack (1902) 395 ff.

48 Dazu sehr differenziert: McDonald (2003) 157–184.

49 Schuller (1995b) 84. Dazu kritisch Eisen (1996) 24 ff. Zur Aktualität der Thematik des immer noch in der katholischen Kirche geltenden Verbots, Frauen die Priesterweihe zu spenden, vgl. Eisen (1996) insbes. 27.

50 Thraede (1972) 244 f.

51 Eisen (1996) 217 f.

52 Dazu grundlegend Stahlmann (1997).

53 Zum Problem der ungleichen Religionszugehörigkeit vgl. Harnack (1902) 406 f. Dazu und zur christlichen Ehe auch Markschies (1997) 150–166. Zur Enthaltsamkeit als einziger Alternative zur Heirat eines ‹Heiden› vgl. Brown (1994) 161.

54 Brown (1994) 156.

Die spätantike Kaisergattin Theodora

1 Zu Theodoras Leben grundlegend Leppin (2002). Evans (2002).

2 Byzantinische und orientalische Historiker berichten gelegentlich über sie; aber während die byzantinischen Historiker des 6. Jh.s sie nur am Rande erwähnen, weisen die orientalischen Schriften eine eindeutig hagiographische Tendenz auf: Sie sehen in der Kaiserin die Patronin ihrer religiösen Überzeugung, die in einem Widerspruch zur Religionspolitik Justinians steht, und neigen dazu, deren Rolle und Leben legendenhaft auszuschmücken. Dazu Beck (1986) 12. Harvey (2001).

3 Dazu näher: Beck (1986) 16 f. Kaldellis (2004).

4 Zur Kaiserkritik Prokops vgl. Leppin (2000) 76 mit weiterer Literatur unter Anm. 4.

5 Vgl. die Monographie von Evans (2002) und die jüngst ins Deutsche übersetzte Theodora-Biographie von Paolo Cesaretti.

6 Vgl. Beck (1986) 93. 157.

7 Dazu Allen (1992), hier 96.

8 Die Vereine oder Clubs, die seit der römischen Kaiserzeit, zunächst in Rom selbst, später auch in anderen Städten des Reiches, die Wagenrennen in den Hippodromen organisierten und durch Farben gekennzeichnet waren, wurden in der Antike als «Gruppierungen» (*factiones/mere*) bezeichnet; heute werden diese als Zirkusparteien bezeichnet.

9 Die Bezeichnung Mimus ist dem Griechischen entlehnt. In Rom sind Aufführungen dieser Art schon für die Zeit des 3. Jh.s v. Chr. belegt, die gegen Ende der Republik die beliebteste Schauspielgattung darstellten.

10 Stumpp (1998) 51.

11 Dazu ausführlich Beck (1986) 78 ff.

12 Beck (1986) 93. Da sich die Schauspielerinnen auf der Bühne freizügig den Blicken des Publikums preisgaben, verwundert es nicht, dass diese in der antiken Literatur oft mit Prostituierten gleichgesetzt wurden, vielleicht auch, weil sich viele Schauspielerinnen nebenbei als Prostituierte betätigten. Vgl. zur Prostitution in Rom allgemein Stumpp (1998), hier insbes. 48 ff.

13 Beck (1986) 94.

14 Beck (1986) 95. Leppin (2002) 445.

15 Dies stellt Prokop auch an einer anderen Stelle heraus: Justinian hätte doch «im ganzen Römerreich seine Wahl treffen und zu seiner Ehefrau das vornehmste Mädchen machen dürfen, das seine Erziehung in aller Stille erfahren hatte, Ehrgefühl, dazu Verstand und blendende Schönheit besaß, eine reine Jungfrau, eine ‹Orthotitthos› (mit aufrechten Brüsten), wie

man sagt. Justinian entblödete sich indessen nicht, [...] den allgemeinen Schandfleck der Welt sich zu eigen zu machen und ein Weib zu nehmen, das unter anderen schrecklichen Vergehen auch den vielfachen Kindsmord durch freiwillige Abtreibung begangen hatte» (Prok. HA 10, 2 f.). Zu Methoden der Abtreibung in der römischen Kaiserzeit vgl. Keller (1988).

16 Zur Dämonisierung des Herrscherpaares ausführlich Cameron (1996) 67 ff.

17 Dazu ausführlich Leppin (2000) insbes. 79.

18 Zur Charakterisierung Theodoras vgl. Prok. HA 15, 1–10. Zur Charakterisierung Justinians vgl. Prok. HA 12, 26 f. 13, 28 ff. 13, 1. 14, 9 f.

19 Die scheinbar unterschiedlichen Ziele Justinians und Theodoras in der Religionspolitik deutet Prokop als einmütig beschlossene Strategie, um die Christenheit zu spalten (Prok. HA 10, 15–23). Zur Repräsentation des ‹Doppelspiels› des Herrscherpaares vgl. auch ausführlich Allen (1992).

20 Auffällig ist, dass Prokop – abgesehen von dem Bericht über Theodoras Jugend – keine weitere Sexskandale traktiert: Lediglich am Rande wird erwähnt, dass der Kaiser dem Liebesgenuss sehr zugetan war (Prok. HA 12, 27) und dass Theodora zwischenzeitlich eine Affäre mit einem Sklaven gehabt habe, den sie aber misshandelt und zum Verschwinden gebracht habe, um das Gerede über die Affäre zum Verstummen zu bringen (Prok. HA 16, 11 f.)

21 Vgl. insbes. Prok. HA 14, 14: «Niemand sozusagen kümmerte sich mehr um seine Rangstellung, vielmehr wandelte jetzt ein jeder nach Gutdünken auf Pfaden, die vorher verboten oder unzugänglich waren [...] Der Staat glich einem Reiche von spielenden Kindern.»

22 Vgl. auch Beck (1986) 154 f. Leppin (2000) 76. Vielleicht zählte Prokop sich selbst zu jenen Beamten im Dienste des Kaisers, die Justinian nach Angabe Prokops um ihre Pension betrogen habe, indem er die Zuwendungen kürzte (Prok. HA 24, 30 ff.).

23 Vgl. Cod. Iust. 5, 4, 23.

24 Zu Theodoras erfolgreichen Bemühungen, Mitglieder ihrer Familie in der Elite der Gesellschaft zu etablieren, vgl. Leppin (2002) 474.

25 Leppin (2000) 83.

26 Prok. HA 30, 22–24.

27 Dazu Leppin (2000) 85 mit Quellen und Literatur.

28 Die sogenannten Monophysiten (abgeleitet von den griechischen Wörtern *monos* = ein Einziger; *physis* = Natur) vertraten die Auffassung, dass Christus nur eine Natur habe, nämlich eine göttliche. Demgegenüber vertraten die sogenannten Orthodoxen (Rechtgläubigen) oder Chalkedonier (nach dem Konzil von Chalkedon/Kleinasien 451 n. Chr.), dass

Christus gleichermaßen Mensch und Gott gewesen sei. Dazu Leppin (2002) 465. Zu Theodoras Kirchenpolitik im Einzelnen Leppin (2000) 77. Dass religiöse Differenzen der kaiserlichen Eheleute in der Spätantike durchaus akzeptiert wurden, weist Leppin (2000) insbes. 83 nach.

29 Vgl. dazu die abschätzigen Bemerkungen Prokops HA 17, 5 f.

30 So benannt nach dem Ausruf «nika» («siege!») der Aufständischen im Hippodrom.

31 Zum Nika-Aufstand liegt eine Fülle von Untersuchungen vor. Zu den hier behandelten Aspekten insbes. Meier (2004) 88 mit weiterer Literatur.

32 Zu den Quellen ausführlich Meier (2004) 88 f. mit Anm. 2.

33 Prok. BP 1, 24, 33–37.

34 Meier (2004) 95.

35 Meier (2004) 93. 95. Der artifizielle Charakter des scheinbar authentischen Lageberichtes offenbart sich vor allem auch in der Komposition. Vgl. dazu Meiers Ausführungen zu Prokops Dramaturgie von Rede und Gegenrede: 103.

36 Beck (1986) 39 f. Er geht davon aus, «dass Prokop manches an dieser Rede stilistisch gefeilt hat», die Rede im Grunde jedoch als historisch anzusehen sei. Auch Leppin (2002) 458 hält daran fest, dass zumindest die Intervention Theodoras wahrscheinlich sei.

37 Isokr. or. 6, 45.

38 Meier (2004) 100.

39 Meier (2004) 101.

40 So auch Leppin (2002) 458.

41 Leppin (2002) 477.

42 Demandt (1989) 218 mit Beispielen.

43 Leppin (2002a) 485.

44 Schuller (1995b) 68 f. Temporini-Gräfin Vitzthum (1999) 140–142. Leppin (2002a) 486.

45 Holum (1982). Schuller (1995b) 102. Wieber-Scariot (1999) 55–72.

46 Demandt (1989) 218 mit Beispielen.

47 Als zum Zeitpunkt des Todes des Kaisers Arcadius (408 n. Chr.) sein Sohn Theodosius II. formeller Thronerbe wurde, führte seine Schwester Pulcheria über Jahre die Regierungsgeschäfte für ihren unmündigen Bruder und trug den offiziellen Titel einer Augusta, der nur der Gattin eines Regenten zukam. Zu Pulcheria: Ensslin (1959). Holum (1982) 79 ff. Schuller (1995b) 103 f.

48 Demandt (1989) 217 mit Beispielen.

49 Schade (2003) 156 mit Hinweisen auf weitere Literatur.

50 Schuller (1995b) 108. Wieber-Scariot (1999) 57 f. Leppin (2002a) 489.

51 Seeck (1912). Schuller (1995b) 101. Wieber-Scariot (1999) 360.

52 Zusammenfassend Schuller (1995b) 110. Auch ist ein grundsätzlicher geistiger Wandel in der Spätantike in Betracht zu ziehen, der sich darin äußert, dass intellektuelle Leistungen von Frauen vermehrt wahrgenommen wurden: Leppin (2000) 83.

53 Beispiele sind Justina (gestorben ca. 388 n. Chr.), die zweite Gattin Valentinians I. (Schuller [1995b] 102) und die bereits erwähnte Pulcheria, die Schwester Theodosius II., die durch ihr Gelöbnis der Jungfräulichkeit hohes Prestige erlangte. Zur Akzeptanz religiöser Differenzen des Kaiserpaares Leppin (2000) 83.

54 Leppin (2002) 441. Wieber-Scariot (1999) 55 ff.

55 Leppin (2002) 477.

56 Leppin weist darauf hin, dass Theodora, bevor Prokops lange verschollene *Geheimgeschichte* zu Beginn des 17. Jh.s in den Beständen des Vatikans entdeckt wurde, ganz anders beurteilt worden war: Man hatte sie vor allem aufgrund ihrer Stiftungen als eine fromme und wohltätige Herrscherin wahrgenommen.

57 F. Thiess, Das Reich der Dämonen. Der Roman eines Jahrtausends, Neuausgabe Frankfurt a. M. 1959, 476.

Forschungsgeschichte und aktuelle Fragestellungen

1 Wagner-Hasel – Späth (2000) IX ff. Vgl. für die Antike Plutarchs Schrift *Über die Tugend der Frauen* (Plut. mor. 242 E- 263 C) oder das anonyme, in griechischer Sprache verfasste Traktat *Über die berühmten Frauen im Krieg*, das vermutlich aus dem 2. Jh. v. Chr. stammt. Dazu: Gera (1997). Zu Frauenkatalogen im späten Mittelalter: Kessel – Signori (2000) 120 f.

2 G. Boccaccio, De claris mulieribus – Die großen Frauen, lateinisch – deutsch, übersetzt und kommentiert von I. Erfen u. P. Schmidt, Stuttgart 1995.

3 Immer noch hilfreich sind die entsprechenden Artikel zu historischen Frauen in Paulys Realencyclopädie (RE).

4 Stahr (1880) 249. Vgl. Tac. ann. 6, 25, 2.

5 Ferrero (1912) 34. 211.

6 Zu einigen Spezialstudien aus dem frühen 20. Jh., etwa zur Geschäftsfähigkeit der griechischen Frau, vgl. Späth – Wagner-Hasel (2000) XI.

7 Vgl. etwa Licht (1925–1928), Guhl – Koner (1861); Stark (1882) etc. Vgl. Hermann-Otto (2002) 30 mit weiterer Literatur.

8 Wagner (1982) 3. 285 f. Anm. 10.

9 Habermas (2002).

10 Pomeroy (1985).

11 Zum römischen Recht: Gardner (1994). Zu medizinischen Texten der griechischen Antike: King (1998b). Zur Medizin in Rom: Flemming (2000). Vgl. auch Schubert – Huttner (1999).

12 Vgl. z. B. Kampen (1981). Günther (1987). Eichenauer (1988). Hermann-Otto (1994). Krause (1994–1995).

13 Späth – Wagner-Hasel (2000) XII mit Literatur. Scheer (2000) 146.

14 Einen Überblick bietet Egger (2000).

15 Vgl. Wagner-Hasel (1988a) hier: 20 mit weiterer Literatur. Immer noch treffend ist die knappe Formulierung: «Nachdem der Feminismus den Satz ‹Alles ist Biologie› überführt hatte in ‹Biologische Unterschiede werden kulturell überformt› heißt die (nicht so ganz neue Devise): ‹Alles ist Kultur – inklusive der Biologie selbst›.» H. Landweer – M. Rumpf, Kritik der Kategorie ‹Geschlecht›, Streit um Begriffe, Streit um Orientierungen, Streit der Generationen?, Feministische Studien 2 (1993) 3–9.

16 Zitiert nach M. Perrot, Vorwort, in: A. Corbin – A. Farge – M. Perrot [u. a.], Geschlecht und Geschichte. Ist eine weibliche Geschichtsschreibung möglich? [Original 1984] dt. Frankfurt a. M. 1989, 25.

17 Späth – Wagner-Hasel (2000) XIII.

18 Wagner-Hasel (1988) 30.

19 Wagner-Hasel (1988) 19.

20 Zur Rolle der Frauen im Kult vgl. Kron (1992). Fantham – Foley (1994). Waldner (2000).

21 Wagner-Hasel (1988). Sourvinou-Inwood (1996).

22 Zu dem Themenspektrum geschlechtergeschichtlicher Arbeiten vgl. den Überblick bei Scheer (2000), Egger (2001) und Hermann-Otto (2002). Zu Untersuchungen einzelner Autoren jüngst der Sammelband von Ulf – Rollinger (2006).

23 Vgl. zur Kritik an der Etikettierung Ulf – Schnegg (2006) 20.

24 Für die Geschichtswissenschaft erwiesen sich insbesondere die Beiträge der US-amerikanischen Historikerin J. W. Scott als richtungsweisend: Dazu Späth – Wagner-Hasel (2000) XVI f.

25 Dazu ausführlich Späth – Wagner-Hasel (2000) XVIII. Späth (2006).

26 Zur Debatte zusammenfassend Späth – Wagner-Hasel (2000) XIX ff.

27 J. Bennett, Feminism and History, Gender & History 1, 3 (1989), 251–272, hier: 259.

Abkürzungen von Namen und Werken antiker Autoren

Aufgenommen sind nur mehrfach zitierte Autorennamen und Werktitel. Editionen und Übersetzungen werden nur für Werke angegeben, die im Buch wörtlich zitiert werden.

Alk.	Alkaios
Alkm.	Alkman
	Ausgabe von C. Calame (Rom 1983).
Andok.	Andokides
Antiph.	Antiphon 1. Rede
	Textausgabe und Übersetzung von K. Brodersen (Darmstadt 2004).
Aristoph. Eccl.	Aristophanes, Ecclesiazusae (Die Frauenvolksversammlung)
Aristoph. Lys.	Aristophanes, Lysistrate
Aristoph. Pax	Aristophanes, Pax (Der Friede)
Aristoph. Plut.	Aristophanes, Plutus (Der Reichtum)
Aristoph. Ran.	Aristophanes, Ranae (Die Frösche)
Aristoph. Thesm.	Aristophanes, Thesmophoriazusae (Die Frauen am Thesmophorienfest)
Aristoph. Vesp.	Aristophanes, Vespae (Die Wespen)
Aristot. poet.	Aristoteles, poetica (Poetik)
	Textausgabe und Übersetzung von M. Fuhrmann (Stuttgart 1982).
Aristot. pol.	Aristoteles, politica (Politik)
	Textausgabe von W. D. Ross (Oxford 1964).
	Übersetzung von E. Rolfes (Hamburg ⁴1981).
Ath. pol.	[Aristoteles], Athenaion politeia (Vom Staat der Athener)
Athen. deipn.	Athenaios, deipnosophistai (Das Gelehrtenmahl)
Athenag.	Athenagoras, apologia (Verteidigung)
	Textausgabe von W. R. Schoedel (Oxford 1972).

	Deutsche Übersetzung von P. A. Eberhard, BKV 12 (München 1913).
Aug. civ.	Augustinus, de civitate dei (Vom Gottesstaat)
Cass. Dio	Cassius Dio
Cic. Att.	Cicero, epistulae ad Atticum (Briefe an Atticus) Textausgabe von D. R. Shackleton Bailey (Stuttgart 1987). Textausgabe mit teilweise abweichender Zählung (in den Fußnoten in Klammern angegeben) und deutsche Übersetzung von H. Kasten (Düsseldorf – Zürich⁵ 1998).
Cic. Cael.	Cicero, Pro Marco Caelio (Rede für M. Caelius) Textausgabe und deutsche Übersetzung von M. Giebel (Stuttgart 1994).
Cic. Cato	Cicero, Cato maior de senectute
Cic. fam.	Cicero, epistulae ad familiares (Briefe an seine Freunde) Textausgabe von L. C. Purser (Oxford 1964). Textausgabe mit teilweise abweichender Zählung (in den Fußnoten in Klammern angegeben) und deutsche Übersetzung von H. Kasten (München – Zürich ⁴1990).
Cic. leg.	Cicero, de legibus (Über die Gesetze)
Cod. Iust.	Codex Justinianus
Cod. Theod.	Codex Theodosianus
Demosth. or.	Demosthenes, orationes (Reden)
Dion. Hal. ant.	Dionysios von Halikarnassos, antiquitates Romanae (Romanike archaiologia, Römische Geschichte)
Eur. Med.	Euripides, Medea Textausgabe von A. Elliott (Oxford 1969). Übersetzung von G. Otten (Berlin 2005).
Eus. HE	Eusebios, historia ecclesiastica (Kirchengeschichte) Textausgabe von E. Schwartz – T. Mommsen, 3 Bände (GCS 9, 1–3) (Leipzig 1903–1909). Übersetzung von P. Haeuser (BKV 2. Reihe Bd. 1) (München 1932) und A. Jensen (Bern u. a. 2002).
Hom. Il.	Homer, Ilias Textausgabe und Übersetzung von H. Rupé (München – Zürich ⁹1989).

Hom. Od.	Homer, Odyssee
	Textausgabe und Übersetzung von A. Weiher (München – Zürich ⁹1990).
Is.	Isaios
Isokr. or.	Isokrates, orationes (Reden)
Iuv.	Juvenal, Satiren
	Textausgabe und Übersetzung von J. Adamietz (München – Zürich 1993).
Kall. epigr.	Kallimachos, epigramma (Epigramme)
Kor.	Brief des Paulus an die Korinther
Lact. mort. pers.	Lactanz, de mortibus persecutorum (Über die To- desarten der Verfolger)
Liv.	Livius, ab urbe condita (Von der Gründung der Stadt)
	Buch 1: Textausgabe und Übersetzung von H. J. Hillen (Zürich u. a. 1997).
	Buch 39: Textausgabe und Übersetzung von H. J. Hillen (Darmstadt u. a. 1983).
Liv. Ep.	Livius, Epitome
Lys.	Lysias
Men.	Menander
Men. Sam.	Menander, Samia (Das Mädchen von Samos)
Orig.	Origines
Ov. epist.	Ovid, epistulae (heroides, Briefe)
Ov. fast.	Ovid, fasti
Ov. met.	Ovid, metamorphoses (Metamorphosen)
Paus.	Pausanias
Pass.	Passio Perpetuae et Felicitatis (Passion der Perpe- tua und der Felicitas)
Plat. leg.	Platon, leges (nomoi, Gesetze)
Plin. ep.	Plinius der Jüngere, epistulae (Briefe)
	Textausgabe und Übersetzung von H. Kasten (München – Zürich ⁶1990).
Plin. nat.	Plinius der Ältere, naturalis historia (Naturge- schichte)
Plin. paneg.	Plinius der Jüngere, panegyricus
Plut. Ag.	Plutarch, Agesilaos
	Textausgabe der Parallelviten hrsg. von H. Gärtner (Stuttgart 1993 ff.)
	Übersetzung von K. Ziegler (Zürich – Stuttgart 1960).

Plut. Alk.	Plutarch, Alkibiades
Plut. Cat. Minor	Plutarch, Cato Minor
	Übersetzung von K. Ziegler (Zürich – Stuttgart 1957).
Plut. Cicero	Plutarch, Cicero
	Übersetzung von K. Ziegler (Zürich – Stuttgart 1957).
Plut. Comp. Lyk. Num.	Plutarch, Vergleich Lykurg – Numa
	Übersetzung von K. Ziegler (Zürich – Stuttgart 1954).
Plut. Lyk.	Plutarch, Lykurg
	Übersetzung von K. Ziegler (Zürich – Stuttgart 1954).
Plut. mor.	Plutarch, moralia (Moralische Schriften)
	Apophthegmata Lacaenarum, Textausgabe hrsg. von W. Nachstädt – W. Sieveking – J. B. Titchener (Leipzig ²1971).
Plut. Pomp.	Plutarch, Pompeius
	Übersetzung von K. Ziegler (Zürich – Stuttgart 1955).
Poll.	Pollux
Pol.	Polybios
Prok. aed.	Prokop, de aedificiis (Über die Bauten)
	Textausgabe und Übersetzung von O. Veh (München 1977).
Prok. BP	Prokop, de bello Persico (Perserkriege)
	Textausgabe und Übersetzung von O. Veh (München 1970).
Prok. HA	Prokop, historia arcana (anekdota, Geheimgeschichte)
	Textausgabe und Übersetzung von O. Veh (München ²1970).
Sall. Cat.	Sallust, coniuratio Catilinae (Die Verschwörung des Catilina)
Sappho	Sappho
	Textausgabe von E. M. Voigt (Amsterdam 1971).
	Übersetzungen von J. Latacz (Stuttgart 1991, 400 ff.).
Strab.	Strabon
Suet.	Sueton

Suet. Claud.	Sueton, divus Claudius (Der vergöttlichte Claudius)
Suet. Iul.	Sueton, divus Iulius (Der vergöttlichte Julius Caesar)
Tac. ann.	Tacitus, annales (Annalen)
	Textausgabe und Übersetzung von E. Heller (Darmstadt ²1992).
Theokr.	Theokrit
	Textausgabe und Übersetzung von B. Effe (Darmstadt 1999).
Val. Max.	Valerius Maximus, facta et dicta memorabilia (Denkwürdige Taten und Worte)
	Textausgabe und Übersetzung von U. Blank-Sangmeister (Stuttgart 1991).
Xen. Lak. pol.	Xenophon, Lakedaimonion politeia (Die Verfassung der Spartaner)
	Textausgabe und Übersetzung von S. Rebenich (Darmstadt 1998).
Xen. oik.	Xenophon, oikonomikos (Haushaltslehre)
	Textausgabe von E. C. Marchant (Oxford 1971)
	Übersetzung von K. Meyer (Marburg 1975).

Abkürzungen von Sammelwerken, Textausgaben und Lexika

CIL   Corpus inscriptorum Latinarum, hrsg. von T. Mommsen, Berlin 1862 ff.

DNP   Der Neue Pauly, hrsg. von H. Cancik – H. Schneider, Stuttgart 1996 ff.

ILS   Inscriptiones Latinae Selectae, hrsg. von H. Dessau, 1892 ff.

IG II²   Inscriptiones Atticae Euclidis anno posteriores (ed. altera), hrsg. von J. Kirchner, 1913 ff.

PLRE   Prosopography of the Later Roman Empire, hrsg. von A. H. M. Jones [u. a.], 1971–1992.

PMG   Poetae Melici Graeci, hrsg. von D. L. Page, Oxford 1962.

RE   Paulys Realencyclopädie der classischen Altertumswissenschaft. Neue Bearb. von G. Wissowa [u. a.], Stuttgart 1893 ff.

Verzeichnis der zitierten Literatur

Albersmeier, S. (2002) Untersuchungen zu den Frauenstatuen des ptolemäischen Ägypten, Mainz 2002.

Alexandridis, A. (2004) Die Frauen des Römischen Kaiserhauses: eine Untersuchung ihrer bildlichen Darstellung von Livia bis Iulia Domna, Mainz 2004.

Allen, P. (1992) Contemporary Portrayals of the Byzantine Empress Theodora (A. D. 527–548), in: B. Garlick – S. Dixon – P. Allen (Hrsg.), Stereotypes of Women in Power. Historical Perspectives and Revisionist Views, New York – Westport – London 1992, 93–103.

Ameling, W. (2001) Ptolemaios II. Philadelphos, DNP 10 (2001) 534–536.

André, J. M. (1994) Griechische Feste, römische Spiele. Die Freizeitkultur in der Antike, [Original Paris 1984] dt. Stuttgart 1994.

Baltrusch, E. (1998) Sparta. Geschichte, Gesellschaft, Kultur, München 1998.

Barker, E. T. E. (2003) Entering the Agon: Dissent & Authority from Homer to Tragedy, Cambridge 2003.

Bauman, R. (1992) Women and Politics in Ancient Rome, London 1992.

Baumeister, T. (1999) Märtyrer, DNP 7 (1999) 650–651.

Beck, H.-G. (1986) Kaiserin Theodora und Prokop, Der Historiker und sein Opfer, München – Zürich 1986.

Blank-Sangmeister, U. (2001) Römische Frauen, Ausgewählte Texte, Lateinisch/Deutsch, Stuttgart 2001.

Bleckmann, B. (2002) Die severische Familie und die Soldatenkaiser, in: Temporini-Gräfin Vitzthum (2002) 265–339.

Bleckmann, B. (2006) Zu den Motiven der Christenverfolgung des Decius, in: K.-P. Johne – T. Gehrhardt – U. Hartmann (Hrsg.), Deleto paene imperio Romano. Transformationsprozesse des Römischen Reiches im 3. Jahrhundert und ihre Rezeption in der Neuzeit, Stuttgart 2006, 57–71.

Bleicken, J. (1994) Die athenische Demokratie, Paderborn [u. a.] ²1994.

Blok, J. (2004) Recht und Ritus in der Polis. Zu Bürgerstatus und Geschlechterverhältnissen im Klassischen Athen, Historische Zeitschrift 278 (2004) 1–26.

Bömer, F. (1990) Untersuchungen über die Religion der Sklaven in Griechenland und Rom. Teil 3. Die wichtigsten Kulte der griechischen Welt, Stuttgart ²1990.

Börner, F. (1996) Die bauliche Entwicklung Athens als Handelsplatz in archaischer und klassischer Zeit, München 1996.

Bouvrie, S. des (1990) Women in Greek Tragedy, An Anthropological Approach, Oslo 1990.

Brelich, A. (1969) Paides e Parthenoi, Rom 1969.

Bremmer, J. N. (1996) Götter, Mythen und Heiligtümer im antiken Griechenland, [Original 1994] dt. Darmstadt 1996.

Brock, R. (1994) The Labour of Women in Classical Athens, Classical Quarterly 44 (1994) 336–346.

Brodersen, K. (2004) (Hrsg.) Antiphon, Gegen die Stiefmutter und Apollodoros, Gegen Neaira (Demosthenes 59), Frauen vor Gericht, Darmstadt 2004.

Brooten, B. J. (1996) Love Between Women: Early Christian Responses to Female Homoeroticism, Chicago 1996.

Brown, P. (1994) Die Keuschheit der Engel. Sexuelle Entsagung, Askese und Körperlichkeit im frühen Christentum, [Original New York 1988] dt. München 1994.

Bruit Zaidman, L. – Schmitt Pantel, P. (1994) Die Religion der Griechen: Kult und Mythos, [Original Paris 1989] dt. München 1994.

Brumfield, A. C. (1981) The Attic Festivals of Demeter and their Relation to the Agricultural Year, New York 1981.

Brumfield, A. (1996) Aporrheta. Verbal and Ritual Obscenity in the Cults of Ancient Women, in: R. Hägg (Hrsg.), The Role of Religion in the Early Greek Polis, Oslo 1996, 67–74.

Brunelle, E. (1976) Die Bildnisse der Ptolemäerinnen, Frankfurt a. M. 1976.

Burck, E. (1992) Das Geschichtswerk des Titus Livius, Heidelberg 1992.

Burkert, W. (1966) Kekropidensage und Arrhephoria, Hermes 94 (1966) 1–25.

Burkert, W. (1977) Griechische Religion der archaischen und klassischen Epoche, Stuttgart [u. a.] 1977.

Burkert, W. (1989) Weibliche und männliche Gottheiten in antiken Kulturen, in: J. Martin – R. Zoepffel (Hrsg.), Aufgaben, Rollen und Räume von Frau und Mann, Teilband 1, Freiburg – München 1989, 157–179.

Burton, J. B. (1995) Theocritus' Urban Mimes. Mobilty, Gender and Patronage, Berkeley 1995.

Calame, C. (1977) Les choeurs de jeunes filles en Grèce archaique, Bd. 1: Morphologie, fonction religieuse et sociale, Bd. 2: Alcmane, Rom 1977.

Calame, C. (1996) Sappho's Group: An Initiation into Womanhood, in: Greene (1996a) 113–124.

Cameron, A. (1996) Procopius and the Sixth Century, [Original London 1985] Paperback London 1996.

Campbell, J. (2001) Prätorianer, DNP 10 (2001) 262–264.

Cancik-Lindemaier, H. (1990) Kultische Privilegierung und gesellschaftliche Realität. Ein Beitrag zur Sozialgeschichte der virgines Vestae, Saeculum 41, 1 (1990) 1–16.

Cancik-Lindemaier, H. (1996) Der Diskurs Religion im Senatsbeschluß über die Bacchanalia von 186 v. Chr. und bei Livius (B. XXXIX), in: H. Cancik – H. Lichtenberger – P. Schäfer (Hrsg.), Geschichte – Tradition – Reflexion, Festschrift M. Hengel, Bd. II, Tübingen 1996, 77–96.

Cancik-Lindemaier, H. (2000) Die vestalischen Jungfrauen, in: Späth – Wagner-Hasel (2000) 111–123.

Carney, E. D. (2000) Women and Monarchy in Macedonia, Norman 2000.

Cartledge, P. (1981) Spartan Wives: Liberation or Licence?, Classical Quarterly 31 (1981) 84–109.

Cartledge, P. (1998) Freigelassene, DNP 4 (1998) 643–646.

Clark, G. (2004) Christianity and Roman Society, Cambridge 2004.

Classen, C. J. (1985) Recht – Rhetorik – Politik. Untersuchungen zu Ciceros rhetorischer Strategie, Darmstadt 1985.

Clayton, B. (2004) A Penelopean Poetics: Reweaving the Feminine in Homer's Odyssey, Lanham 2004.

Cox, C. A. (1998) Household Interests, Property, Marriage Strategies, and Family Dynamics in Ancient Athens, Princeton 1998.

Csapo, E. – Slater, W. J. (1995) The Context of Ancient Dama, Ann Arbor 1995.

Davies, J. K. (1971) Athenian Propertied Families, Oxford 1971.

Deißmann, M.-L. (1989) Aufgaben, Rollen und Räume von Mann und Frau im antiken Rom, in: J. Martin – R. Zoepffel (Hrsg.), Aufgaben, Rollen und Räume von Frau und Mann, Teilband 2, Freiburg – München 1989, 501–564.

Deißmann-Merten, M.-L. (1999) Matrona 1, DNP 7 (1999) 1030–1031.

DeJean, J. E. (1989) Fictions of Sappho 1546–1937, Chicago 1989.

Delia, D. (1991) Fulvia Reconsidered, in: S. B. Pomeroy (Hrsg.), Women's History and Ancient History, Chapel Hill 1991, 197–217.

Demandt, A. (1989) Die Spätantike. Römische Geschichte von Diokletian bis Justinian 284–565 n. Chr., München 1989.

De Polignac, F. (1984) La naissance de la cité grecque, Paris 1984.

Dettenhofer, M. H. (1993) Die Frauen von Sparta: Gesellschaftliche Position und politische Relevanz, Klio 75 (1993) 61–75.

Dettenhofer, M. H. (1994) Frauen in politischen Krisen. Zwischen Republik und Prinzipat, in: Dies. (Hrsg.), Reine Männersache? Frauen in Männerdomänen der antiken Welt, Köln – Weimar – Wien 1994, 133–157.

Deubner, L. (1932) Attische Feste, Berlin 1932.

Dierichs, A. (2000) Das Idealbild der römischen Kaiserin: Livia Augusta, in: Späth – Wagner-Hasel (2000) 241–262.

Dixon, S. (1983) A Family Business: Women's Roles in Patronage and Politics at Rome, 80–44 B.C., Classica et Mediaevalia 34 (1983) 91–112.

Dixon, S. (1985) The Marriage Alliance in the Roman Elite, Journal of Family History 10 (1985) 353–378.

Dixon, S. (1988) The Roman Mother, London – Sydney 1988.

Dixon, S. (1992) Family Finances. Terentia and Tullia, in: B: Rawson (Hrsg), The Family in Ancient Rome: New Perspectives, [Original 1986] London 1992, 93–120.

Dixon, S. (2001) Reading Roman Women: Sources, Genres and Real Life, London 2001.

Dixon, S. (2003) Sex and the Married Woman in Ancient Rome, in: D. L. Balch – C. Osiek (Hrsg.), Early Christian Families in Context, Cambridge 2003, 111–129.

Donaldson, I. (1982) The Rapes of Lucretia. A Myth and its Transformations, Oxford 1982.

Donnay, G. (1997) L'Arrhephorie: initiation ou rite civique? Un cas d'école, Kernos 10 (1997) 177–205.

Dubischar, M. (2005) Euripides, Medea 1970–2000, in: M. Hose (Hrsg.), Forschungsbericht zu Euripides (I), Göttingen 2005, 81–130.

Eck, W. (2002) Die iulisch-claudische Familie: Frauen neben Caligula, Claudius und Nero, in: Temporini-Gräfin Vitzthum (2002) 103–163.

Egger, B. (2000) Gender Studies, DNP 14 (2000) 111–121.

Eichenauer, M. (1988) Untersuchungen zur Arbeitswelt der Frau in der römischen Antike, Frankfurt a. M. 1988.

Eisen, U. E. (1996) Amtsträgerinnen im frühen Christentum. Epigraphische und literarische Studien, Göttingen 1996.

Ensslin, W. (1959) Pulcheria 2, RE XXIII, 2 (1959) 1954–1963.

Erdmann, W. (1934) Die Ehe im antiken Griechenland, München 1934.

Ermete, K. (2003) Terentia und Tullia – Frauen der senatorischen Oberschicht, Frankfurt a. M. [u. a.] 2003.

Evans, J. A. (2002), The empress Theodora. Partner of Justinian, Austin 2002.

Fantham, E. (1994) Spartan Women: Women in a Warrior Society, in: E. Fantham [u. a.] (Hrsg.), Women in the Classical World. Image and Text, Oxford 1994, 56–67.

Ferrero, G. (1912) Die Frauen der Caesaren, dt. Leipzig 1912.

Finley, M. I. (1992) Die Welt des Odysseus, [Original 1962] dt. Frankfurt a. M. – New York – Paris 1992.

Flach, D. (1999) Die römischen Christenverfolgungen. Gründe und Hintergründe, Historia 49 (1999) 442–464.

Flaig, E. (1998) Ödipus, Tragischer Vatermord im klassischen Athen, München 1998.

Flaig, E. (2002) Wie die Klassik den Untermenschen erfand, in: Antikensammlung Berlin SMPK, Die Griechische Klassik, Idee oder Wirklichkeit, Ausstellungskatalog Berlin – Bonn, Mainz 2002, 176–178.

Flemming, R. (2000) Medicine and the Making of Roman Women. Gender, Nature, and Authority from Celsus to Galen, Oxford 2000.

Fögen, M. T. (2003) Römische Rechtsgeschichten, Über Ursprung und Evolution eines sozialen Systems, Göttingen 2003.

Förtsch, B. (1935) Die politische Rolle der Frau in der römischen Republik, Stuttgart 1935.

Foley, H. P. (2001) Female Acts in Greek Tragedy, Princeton [u. a.] 2001.

Fragiadakis, C. (1988) Die attischen Sklavennamen von der spätarchaischen Epoche bis in die römische Kaiserzeit. Eine historische und soziologische Untersuchung, Mannheim 1988.

Friedländer, E. (1919) Darstellungen aus der Sittengeschichte Roms: in der Zeit von August bis zum Ausgang der Antonine, Leipzig ⁹1919.

Fuhrmann, M. (1992) Einführung, in: E. Heller (Hrsg.), P. Cornelius Tacitus, Annalen, Lateinisch/deutsch, Darmstadt ²1992, 971–990.

Fuhrmann, M. (2003) Die antike Rhetorik. Eine Einführung. Zürich – München ⁵2003.

Fuhrmann, M. – Schmidt, P. L. (1999) Livius III 2, DNP 7 (1999) 377–382.

Galinsky, H. (1932) Der Lucretia-Stoff in der Weltliteratur, Breslau 1932.

Gardner, J. F. (1995) Frauen im antiken Rom, Familie, Alltag, Recht, [Original 1986] dt. München 1995.

Garland, R. (1985) The Greek Way of Death, Ithaca 1985.

Gera, D. (1997) Warrior Women. The Anonymous Tractatus de Mulieribus, Leiden [u. a.] 1997.

Giebel, M. (1980) Sappho, Reinbek bei Hamburg 1980.

Glei, R. F. (1993) ‹Sappho die Lesbierin› im Wandel der Zeiten, in: G. Binder – B. Effe (Hrsg.), Liebe und Leidenschaft: Historische Aspekte von Erotik und Sexualität, Trier 1993, 145–161.

Golden, M. (1990) Children and Childhood in Classical Athens, Baltimore – London 1990.

Graf, F. (1997) Demeter, DNP 3 (1997) 420–421.

Grebe, S. (2003) Marriage and Exile: Cicero's Letters to Terentia, Helios 30 (2003) 127–156.

Greene, E. (1996a) (Hrsg.), Reading Sappho. Contemporary Approaches, Berkeley – Los Angeles – London 1996.

Greene, E. (1996b) (Hrsg.), Re-Reading Sappho: Reception and Transmission, Berkeley – Los Angeles – London 1996.

Gronewald, M. – Daniel, R. W. (2004) Ein neuer Sappho-Papyrus, Zeitschrift für Papyrologie und Epigraphik 147 (2004) 1–8.

Günther, R. (1987) Frauenarbeit – Frauenbindung. Untersuchungen zu unfreien und freigelassenen Frauen in den stadtrömischen Inschriften, München 1987.

Günther, R. (2000) Diffamierung und politische Intrigen in der Republik: P. Clodius Pulcher und Clodia, in: Späth – Wagner-Hasel (2000) 227–240.

Guhl, E. – Koner, W. (1861) Leben der Griechen und Römer, Berlin 1861.

Gundel, H. G. (1975) Clodius 10, Der Kleine Pauly 1 (1975) 1228.

Habermas, R. (2002) Frauen- und Geschlechtergeschichte, in: J. Eibach – G. Lottes (Hrsg.), Kompass der Geschichtswissenschaft. Ein Handbuch, Göttingen 2002, 231–270.

Habermehl, P. (1992) Perpetua und der Ägypter oder Bilder des Bösen im frühen afrikanischen Christentum, Berlin 1992.

Habermehl, P. (1999) Märtyrerliteratur, DNP 7 (1999) 652–653.

Habermehl, P. (2000) Perpetua: Visionen im Christentum, in: Späth – Wagner-Hasel (2000) 174–182.

Habicht, C. (1990) Cicero der Politiker, München 1990.

Hahn, U. (1994) Die Frauen des römischen Kaiserhauses und ihre Ehrungen im griechischen Osten anhand epigraphischer und numismatischer Zeugnisse von Livia bis Sabina, Saarbrücken 1994.

Hallett, J. P. (1984) Fathers and Daughters in Roman Society: Women and the Elite Family, Princeton 1984.

Hansen, M. H. (1995) Die Athenische Demokratie im Zeitalter des Demosthenes, Struktur, Prinzipien und Selbstverständnis, [Original London 1991] dt. Berlin 1995.

Harder, R. E. (1993) Die Frauenrollen bei Euripides: Untersuchungen zu «Alkestis», «Medea», «Hekabe», «Erechtheus», «Elektra», «Troades» und «Iphigenie in Aulis», Stuttgart 1993.

Harnack, A. (1902) Die Mission und Ausbreitung des Christentums in den ersten drei Jahrhunderten, Leipzig 1902.

Hartmann, E. (2002) Heirat, Hetärentum und Konkubinat im klassischen Athen, Frankfurt a. M. – New York – Paris 2002.

Hartmann, E. (2002b) Vergewaltigung, DNP 12 (2002) 39–41.

Hartmann, E. (2007) Geschlechterdefinitionen im attischen Recht. Bemerkungen zur *kyrieia*. In: E. Hartmann – K. Pietzner – U. Hartmann (Hrsg.), Geschlechterdefinitionen und Geschlechtergrenzen in der Antike, Stuttgart 2007, 37–53.

Hartmann, E. – Schaeffer, C. (2006) Preisrichter oder Publikum? Zur Urteilsfindung in den dramatischen Wettkämpfen des klassischen Athen, Klio 88 (2006) 96–116.

Harvey, S. A. (2001) Theodora the «Believing Queen»: A Study in Syriac Historiographical Tradition, Hugoye 4, 2 (2001).

Heitman, R. (2005) Taking her seriously. Penelope & the Plot of Homer's Odyssey, Ann Abor 2005.

Hemelrijk, E. (2004) Matrona docta. Educated Women in the Roman Elite from Cornelia to Julia Domna, [Original 1999] London 2004.

Henderson, J. (1987) Older Women in Attic Old Comedy, Transactions of the American Philological Association 117 (1987) 105–129.

Herman, G. (1987) Ritualised Friedship and the Greek City, Cambridge – London – New York 1987.

Hermann-Otto, E. (1994) Ex ancilla natus, Stuttgart 1994.

Hermann-Otto, E. (2002) Frauen im römischen Recht. Mit einem Ausblick auf Gender Studies in der Alten Geschichte und der antiken Rechtsgeschichte, in: B. Feichtinger – G. Wöhrle, Gender Studies in den Altertumswissenschaften: Möglichkeiten und Grenzen, Trier 2002, 25–40.

Herz, P. (2000) Die römische Kaiserzeit, in: H.-J. Gehrke [u. a.] (Hrsg.), Geschichte der Antike. Ein Studienbuch, Stuttgart – Weimar 2000, 301–375.

Hesberg-Tonn, B. v. (1983) Coniunx carissima, Untersuchungen zum Normcharakter im Erscheinungsbild der römischen Frau, Stuttgart 1983.

Hillard, T. W. (1989) Republican Politics, Women and the Evidence, Helios 16 (1989) 165–182.

Hillard, T. W. (1992) On the Stage, Behind the Curtain: Images of Politically Active Women in the Late Republic, in: B. Garlick – S. Dixon – P. Allen (Hrsg.), Stereotypes of Women in Power. Historical Perspectives and Revisionist Views, New York – Westport – London 1992, 37–64.

Hodkinson, S. (2004) Female Property Ownership and Empowerment in Classical and Hellenistic Sparta, in: T. J. Figueira (Hrsg.), Spartan Society, Swansea 2004, 103–136.

Höbenreich, E. – Rizelli, G. (2003) Scylla. Fragmente einer juristischen Geschichte der Frauen im antiken Rom, Wien 2003.

Hölkeskamp, K.-J. (2004) Under Roman Roofs: Family, House, and Household, in: H. I. Flower (Hrsg.), The Cambridge Companion to the Roman Republic, Cambridge 2004, 113–138.

Holum, K. G. (1982) Theodosian Empresses. Women and Imperial Dominion in Late Antiquity, Berkeley [u. a.] 1982.

Hopkins, K. (1998) Christian Number and its Implications, Journal of Early Christian Studies 6,2 (1998) 185–226.

Hunter, V. J. (1994) Policing Athens, Social Control in the Attic Lawsuits 420–350 BC, Princeton 1994.

Jensen, A. (2002) Frauen im frühen Christentum, Bern [u. a.] 2002.

Jensen, A. (2003) Gottes selbstbewusste Töchter. Frauenemanzipation im frühen Christentum?, Münster – Hamburg – London (mit aktualisiertem Nachtrag) ²2003.

Joshel, S. R. (1992) The Body Female and the Body Politic: Livy's Lucretia and Verginia, in: A. Richlin (Hrsg.), Pornography and Representation in Greece and Rome, New York – Oxford 1992, 112–130.

Kajanto, I. (1970) Divorce among the Common People of Rome, Revue des Études Latines 47 (1970) 99–113.

Kaldellis, A. (2004) Procopius of Caesarea. Tyranny, History, and Philosophy at the End of Antiquity, Philadelphia 2004.

Kampen, N. B. (1981) Image and Status: Roman Working Women in Ostia, Berlin 1981.

Kaser, M. (2005) Römisches Privatrecht (fortgeführt v. R. Knütel), [Original 1960] München ¹⁸2005.

Katz, M. A. (1998) Did Women of Ancient Athens Attend the Theatre in Eighteenth Century?, Classical Philology 93 (1998) 105–124.

Keller, A. (1988) Die Abortiva in der Römischen Kaiserzeit, Stuttgart 1988.

Kennell, N. M. (1995) The Gymnasium of Virtue: Education and Culture in Ancient Sparta, Chapel Hill 1995.

Keresztes, P. (1979) Das Christenmassaker von Lugdunum im Jahre 177 [Originalbeitrag von 1967], in: R. Klein (Hrsg.), Marc Aurel, Darmstadt 1979, 261–278.

Kessel, M. – Signori, G. (2000) Geschichtswissenschaft, in: C. v. Braun – I. Stephan (Hrsg.), Gender-Studien. Eine Einführung, Stuttgart – Weimar 2000, 119–129.

Klees, H. (1998) Sklavenleben im klassischen Griechenland, Stuttgart 1998.

King, H. (1998a) Geburt, Medizinisch, DNP 4 (1998) 835–837.

King, H. (1998b) Hippocrates' Woman: Reading the Female Body in Ancient Greece, London – New York 1998.

Köves-Zulauf, T. (1990) Römische Geburtsriten, München 1990.

Kornemann, E. (1998) Große Frauen des Altertums im Rahmen zweitausendjährigen Weltgeschehens, [Original Leipzig 1942] Köln 1998.

Kowalewski, B. (2002) Frauengestalten im Geschichtswerk des T. Livius, München – Leipzig 2002.

Kraemer, R. S. (2004) (Hrsg.), Women's Religions in the Greco-Roman World, A Sourcebook, Oxford 2004.

Krause, J.-U. (1992) Die Familie und weitere anthropologische Grundlagen (= Bibliographie zur Römischen Sozialgeschichte 1), Stuttgart 1992.

Krause, J.-U. (1994–1995) Witwen und Waisen im römischen Reich, 4 Bde., Stuttgart 1994–1995.

Krause, J.-U. (2003) Antike, in: A. Gestrich – J.-U. Krause – M. Mitterauer, Geschichte der Familie, Stuttgart 2003, 21–159.

Kron, U. (1992) Frauenfeste in Demeterheiligtümern: das Thesmophorion von Bitalemi. Eine archäologische Fallstudie, Archäologischer Anzeiger (1992) 611–650.

Kuch, H. (1983) Gesellschaftliche Voraussetzungen und Sujet der griechischen Tragödie, in: Ders. (Hrsg.), Die griechische Tragödie in ihrer gesellschaftlichen Funktion, Berlin 1983, 11–39.

Kunst, C. (2000) Eheallianzen und Ehealltag in Rom, in: Späth – Wagner-Hasel (2000) 32–52.

Kunst, C. (2000a) Die Rolle der Römischen Kaiserfrau. Eine Einleitung, in: Kunst – Riemer (2000) 1–6.

Kunst, C. – Riemer, U. (2000) (Hrsg.), Grenzen der Macht. Zur Rolle der römischen Kaiserfrauen, Stuttgart 2000.

Lanata, G. (1996) Sappho's Amatory Language [Original 1966], in: Greene (1996a) 11–25.

Latacz, J. (1987) Frauengestalten Homers, in: Die Frau in der Gesellschaft. Vorträge und Beiträge zur Antike als Grundlage für Deutung und Bewältigung heutiger Probleme. Humanistische Bildung Heft 11 (1987) 43–71.

Latacz, J. (1989) Homer. Der erste Dichter des Abendlands, [Original 1985] München – Zürich 1989.

Latacz, J. (1991) Archaische Periode (= H. Görgemanns [Hrsg.], Die griechische Literatur in Text und Darstellung Bd. 1), Stuttgart 1991.

Latte, K. (1960) Römische Religionsgeschichte, München 1960.

Lee, A.G. (1953) Ovid's Lucretia, Greece and Rome 22 (1953), 107–118.

Leppin, H. (2000) Kaiserliche Kohabitation. Von der Normalität Theodoras, in: Kunst – Riemer (2000) 75–85.

Leppin, H. (2002) Theodora und Iustinian, in: Temporini-Gräfin Vitzthum (2002) 437–481.

Leppin, H. (2002a) Rückblick und Ausblick, in: Temporini-Gräfin Vitzthum (2002) 482–495.

Levick, B. (1990) Claudius, New Haven 1990.

Lissarrague, F. (1993) Frauenbilder, in: Schmitt Pantel (1993) 177–254.

Lohmann, H. (1997) Brauron, DNP 2 (1997) 762–764.

Loraux, N. (1992) Die Trauer der Mütter: weibliche Leidenschaft und die Gesetze der Politik, [Original Paris 1992] dt. Frankfurt a. M. – New York 1992.

Manuwald, B. (2005) Jasons dynastische Pläne und Medeas Rachekalkül, Gymnasium 112 (2005) 515–530.

March, J. (1990) Euripides the Misogynist?, in: A. Powell (Hrsg.), Euripides, Women and Sexuality, London – New York 1990, 32–75.

Markschies, C. (1997) Zwischen den Welten wandern: Strukturen des antiken Christentums, Frankfurt a. M. 1997.

Marquardt, J. (1886) Das Privatleben der Römer 1, Leipzig ²1886.

Matthes, M. M. (2000) The Rape of Lucretia and the Founding of Republics, Readings in Livy, Machiavelli, and Rousseau, University Park 2000.

McDonald, M. Y. (2003) Was Celsus Right? The Role of Women in the Expansion of Early Christianity, in: D. L. Balch – C. Osiek (Hrsg.), Early Christian families in context: an interdisciplinary dialogue, Cambridge 2003, 157–184.

McIntosh Snyder, J. (1989) The Woman and the Lyre: Woman Writers in Classical Greece and Rome, Bristol 1989.

McLachlan, B. (1993) The Age of Grace. Charis in Early Greek Poetry, Princeton 1993.

Mehl, A. (1974) Tacitus über Kaiser Claudius. Die Ereignisse am Hof, München 1974.

Meier, C. (1988) Die politische Kunst der griechischen Tragödie, München 1988.

Meier, M. (2004) Zur Funktion der Theodora-Rede im Geschichtswerk Prokops (BP I, 33–37), Rheinisches Museum für Philologie 147 (2004) 88–104.

Meise, E. (1969) Untersuchungen zur Geschichte der Julisch-Claudischen Dynastie, München 1969.

Mette-Dittmann, A. (1991) Die Ehegesetze des Augustus. Eine Untersuchung im Rahmen der Gesellschaftspolitik des Princeps, Stuttgart 1991.

Meyer-Zwiffelhoffer, E. (1995) Im Zeichen des Phallus. Die Ordnung des Geschlechtslebens im antiken Rom, Frankfurt a. M. – New York 1995.

Miltner, F. (1954) Porcia (28), RE XXII, 1 (1954) 216–218.

Minas, M. (2005) Macht und Ohnmacht. Die Repräsentation ptolemäischer Königinnen in ägyptischen Tempeln, Archiv für Papyrusforschung 51 (2005) 126–154.

Müller, S. (2005) Die Geschwisterehe Arsinoës II. und Ptolemaios II. im Spiegel der Forschung von 1895 bis 1932. Ein Verstoß gegen das normative Paarmodell, Ariadne 48 (2005) 41–49.

Münzer, F. (1900) Cornelius (141) (P. Cornelius Dolabella), RE IV, 1 (1900) 1300–1308.

Münzer, F. (1910) Fulvia (113), RE VII, 1 (1910) 281–284.

Münzer, F. (1920) Römische Adelsparteien und Adelsfamilien, Stuttgart 1920, Neudruck 1963.

Neils, J. (1992) (Hrsg.), Goddess and Polis, The Panathenaic Festival in Ancient Athens, Princeton 1992.

Nilsson, M. P. (1955) Geschichte der griechischen Religion Bd. I, München ²1955.

Nippel, W. (1997) Orgien, Ritualmorde und Verschwörung? Die Bacchanalien-Prozesse des Jahres 186 v. Chr., in: U. Manthe – J. v. Ungern-Sternberg (Hrsg.), Große Prozesse der römischen Antike, München 1997, 65–73.

Nixon, L. (1995) The Cults of Demeter and Kore, in: R. Hawley – B. Levick, Women in Antiquity, New Assessments, London – New York 1995, 75–110.

Oakley, J. H. – Sinos, R. H. (1993) The Wedding in Ancient Athens, Madison 1993.

Ogden, D. (1996) Greek Bastardy in the Classical and Hellenistic Periods, Oxford 1996.

Otten, G. (2005) Die Medea des Euripides, Berlin 2005.

Pailler, J.-M. (1988) Bacchanalia. La répression de 186 av. J.-C. à Rome et en Italie: vestiges, images, tradition, Rom 1988.

Parke, H. W. (1987) Athenische Feste, [Original 1977] dt. Mainz 1987.

Parker, R. (2000) Panathenaia, DNP 9 (2000) 230–232.

Patzek, B. (1992) Homer und Mykene, Mündliche Dichtung und Geschichtsschreibung, München 1992.

Patzek, B. (2000) Quellen zur Geschichte der Frauen, Bd. 1: Antike, Stuttgart 2000.

Patzek, B. (2003) Homer und seine Zeit, München 2003.

Pfrommer, M. (1999) Alexandria. Im Schatten der Pyramiden, Mainz 1999.

Pickard-Cambridge, A. (1968) The Dramatic Festivals of Athens, Oxford ²1968.

Plant, M. (2004) (Hrsg), Women Writers of Ancient Greece and Rome. An Anthology, Norman 2004.

Pomeroy, S. B. (1985) Frauenleben im klassischen Altertum, [Original New York 1975] dt. Stuttgart 1985.

Pomeroy, S. B. (2002) Spartan Women, Oxford 2002.

Prescendi, F. (2000) Weiblichkeitsideale in der römischen Welt: Lucretia und die Anfänge der Republik, in: Späth – Wagner-Hasel (2000) 217–227.

Rädle, H. (1969) Untersuchungen zum griechischen Freilassungswesen, München 1969.

Rebenich, S. (1998) Xenophon. Die Verfassung der Spartaner, hrsg., übers. u. erläut. von S. Rebenich, Darmstadt 1998.

Redfield, J. (1977) The Women of Sparta, Classical Journal 73 (1977) 146–161.

Reed, J. D. (2000) Arsinoe's Adonis and the Poetics of Ptolemaic Imperialism, Transactions of the American Philological Association 130 (2000) 319–351.

Reeder, E. D. (1996) (Hrsg.), Pandora. Frauen im klassischen Griechenland, Austellungskatalog Antikensammlung Basel und Sammlung Ludwig, Basel, [Original Baltimore 1995] dt. Mainz 1996.

Reinsberg, C. (1989) Ehe, Hetärentum und Knabenliebe im antiken Griechenland, München 1989.

Reuthner, R. (2006) Wer webte Athenes Gewänder? Die Arbeit von Frauen im antiken Griechenland, Frankfurt a. M. – New York – Paris 2006.

Riemer, U. (2000) Was ziemt einer kaiserlichen Ehefrau? Die Kaiserfrauen in den Viten Suetons, in: Kunst – Riemer (2000) 135–155.

Rösler, W. (2002) Kanonisierung und Identität: Homer, Hesiod und die Götter der Griechen, in: K.-J. Hölkeskamp [u. a.] (Hrsg.), Sinn (in) der Antike. Orientierungssysteme, Leitbilder und Wertkonzepte im Altertum, Mainz 2002, 105–116.

Rubinstein, L. (1993) Adoption in IV. Century Athens, Kopenhagen 1993.

Rüpke, J. (2001) Die Religion der Römer. Eine Einführung, München 2001.

Sargent, R. L. (1974) The Size of Slave Population at Athens during the Fifth and Fourth Centuries before Christ, [Original 1923] Westport 1974.

Schade, K. (2003) Frauen in der Spätantike. Eine Untersuchung zur römischen und frühbyzantinischen Bildniskunst, Mainz 2003.

Scheer, T. (2000) Forschungen über die Frau in der Antike. Ziele, Methoden, Perspektiven, Gymnasium 107 (2000) 143–172.

Scheid, J. (1988) La religion des Romaines, Paris 1988.

Scheid, J. (1993) Die Rolle der Frauen in der römischen Religion, in: Schmitt Pantel (1993) 417–449.

Scheidel, W. (1990) Feldarbeit von Frauen in der antiken Landwirtschaft, Gymnasium 97 (1990) 405–431.

Schiemann, G. (1998) Freilassung, DNP 4 (1998) 654–656.

Schmitt, H. H. (2005) Königin, Lexikon des Hellenismus, hrsg. v. H. H. Schmitt – E. Vogt, Wiesbaden 2005, 558–565.

Schmitt Pantel, P. (1989) Die Differenz der Geschlechter, Geschichtswissenschaft, Ethnologie und die griechische Stadt der Antike, in: M. Perrot (Hrsg.), Geschlecht und Geschichte. Ist eine weibliche Geschichtsschreibung möglich?, [Original Marseille – Paris 1984] dt. Frankfurt a. M. 1989, 199–252.

Schmitt Pantel, P. (1993) (Hrsg.), Antike (= Geschichte der Frauen, hrsg. v. G. Duby u. M. Perrot, Bd. 1), [Original Rom/Bari 1990] dt. Frankfurt a. M. u. a. 1993.

Schmitt Pantel, P. (1993a) Einleitung. Ein Faden der Ariadne, in: Schmitt Pantel (1993) 21–28.

Schmitz, W. (1997) Der *nomos moicheias* – Das athenische Gesetz über den Ehebruch, Zeitschrift der Savigny-Stiftung für Rechtsgeschichte 114 (1997) 45–140.

Schmitz, W. (2002) Die geschorene Braut. Kommunitäre Lebensformen in Sparta?, Historische Zeitschrift 274 (2002) 561–602.

Schneider, H. (1998) Gynaikokratie, DNP 5 (1998) 35–36.

Schneider, L. (1975) Zur sozialen Bedeutung der archaischen Korenstatuen, Hamburg 1975.

Schnurr-Redford, C. (1996) Frauen im klassischen Athen. Sozialer Raum und reale Bewegungsfreiheit, Berlin 1996.

Schofield, R. (1986) Did the Mothers Really Die? Three Centuries of Maternal Mortality, in: L. Bonfield – R. M. Smith – K. Wrightson (Hrsg.), The World We Have Gained: Histories of Population and Social Structure presented to P. Laslett, Oxford 1986, 231–260.

Schubert, C. – Huttner, U. (1999) Frauenmedizin in der Antike, hrsg. und übers. von C. Schubert – U. Huttner, griechisch–lateinisch–deutsch, Darmstadt 1999.

Schubert, C. (2002) Homo politicus – Femina privata? Fulvia: Eine Fallstudie zur späten römischen Republik, in: B. Feichtinger – G. Wöhrle (Hrsg.), Gender Studies in den Altertumswissenschaften. Möglichkeiten und Grenzen, Trier 2002, 65–79.

Schuller, W. (1995a) Frauen in der griechischen und römischen Geschichte (Teil 1), [Original 1985] Konstanz 1995.

Schuller, W. (1995b) Frauen in der griechischen und römischen Geschichte (Teil 2), [Original 1987] Konstanz 1995.

Schumacher, L. (1990) (Hrsg.), Römische Inschriften, lateinisch–deutsch, ausgewählt, übersetzt, kommentiert und mit einer Einführung in die lateinische Epigraphik, Stuttgart 1990.

Seeck, O. (1912) Helena 2, RE VII, 2 (1912) 2820–2822.

Skinner, M. B. (1983) Clodia Metelli, Transactions of the American Philological Association 113 (1985) 273–287.

Sorkin Rabinowitz, N. (2002) (Hrsg.), Among Women: From the Homosocial to the Homerotic in the Ancient World, Austin 2002.

Sourvinou-Inwood, C. (1988) Studies in Girl's Transitions: Aspects of the *arkteia* and Age Representation in Attic Iconography, Athen 1988.

Sourvinou-Inwood, C. (1996) Männlich – Weiblich, öffentlich – privat, antik und modern, in: E. D. Reeder (Hrsg.), Pandora. Frauen im klassischen Griechenland, Austellungskatalog Antikensammlung Basel und Sammlung Ludwig, Basel, [Original 1995] dt. Mainz 1996, 111–120.

Späth, T. (1994) ‹Frauenmacht› in der frühen römischen Kaiserzeit? Ein kritischer Blick auf die historische Konstruktion der ‹Kaiserfrauen›, in: M. H. Dettenhofer (Hrsg.), Reine Männersache? Frauen in Männerdomänen der antiken Welt, Köln – Weimar – Wien 1994, 159–205.

Späth, T. (2000) Skrupellose Herrscherin? Das Bild der Agrippina bei Tacitus, in: Späth – Wagner-Hasel (2000) 262–281.

Späth, T. – Wagner-Hasel, B. (2000) (Hrsg.), Frauenwelten in der Antike. Geschlechterordnung und weibliche Lebenspraxis, Stuttgart – Weimar 2000.

Späth, T. (2006) Geschlechter – Texte – Wirklichkeiten, in: Ulf – Rollinger (2006) 39–76.

Spahn, P. (1980) Oikos und Polis. Beobachtungen zum Prozess der Polisbildung bei Hesiod, Solon und Aischylos, Historische Zeitschrift 231 (1980) 529–564.

Spahn, P. (1992) Wirtschaft, II. Antike, in: Geschichtliche Grundbegriffe, Historisches Lexikon zur politisch-sozialen Sprache in Deutschland, hrsg. von O. Brunner – W. Conze – R. Koselleck, Bd. 7, Stuttgart 1992, 513–526.

Specht, E. (1989) Schön zu sein und gut zu sein. Mädchenbildung und Frauensozialisation im antiken Griechenland, Wien 1989.

Stahlmann, I. (1996) Jenseits der Weiblichkeit. Geschlechtergeschichtliche Aspekte des frühchristlichen Askeseideals, in: C. Eifert [u. a.] (Hrsg.), Was sind Frauen? Was sind Männer? Geschlechterkonstruktionen im historischen Wandel, Frankfurt a. M. 1996, 51–75.

Stahlmann, I. (1997) Der gefesselte Sexus. Weibliche Keuschheit und Askese im Westen des Römischen Reiches, Berlin 1997.

Stahr, A. (1880) Römische Kaiserinnen, Berlin ²1880.

Stark, K. B. (1882) Lehrbuch der Griechischen Privatalterthümer, umgearb. und hrsg. von H. Blümner, Freiburg – Tübingen ³1882.

Stegmann, H. (1998) Fulvia, DNP 4 (1998) 701–702.

Stein-Hölkeskamp, E. (2000) Die Welten Homers, in: H.-J. Gehrke [u. a.] (Hrsg.), Geschichte der Antike. Ein Studienbuch, Stuttgart – Weimar 2000, 44–58.

Stein-Hölkeskamp, E. (2005) Damen beim Dinner: Zu Tisch mit Lesbia und Livia, Hermes 133 (2005) 196–214.

Stephan, I. (2006) Medea: multimediale Karriere einer mythologischen Figur, Köln 2006.

Stroh, W. (1975) Texis und Taktik: die advokatische Dispositionskunst in Ciceros Gerichtsreden, Stuttgart 1975.

Stumpp, B. E. (1998) Prostitution in der römischen Antike, Berlin 1998.

Svenbro, J. (1975) Sappho and Diomedes, Museum Philologum Londiniense 1 (1975) 37–49.

Temporini-Gräfin Vitzthum, H. (1999) Kaiserfrauen, DNP 6 (1999) 140–142.

Temporini-Gräfin Vitzthum, H. (2002) (Hrsg.), Die Kaiserinnen Roms. Von Livia bis Theodora, München 2002.

Temporini-Gräfin Vitzthum, H. (2002a) Einleitung, in: Temporini-Gräfin Vitzthum (2002) 11–19.

Temporini-Gräfin Vitzthum, H. (2002b) Die iulisch-claudische Familie: Frauen neben Augustus und Tiberius, in: Temporini-Gräfin Vitzthum (2002) 21–102.

Temporini-Gräfin Vitzthum, H. (2002c) Die Familie der ‹Adoptivkaiser› von Traian bis Commodus, in: Temporini-Gräfin Vitzthum (2002) 187–264.

Thommen, L. (1999) Spartanische Frauen, Museum Helveticum 56 (1999) 129–149.

Thomsen, D. (1974) Frühgeschichte Griechenlands und der Ägäis. Forschungen zur altgriechischen Gesellschaft I., [Original London 1949] dt. Berlin 1974.

Thraede, K. (1972) Frau, RAC 8 (1972) 197–269.

Tolles, R. (1941) Untersuchungen zur Kindesaussetzung bei den Griechen, Breslau 1941.

Trampedach, K. (2001) Gefährliche Frauen. Zu athenischen Asebie-Prozessen im 4. Jh. v. Chr., in: R. von den Hoff – S. Schmidt (Hrsg.), Konstruktionen von Wirklichkeit. Bilder im Griechenland des 5. und 4. Jahrhunderts v. Chr., Stuttgart 2001, 137–155.

Treggiari, S. (1997) Ehe III Rom, DNP 3 (1997) 896–899.

Treu, M. (1968) Sappho, RE Suppl. XI (1968) 1222–1240.

Treu, M. (1991) Sappho. Lieder, griechisch–deutsch, hrsg. von M. Treu, München – Zürich [8]1991.

Ulf, C. (1990) Die homerische Gesellschaft. Materialien zur analytischen Beschreibung und historischen Lokalisierung, München 1990.

Ulf, C. – Rollinger, R. (2006) (Hrsg.), Frauen und Geschlechter. Bilder – Rollen – Realitäten in den Texten antiker Autoren der römischen Kaiserzeit, Wien – Köln – Weimar 2006.

Ulf, C. – Schnegg, K. (2006) Einleitung. Geschlechterrollen – Frauenbilder. Diskurse – Realität(en). Einige Gedanken zur Unvermeidbarkeit grundsätzlich-methodologischer Reflexion am Beispiel terminologischer Fragen, in: Ulf – Rollinger (2006) 13–35.

Vedder, U. (1988) Frauentod – Kriegertod im Spiegel der attischen Grabkunst des 4. Jh.s v. Chr. Mitteilungen des Deutschen Archäologischen Instituts, Athenische Abteilung 103 (1988) 162–191.

Vetter, L. P. (2005) Women's Work as Political Art. Weaving and Dialectical Politics in Homer, Aristophanes, and Plato, Lanham 2005.

Wagner, B. (1982) Zwischen Mythos und Realität, Die Frau in der frühgriechischen Gesellschaft, Frankfurt a. M. 1982.

Wagner-Hasel, B. (1988) Das Private wird politisch. Die Perspektive Geschlecht in der Altertumswissenschaft, in: U. A. J. Becher – J. Rüsen (Hrsg.), Weiblichkeit in geschichtlicher Perspektive, Frankfurt a. M. 1988, 11–51.

Wagner-Hasel, B. (1997) Ehe. Griechenland, DNP 3 (1997) 893–898.

Wagner-Hasel, B. (2000) Der Stoff der Gaben, Kultur und Politik des Schenkens und Tauschens im archaischen Griechenland, Frankfurt a. M. – New York – Paris 2000.

Waldner, K. (2000) Kulträume von Frauen in Athen: Das Beispiel der Artemis Brauronia, in: Späth – Wagner-Hasel (2000) 53–81.

Warner, M. (2000) Monuments & Maidens: the Allegory of the Female Form, Berkeley [u. a.] 2000.

Watson, P. A. (1995) Ancient Stepmothers. Myth, Misogyny, and Reality, Leiden 1995.

Weber, G. (1993) Dichtung und höfische Gesellschaft. Die Rezeption von Zeitgeschichte am Hof der ersten drei Ptolemaier (= Hermes Einzelschriften Heft 62), Stuttgart 1993.

Weinstock, S. (1930) Matronalia, RE 14, 2 (1930) 2306–2309.

Wickert-Micknat, G. (1982) Die Frau, Göttingen 1982.

Wieber-Scariot, A. (1999) Zwischen Polemik und Panegyrik – Frauen des

Kaiserhauses und Herrscherinnen des Ostens in den *Res gestae* des Ammianus Marcellinus, Trier 1999.

Wiesehöfer, J. (1998) Heiratsalter, DNP 5 (1998) 256–258.

Winkelmann, F. (2005) Geschichte des frühen Christentums, [Original 1996] München ³2005.

Winkler, J. J. (1994) Der gefesselte Eros, Sexualität und Geschlechterverhältnis im antiken Griechenland, [Original New York 1990] dt. Marburg 1994.

Wirth, G. (1985) Philipp II. Geschichte Makedoniens 1, Stuttgart [u. a.] 1985.

Wiseman, T. P. (1985) Catullus and his World: A Re-appraisal, Cambridge 1985.

Wolff, H. J. (1968) Die Grundlagen des griechischen Eherechts, [Original 1952] in: E. Berneker (Hrsg.), Zur Griechischen Rechtsgeschichte, Darmstadt 1968, 620–654.

Zaminer, F. (2000) Musikinstrumente. Griechenland, DNP 8 (2000) 543–551.

Zeitlin, F. I. (1996) Playing the Other: Theater, Theatricality, and the Feminine in Greek Drama [überarbeitete Fassung eines Beitrages von 1985], in: Dies., Playing the Other. Gender and Society in Classical Greek Literature, Chicago – London 1996, 341–374.

Zoepffel, R. (1989) Aufgaben, Rollen und Räume von Mann und Frau im archaischen und klassischen Griechenland, in: J. Martin – Dies. (Hrsg.), Aufgaben, Rollen und Räume von Frau und Mann, Teilband 2, Freiburg – München 1989, 443–500.

Namenregister

Clodia Metelli 147–154, 157
Clodius 149, 152, 156
Collatinus 116–118
Cornelia (Vestalin) 127
Cornelius Dolabella, Publius
    143–145
Cranach d. Ä., Lukas 120
Crassus 149
Cyprian 178

Damatrios 51
Danae 193
Decius 175
Demeter 61–63, 170
Demosthenes 95, 100
Diokletian 176
Dionysios von Halikarnassos 115,
    121
Domitian 127, 163
Drakon 101

Eros 35 f.
Euripides 45, 78–80, 83, 89
Eurydike 106
Eusebios 173, 179
Eva 120

Felicitas 182 f.
Fulvia 156
Furius Crassipes 143

Gaius 10
Galerius 176
Geradas 49 f.
Gorgo 38

Hades 61
Hektor 16, 22, 23
Helena 16
Helena (Mutter Konstantins) 200

Hera 23, 24, 54, 108, 170
Hermes 67
Herodot 188
Hesiod 35
Hestia 54, 65
Homer 14, 15, 16, 17, 20, 24, 25, 29,
    36
Hortensius 137, 138

Ignatius von Antiochia 177
Ischomachos 64 f., 66, 68, 71, 72,
    76, 87
Isis 108

Jason 80, 83–86
Jesus 181 f., 200
Julia (Tochter Caesars) 140, 146
Juno 170
– Lucina 128 f.
Jupiter 193
Justinian I. 187–189, 193, 194 f.,
    196, 198 f.
Juvenal 158, 160

Kallias (2. Ehemann der
    Chrysilla) 76 f.
Kallimachos 106
Kalypso 21
Kirke 21
Kleis 27
Kleitagora 42
Kleopatra VII. 104
Klytaimnestra 14
Konstantin 176, 200
Konstantius II. 176
Kore s. Persephone

Laërtes 14
Leda 193
Livia 169, 170

Sachregister

Bildnachweis

Abb. 1, 4, 5, 6, 9: akg-images/Erich Lessing
Abb. 2: akg-images/Nimatallah
Abb. 3: © The British Museum
Abb. 7: Photo Stefan von der Lahr, München
Abb. 8: © 2007, Image copyright The Metropolitan Museum of Art,
      New York/Art Resource/Scala, Florenz
Abb. 10: © Sotheby's/akg-images
Abb. 11: Diathek Winckelmann-Institut, HU Berlin
Abb. 12: akg-images
Abb. 13: CORBIS
Abb. 14: akg-images/Cameraphoto

Frauen bei C. H. Beck – Eine Auswahl

Gisela Bock
Frauen in der europäischen Geschichte
Vom Mittelalter bis zur Gegenwart
2000. 393 Seiten. Leinen
Europa bauen

Irene Eber
«Ich bin allein und bang»
Ein jüdisches Mädchen in Polen 1939–1945
Aus dem Englischen von Reinhild Böhnke
2007. 287 Seiten mit 18 Abbildungen und 1 Karte. Gebunden

Edith Ennen
Frauen im Mittelalter
6. Auflage. 1999. 320 Seiten mit 24 Abbildungen
und 1 Karte. Leinen
Beck's Historische Bibliothek

Patrick J. Geary
Am Anfang waren die Frauen
Ursprungsmythen von den Amazonen bis zur Jungfrau Maria
Aus dem Englischen von Andreas Wirthensohn
2006. 135 Seiten mit 4 Abbildungen. Gebunden

Heike B. Görtemaker
Ein deutsches Leben 1900–1975
Die Geschichte der Margret Boveri
2005. 416 Seiten mit 18 Abbildungen. Gebunden

Verlag C. H. Beck München

Frauen bei C. H. Beck – Eine Auswahl

Gerit von Leitner
Der Fall Clara Immerwahr
Leben für eine humane Wissenschaft
2., durchgesehene und verbesserte Auflage. 1994.
236 Seiten mit 29 Abbildungen. Leinen

Verena Mühlstein
Helene Schweitzer Bresslau
Ein Leben für Lambarene
1998. 298 Seiten mit 18 Abbildungen. Leinen

Günther Schiwy
Birgitta von Schweden
Mystikerin und Visionärin des späten Mittelalters
2003. 431 Seiten mit 84 Abbildungen und 1 Karte. Leinen

Uwe Schultz
Madame de Pompadour
oder die Liebe an der Macht
2. Auflage. 2005. 299 Seiten mit 12 Abbildungen. Leinen

Peter Wende (Hrsg.)
Englische Könige und Königinnen
Von Heinrich VII. bis Elisabeth II.
1998. 407 Seiten mit 23 Abbildungen. Leinen

Hildegard Temporini-Gräfin Vitzthum (Hrsg.)
Die Kaiserinnen Roms
Von Livia bis Theodora
2002. 543 Seiten mit 58 Abbildungen. Leinen

Verlag C. H. Beck München